V&R

Petra Rechenberg-Winter / Antje Randow-Ruddies

Poesietherapie in der systemischen Praxis

Interventionen für die Einzel-, Paar-, Familien- und Gruppentherapie

Vandenhoeck & Ruprecht

*Jeder Grashalm hat seinen Engel, der sich über ihn beugt
und ihm zuflüstert: »Wachse, wachse.«*
(Talmud, zit. nach Cameron, 1996, S. 25)

Mit 8 Abbildungen und einer Tabelle

Bibliografische Information der Deutschen Nationalbibliothek

Die Deutsche Nationalbibliothek verzeichnet diese Publikation in der Deutschen Nationalbibliografie; detaillierte bibliografische Daten sind im Internet über http://dnb.d-nb.de abrufbar.

ISBN 978-3-525-40563-5

Weitere Ausgaben und Online-Angebote sind erhältlich unter: www.v-r.de

Umschlagabbildung: Dimj/shutterstock.com

© 2017, Vandenhoeck & Ruprecht GmbH & Co. KG, Theaterstraße 13, D-37073 Göttingen /
Vandenhoeck & Ruprecht LLC, Bristol, CT, U.S.A.
www.v-r.de
Alle Rechte vorbehalten. Das Werk und seine Teile sind urheberrechtlich geschützt. Jede Verwertung in anderen als den gesetzlich zugelassenen Fällen bedarf der vorherigen schriftlichen Einwilligung des Verlages.
Printed in Germany.

Satz: SchwabScantechnik, Göttingen
Druck und Bindung: ⊕ Hubert & Co GmbH & Co. KG,
Robert-Bosch-Breite 6, D-37079 Göttingen

Gedruckt auf alterungsbeständigem Papier.

Inhalt

Einführende Worte 9
Niemand schreibt für sich allein 9
Zur Verbindung von Poesietherapie und Systemik 12

📖 **Erster Schritt: theoretisch-wissenschaftlicher Hintergrund** 17
Was ist systemisch? – Ein Blick auf die Welt aus systemischer Sicht 18
    Die Ausgangsfrage: Was ist ein System? 18
    Auch Systeme brauchen Kontakt 19
    Jeder Mensch hat eine eigene Landkarte 21
    Von der Sackgasse auf die Umgehungsstraße 22
    Es ist so oder auch anders 24
    Den Schatz heben 25
    Zum Tanzen braucht es zwei 27
    Ein neuer Rahmen für die alte Wunde 29
Von Wächtern und Wendepunkten 31
Systemische Methoden 37
    Perspektivenwechsel 38
    Entwicklungsfluss 39
    Genogramm 41
    Zirkuläres Fragen 43
    Der Meta-Mirror 45
    Tetralemma 48
    Zauberladen 50
    Die Runde der Ehemaligen 53
    Reflektierendes Team 54
Spurensuche ins eigene Innere – poesietherapeutische Konzepte 56
    Der Seele Worte verleihen – Poesietherapie 56
    Der narrative Ansatz 60
    Biografisches Schreiben 65
    Wenn nichts mehr ist, wie es war – die Autobiografie 67
    Was darf überdauern? – der Nachruf 67

Das Fremde in der Fremde – der Reisebericht	68
Das Erinnern erinnern – der chronologische Lebenslauf	70
Und was ist daran nun Therapie?	71
Heilung durch Dichtung – die Anfänge des therapeutischen Schreibens	75
Integrative Poesietherapie	76
Empfindungswelten erobern – Bibliotherapie	79
Verweilen und Innehalten	80
Märchenwelt	83
Einsatzbereiche der Bibliotherapie	86
Text wird Stimme – lautes Lesen	92
Im Dialog mit dem eigenen Text	93
Lesechoreografie bei mehreren Beteiligten	94
»There's a novel inside« – das Bergen von Narrativen	95
Landschaftsgenogramm	96
Ressourcogramm	98
Wendepunktanalyse	99
Mein Körper	102
Ego-States	104
Der innere Familientisch	104
Vom Gretchen zu den Ego-States	106
Was genau ist ein Ego-State?	108
Woran sind Ego-States erkennbar?	109
Ego-States: ihre Entstehung und Bedeutung	110
Systemische Poesietherapie im Kontext intermedialer Kunsttherapie	123
Systemische Ansätze	124
Systemwirkungen des Kreativen therapeutischen Schreibens – das Systemische Schreibwirkmodell	130
Systemisch-intermediales Vorgehen	132

👁 Zweiter Schritt: Werkstatteinblicke ... 137

Poesie in der Einzeltherapie	137
Inneren Drachen entgegentreten	137
Allein in der Familienberatung	140
Therapeutin, Stift und Papier	142
Poesie in der Paartherapie	146
Wenn die Liebe Hilfe braucht	147
Der Blick verändert sich	148
Singular und Plural	149

Die Intimität der Worte	152
Supervision	156
Diejenigen, die von oben sehen	156
Wann braucht man einen »Adler«?	161
Von Robin Hood und anderen Gestalten	163
Worte im geschützten Raum	165
Poesie im Coaching	167
Sprache ist eine Kernkompetenz	167
Schreiben wirkt und wer schreibt, wirkt	168
Kreativitätsforschung	169
Selbstcoaching	175
Verlorenes zurückfordern – die Familientherapie	179
Auf eigener Spur – Poesietherapeutischer Gruppenprozess	184
Schreiben als Therapie	185
Gruppen leiten	186
Ausstattung	187
Voraussetzungen	187
»SchreibRaum«: Vorstellung eines poesietherapeutischen Gruppenprozesses	188

Dritter Schritt: Fabulatorium ... 205

Klassiker und Evergreens	205
Automatisches Schreiben	208
Clustering	210
Feedback an einer Hand	212
Freewriting – assoziatives Schreiben	214
Fortlaufender Brief – ein Schreibritual	215
Haiku	217
Haltung	218
Komplimentereihe	219
Lipogramm	220
Metaphernsammlung	221
Morgenseiten	222
Ressourcenkreis	224
Widerspruchscluster	225
Poesietherapeutische Interventionen	226
Beutebuch	227
Binom	229

    Biografiearbeit – ein Anfang 230
    Botschaftenrad 231
    Erinnerungsträger-Collage 232
    Erzähldomino 234
    Hier und Heute 235
    Hilfsverbenporträt 237
    Innere Versammlung 238
    Innerer Zensor und Innere Erlauberin 239
    Paarspiel 240
    Richtigstellung 241
    Tierminiaturen 242
    Wortfigur 243
    Zum Abschied 245
Stationenschreiben 246
    Dein Bild in mir 248
    Energiefresser und Tankstelle 249
    Innerer sicherer Ort 250
    Jetzt 251
    Ko-Leitung einer Schreibgruppe 252
    Konstellationsgedicht 253
    Lebenslandschaft 255
    Mein Körper 257
    Satzanfänge: Schreiben zu einem Anfangssatz 258
    Material: Sammlung an Satzanfängen zum Fortschreiben 259
    Schreiben vor Ort 260
    Spielregeln 262
    Vorstellungsbilder 263
    Wer hätte das gedacht 264

Poetisch-märchenhafter Ausklang 265

Literatur 270

Überblick Schreibimpulse 278

Überblick Leseimpulse 279

Code für Download-Material 280

Einführende Worte

Niemand schreibt für sich allein

Schreiben scheint zunächst ein einsames Unterfangen zu sein. Papier und Stift, die bereitstehen, die Worte zu empfangen und auszuführen, oder der Laptop, der auf Input wartet, sind die einzigen Zeugen. Man ist vermeintlich mit sich allein – mit sich und den Worten bzw. mit sich und den ganz eigenen Gedanken und Gefühlen, die nach außen möchten und nach einem Ausdruck suchen. So oder so ähnlich beginnt meist der Prozess des Schreibens.

Der Schreibende wirkt, als sei er nur mit sich beschäftigt. Es hat den Anschein, dass all sein Schaffen eine um sich selbst kreisende Beschäftigung und die Gedanken und Worte mit dem Rest der Welt nicht verbunden sind.

Die Poesietherapie hat einen anderen Blick auf das Schreiben. Sie geht bei der Wirkung und Sinnstiftung des Schreibens von einer viel umfangreicheren Hypothese aus. Schreiben ist viel mehr als nur ein einsames Unterfangen. Durch den kreativen Prozess können sich innere Muster verändern und innere einschränkende Glaubenssätze eine Erweiterung finden. Auf diese Weise vermag der Schreibende zu seiner eigentlichen Größe zu finden.

Schreiben kann uns Menschen dabei unterstützen, ins Licht zu gehen. Es kann uns den Weg dorthin ebnen und erleichtern. Denn wir Menschen scheinen, wie Marianne Williamson erkannte, Unterstützung zu brauchen, um die eigene Größe zu leben:

»Unsere tiefgreifendste Angst ist nicht, dass wir ungenügend sind.
Unsere tiefgreifendste Angst ist, über das Messbare hinaus kraftvoll zu sein.
Es ist unser Licht, nicht unsere Dunkelheit, die uns am meisten Angst macht.
Wir fragen uns, wer bin ich, mich brillant, großartig, talentiert, phantastisch zu nennen?«
(Williamson, 1993, S. 180 f.)

Die Worte wurden weltberühmt, als Nelson Mandela sie 1994 in seiner Antrittsrede zitierte. Wie wunderbar wäre es, wenn durch unsere Worte auf dem Papier der Weg aus dieser Angst heraus gangbar wäre!

Wenn wir schreiben, können wir uns den Weg durch die eigene Dunkelheit bahnen und zu unserem Licht finden. Schreiben wirkt. Poesietherapie setzt hier an. Sie will zunächst einmal die innere Heilung unterstützen. Sie will Wachstum fördern und bei der Bewältigung von Lebenskrisen positiv wirksam sein, durch Schreiben entlasten, zu einer emotionalen Klärung beitragen sowie Möglichkeiten der eigenen Wirkungsmacht und Wirklichkeitsgestaltung eröffnen. Poesietherapie hat das erklärte Ziel, im Innen und Außen verbindend zu wirken. Sie lockt einen inneren Anteil hervor, den C. G. Jung als *inneren Dichter* beschrieben hat. Schreibend, im Gestalten von Texten, gelangen wir in andere Bewusstseinsebenen. Das *poetische Selbst* wird geweckt, ein oftmals in Vergessenheit geratenes Potenzial des Menschen.

Ein weiterer wichtiger Grundgedanke der Poesietherapie ist es, die Ohnmacht und Sprachlosigkeit schreibend zu überwinden und damit die eigene Problembewältigungskompetenz zu stärken.

Die therapeutische Wirkung des Schreibens findet eine Erweiterung im Lesen. Nach dem Schreiben ist dies der zweite Grundpfeiler der Poesietherapie. Die eigenen Texte werden laut vorgelesen. Dadurch soll ein anderer – ein erweiternder – Bewusstseinsprozess entstehen bzw. in Gang gesetzt werden. Das Vorlesen der eigenen Texte ist oftmals ein ganz besonderer Moment. Nicht selten kommt es durch die Kombination von Schreiben und Vorlesen zu einer anderen Sicht auf die eigene Geschichte. Ein Perspektivenwechsel darf sich vollziehen. Sowohl das Schreiben als auch das Lesen werden in der Poesietherapie als heilsame Prozesse verstanden. Dabei steht der Schreibprozess im Vordergrund. Das aktiv-produktive Gestalten mit Worten lässt Selbstwirksamkeit entstehen. Diese Form der Textbearbeitung gebrauchte schon Aristoteles. Das Wort »poiesis« kommt ursprünglich vom altgriechischen Verb »poieo« (»ποιέω«), das *machen* bedeutet. Es handelt sich dabei also um einen Prozess zweckgebundenen Handelns.

Die Poetik des Aristoteles diente schon in der Antike dem Zweck, Sprache und Heilung zu verbinden. Die Katharsis-Konzeption des Aristoteles zählt zu den bedeutenden Ideen der Dichtungstheorien. Den Rahmen seiner Theorie bildet die Tragödie. Im Durchleben verschiedenster Gefühlszustände erfahre der Zuschauer eine Läuterung, eine Reinigung seiner Seele (Poetik, Kap. 6; Aristoteles, 335. v. Chr./2008). Aristoteles wusste um die Kraft des Wortes, um die Kraft der Poesie und um ihre Wirkung auf die Seele. In der Tragödie wurden vornehmlich Gefühle von Jammer und Rührung sowie Schrecken und Schauder verarbeitet.

Wie sich zeigt, war die Poesie von alters her ein probates Mittel gegen die Melancholie, die Verzweiflung und den Weltschmerz. Die Weltliteratur wäre ohne die Verarbeitung dieser Gefühle deutlich ärmer. Ernest Hemingway, Klaus Mann, Virginia Woolf, Stefan Zweig, Ingeborg Bachmann, Joan Didion, Viola Roggenkamp: Sie stehen stellvertretend für eine Vielzahl von Männern und Frauen, die ihren poetischen Anteil hervorgelockt haben. Sie sind durch das Schreiben zu den eigenen Schatten gelangt.

Der Prozess, der beim Schreiben vorangetrieben wird, dient dazu, Wörter in eine Form zu bringen. Das galt damals ebenso, wie es heute gilt; das war von Aristoteles bis Bachmann so. Wir externalisieren ein Gefühl oder einen Gedanken und schaffen uns ein Gegenüber, erschreiben ein *Du*. Der innere Dialog wird nach außen gebracht:

Ich bin auf der Reise.
Ich habe noch so viel zu leben.
Ich will mich zeigen.
Ich muss mich von dem lösen, was mich hindert.
Ich darf glücklich sein.
Ich kann mich spüren.
Ich möchte das Schwere loslassen.
Ich werde meinen Impulsen mehr und mehr folgen.
Ich staune manchmal schon jetzt über meine Vergnüglichkeit.
(Nach Kirsten Ahlers, »Hilfsverbenportrait«)

Schreiben führt uns auf den Weg nach innen: in unsere innersten Höhlen, zu unseren verborgen Schätzen, zu unseren bestgehütetsten Geheimnissen. Es zeigt uns einen Weg, von blühenden Landschaften außerhalb der Höhlen zu erzählen. Das Schreiben schafft neue Räume und bringt Licht in lange verschlossene.

Die Poesietherapie will unterstützen, »das Unsägliche sagbar zu machen«, so Ilse Orth, Mitbegründerin der Integrativen Poesie- und Bibliotherapie: »[d]as Wahrnehmungserleben muss auf einen Begriff gebracht werden« (2015, Textpraxis).

Wenn wir, wie in der Poesietherapie, nach bestimmten Strukturen schreiben, entsteht einerseits eine Fokussierung. Andererseits weitet sich der innere Blick. Wir schauen schreibend bis zum Horizont und weiter.

»An erster Stelle möchte ich hier erwähnen, dass das Schreiben als ungeheuer hilfreich erlebt wird, wenn es darum geht, Klarheit zu gewinnen. Es hilft beim Formen und Ordnen von Gedanken und Gefühlen und verschafft

Distanz zu emotional schwierigen Themen. Durch das Schreiben entsteht ein neues Selbstbewusstsein, in dem Sinn, dass sich der Schreibende zunehmend seiner Selbst bewusst wird, Stärken und Schwächen, Vorlieben und Abneigungen erkennt und diese im gelungenen Fall integrieren kann.
Immer wieder ist es ein Ringen, welche Gefühle aufs Papier kommen dürfen. Meist geht es um Hoffnung, Trauer, Angst, Wut, Träume, Liebe, Sinnhaftigkeit« (Heimes, 2014a, Interview).

Ein erstes Textbeispiel aus unserer poesietherapeutischen Praxis zum Schreibimpuls »Konstellationsgedicht« (siehe Methodenblätter im »Fabulatorium« dieses Buches, S. 253) illustriert diesen Vorgang:

»Verführerisch
Verführerisch und stark
Stark
Stark und beweglich
Verführerisch
Verführerisch und beweglich
Verführerisch und stark und beweglich
Ein Tanz mit mir«
(A. H.)

Ganz ohne Frage: Schreiben wirkt. Schreiben verändert. Schreiben heilt alte Wunden. Schreiben sorgt schon in der Sekunde für inneren Aufruhr, in der sich das Wort findet und im Außen landet. Schreiben verändert innere Prozesse. Gedankenkarussells, die seit Jahren und Jahrzehnten die immer gleichen Geschichten erzählen, dürfen pausieren. Das Karussell dreht sich nicht mehr oder anders oder in einer anderen Geschwindigkeit oder einer anderen Richtung. Verhaltensweisen, die tagaus, tagein gelebt und ausgeführt werden, können vielleicht gestoppt, unterbrochen und verändert werden.

Zur Verbindung von Poesietherapie und Systemik

Nun geht es in diesem Buch darum, die Poesietherapie in den systemischen Gedanken einzubinden. Diesbezüglich sind folgende Fragen zu klären: Passen die beiden überhaupt zueinander? Können sie sich ergänzen? Haben sie eventuell sogar Gemeinsamkeiten? Kann sich die Poesie der Systemik und die Systemik der Poesie bedienen oder annähern?

Wir werden uns in diesem Buch daher ausführlich mit den Grundgedanken der systemischen Therapie und Beratung auseinandersetzen. An dieser Stelle stellen wir, sozusagen als Einstieg und Annäherung, mit einem Zitat von Martin Buber den Kontakt zum systemischen Konzept her: »Der Mensch wird erst am Du zum Ich« (Buber, 2013, S. 3). Das heißt: Erst in der Auseinandersetzung mit dem Gegenüber können wir erkennen, wer wir sind. Erst in der Spiegelung des anderen erkennen wir eine eigene Identität. Das ist ein Prozess, der mit dem ersten Atemzug unseres Lebens beginnt. Wir spiegeln uns im Glanz der Augen der Mutter und wissen: Wir sind am Leben. Lebendig sein, leben, sich spüren, sich aufgehoben und zugehörig fühlen: Ohne ein menschliches Gegenüber ist all das nicht möglich. Ohne ein solches werden wir zu einer leeren Hülle: »Menschen sind stets in Kontexte eingebunden und können sich erst durch Kommunikation mit dem Du als Menschen konstituieren« (Schwing u. Fryszer, 2015, S. 325). Dass wir die anderen brauchen, um seelisch zu überleben und jemand zu sein, ist eine wesentliche Grundhaltung der systemischen Therapie und Beratung. Wir brauchen unterstützende, nährende, auf unser Potenzial ausgerichtete Kontexte, um zu wachsen und zu gedeihen, um uns in der Auseinandersetzung mit etwas anderem, als wir es sind, zu reiben.

Systemische Beraterinnen und Therapeutinnen setzen dabei voraus, dass die Begegnung mit dem Du in einer wohlwollenden Haltung stattfindet: »Die Grundhaltung systemischer Berater und Therapeuten ist gekennzeichnet durch Achtung, Respekt und Wertschätzung gegenüber einzelnen Personen und Systemen« (S. 324). Im Schreiben können wir diese Grundhaltung in der Auseinandersetzung mit uns selbst, das heißt, mit den eigenen inneren Anteilen und mit anderen Menschen verbinden.

»Eine Veränderung in einem Teil des Systems beeinflusst notwendigerweise das ganze System« (de Shazer, 2015, S. 40). So können durch das Schreiben innere Veränderungsprozesse initiiert werden. Das innere System darf sich an bestimmten Punkten neu finden. Innere Anteile – Ego-States – treten in Kontakt miteinander. Das alte System gerät in heilsamen Aufruhr und darf sich neu finden.

Ein Bild, das systemische Sichtweisen veranschaulicht, finden wir im Mobile: Bewegen wir ein Teil des Mobiles, so müssen sich zwangsläufig alle anderen Teile ebenfalls bewegen. Kommt es zum Stillstand, ist seine neue Position stets eine andere als zuvor. Manchmal kann man nur den Hauch einer Veränderung erkennen.

Der amerikanische Meteorologe Edward N. Lorenz fragte 1972: »Kann der Flügelschlag eines Schmetterlings in Brasilien einen Tornado in Texas auslösen?«[1]. Ja, er kann, wie sich herausstellte. Wissenschaftler konnten belegen, dass beliebige kleine Unterschiede in den Anfangsbereichen von Vorgängen in Systemen im Laufe der Zeit zu starken Unterschieden im System führen. Ein Gedicht, ein Text – nur für uns selbst geschrieben – kann zu bemerkenswerten Veränderungen im gesamten System führen. Bemerkbar ist die Veränderung manchmal erst sehr viel später.

Wie kann der »Flügelschlag« eines Haikus den Augenblick, den Tag, das Jahr, das eigene Leben zum Licht hin verändern? Wie wirken Literatur, Poesietherapie und systemische Therapie entwicklungsfördernd zusammen?

Als Autorinnen verbinden wir unsere Erfahrungen als systemische Therapeutinnen, Coaches und Supervisorinnen mit denen als systemisch Lehrende. In drei Teilen führen wir vom systemischen Grundverständnis bis hin zu praktischen Schreibspielen, die wir anhand von Praxiseinblicken und Textbeispielen aus unserer poesietherapeutischen Arbeit illustrieren.

In einem *ersten Teil und Schritt* stellen wir den *theoretisch-wissenschaftlichen Hintergrund* unserer Arbeit als systemische Poesietherapeutinnen vor.

Im *zweiten Teil und Schritt* bieten wir *Werkstatteinblicke* in unsere systemisch-poesietherapeutische Arbeit von der Einzeltherapie über die Paartherapie, die Supervision, das Coaching bis zur Familientherapie. Zuletzt stellen wir in diesem Schritt mit »SchreibRaum« einen von uns gemeinsam geleiteten Gruppenprozess vor.

Der *dritte Teil und Schritt, das »Fabulatorium«* ist schließlich der Ort, an dem wir für Sie *Methodenpapiere* zusammengestellt haben, die Ihnen auch als *Download* zur Verfügung stehen. Sie können hier zwischen systemischen Klassikern und poesietherapeutischen Evergreens, systemisch-poesietherapeutischen Interventionen und Schreibstationen wählen.

An dieser Stelle sei all den Menschen achtungsvoll und von Herzen gedankt, die sich uns anvertrauten und die wir auf ihren Entwicklungswegen abschnittsweise begleiten durften. Die therapeutischen Prozesse des Miteinanders sind immer ein gegenseitiges Begegnen, Berühren und Lernen. Dem Verlag und allen Kolleginnen, die sich anregend, unterstützend, kritisch, korrigierend der Entstehung dieses Buches annahmen, gilt unser großer Dank. Und nicht zuletzt wäre aus unserem Vorhaben nie etwas Lesbares geworden, wenn nicht all die uns liebevoll Verbundenen geduldig-verständnisvoll unsere Rückzüge

---

1   Edward N. Lorenz, *Predictability: Does the flap of a butterfly's wings in Brazil set off a tornado in Texas?*, Titel des Vortrags im Jahr 1972 während der Jahrestagung der American Association for the Advancement of Science; laut Science 320, 2008, S. 431.

ins Schreiben toleriert hätten, uns Mut zugesprochen und mit ihrer wertschätzenden Aufmerksamkeit verlässlich unterstützt hätten. Ihnen danken wir auf ganz persönliche Weise.

Aus Gründen guter Lesbarkeit wählen wir eine einheitliche Schreibweise, und da wir Autorinnen sind, liegt uns die weibliche nahe. Wenn die männliche Form nicht explizit aufgeführt ist, so sind doch immer beide Geschlechter gemeint, Beraterinnen und Berater, Therapeutinnen und Therapeuten und alle am therapeutischen Schreiben Interessierte.

Petra Rechenberg-Winter und Antje Randow-Ruddies

Erster Schritt: theoretisch-wissenschaftlicher Hintergrund

Leitfrage: Wie verbindet sich das systemische Grundverständnis von Beratung und Therapie mit poesie- und kunsttherapeutischen Ansätzen?
Inhalt: Einführung ins systemische Verständnis und in kunsttherapeutische Zugänge. Entwurf eines Konzepts systemischer Poesietherapie.
Methode: Systemische Schreibimpulse, Praxiseinblicke, Textbeispiele.

Als ich, Petra Rechenberg-Winter, 1980 erstmals mit dem familientherapeutischen Gedankengut in Kontakt kam, erwies sich das als höchst erstaunlich und tief verwirrend. Ich war auf dem Weg, Psychoanalytikerin zu werden, und begleitete eine Freundin zu einem Workshop »Familientherapie«. Auf der Rückfahrt hatte ich einen gewaltigen Knoten im Kopf. Auf einmal hatte es Symptomträger statt Patient, positive Intentionalität anstelle frühkindlicher Defizite geheißen. Das Kind, das exponiertes Verhalten zeigt, ist nicht verrückt, sondern weist darauf hin, dass in der Familie etwas zurechtgerückt werden muss. Es ist ein starkes Familienmitglied, das es auf sich nimmt, jede Menge Ärger einzustecken. Mein fachliches Weltbild geriet ins Wanken.

Doch war da zugleich die Faszination einer komplizierten Denksportaufgabe. Sobald ich etwas verstand, fügte es sich leicht in mein humanistisches Menschenbild ein. Ich war von systemischen Erregern infiziert worden und bin bis heute zutiefst von diesem Ansatz überzeugt. Nicht nur das verbindet mich mit meiner Ko-Autorin, Antje Randow-Ruddies. Es ist für uns beide ein tragfähiges Fundament, künstlerische Zugänge in unsere beraterisch-therapeutische Arbeit einzubeziehen und der Poesietherapie dabei einen besonderen Platz zuzuweisen, denn eine derartige Vorgehensweise ist in unserem Selbstverständnis sehr systemisch.

Was ist systemisch? – Ein Blick auf die Welt aus systemischer Sicht

Leitfrage: Wer konstruiert die Welt?
Inhalt: Der systemische Ansatz, Grundannahmen systemischer Beratung und Therapie.
Methode: Literarische Texte, Praxisbeispiele.

Beschäftigen wir uns erst einmal mit dem Spezifischen, das systemisches Arbeiten ausmacht, und mit der zugrunde liegenden Haltung, dem Kern beruflicher Expertise.

Die Ausgangsfrage: Was ist ein System?

Eine derart umfangreiche Frage wie die nach dem Wesen eines Systems verlangt eine ganzheitliche Antwort, die den Rahmen dieses Buches sprengen würde. Das wäre zumindest der Fall, wenn wir den Anspruch hätten, *das System* aus allen wissenschaftlichen Perspektiven zu betrachten, zu erläutern, zu verstehen. Aber das ist nicht der Fall. Uns geht es speziell um eine Betrachtung aus therapeutischer Perspektive. Wir beschränken uns daher auf das, was ein System aus beraterischer und therapeutischer Sicht verkörpert.

Eine Annäherung, die hier weiterhilft, lautet: Ein System entsteht im Auge des Betrachters. »Der Begriff System ist wie jeder Begriff eine Konstruktion« (Schwing u. Fryszer, 2015, S. 22). Ein System ist zunächst einmal nichts Gegenständliches. Man kann es nicht anfassen. Von einem System sprechen wir erst, wenn wir seine einzelnen Bestandteile in eine Beziehung zueinander setzen und aus einer solchen Beziehung heraus betrachten können. So wie in dem klassischen System der Familie, dem System Schule oder dem System Familienunternehmen.

Systeme gibt es wie Sand am Meer. Wir müssen sie nur als solche definieren. Wer gehört zum System Familie? Nur die Kernfamilie bestehend aus Vater, Mutter und Kindern? Oder auch die Stiefkinder? Was ist mit den verstorbenen Großeltern? Es gibt kein richtig oder falsch. Das System wird konstruiert, das heißt *erschaffen* durch den Beobachter.

Ein System hat variable Grenzen. Es ist veränderbar durch Einflüsse von innen und außen und es ist autonom. Systeme erschaffen sich stets um ihrer selbst willen neu. Ihr Sinn ist es, sich am Leben zu erhalten. Sie sind meisterlich darin, sich selbst zu regulieren und zu organisieren. Während mechanische Systeme fremd organisiert sind und auf ein Ziel hin geschaffen wurden, definieren sich nicht-mechanische Systeme durch die Organisation ihrer selbst.

Wir Menschen brauchen Systeme, damit wir uns in der Welt zurechtfinden. Sie sind unsere Orientierungshilfen. Systeme machen die Welt überschaubarer und damit auch klarer. Sie definieren Zugehörigkeit sowie Andersartigkeit. Sie schützen und stärken. Und was wir als System kennzeichnen und erleben, bleibt, wie gesagt, uns selbst und unseren eigenen Vorstellungen überlassen.

Eine Klientin kam kürzlich in meine Praxis (A. R.-R.)und erzählte mir mit leuchtenden Augen, sie habe eine ganz erstaunliche Aufstellungsarbeit bei einer Kollegin gemacht. Sie habe das System ihrer inneren Organe aufgestellt. Seit Langem schon leide sie unter unerklärlichen Darmbeschwerden. Schulmediziner, Heilpraktiker und sonstige Fachleute hätten keine Erklärung gehabt. Sie entschied sich, das System ihres inneren Körpers aufzustellen. Nach der Aufstellung war ihr einiges deutlicher. Die Klientin erkannte psychische Auslöser ihrer Beschwerden. Sie konnte ihr Verhalten dementsprechend verändern. Ihr inneres System – hier begrenzt auf die Organe – hatte ihr die Antworten gegeben, die sie brauchte. Vertiefen konnte sie die Arbeit an ihrem Symptom noch dadurch, dass sie über einen Zeitraum von vier Wochen in einen Schreibdialog mit dem System *Organ* trat. Sie schrieb jeden Morgen nach dem Aufwachen eine halbe Stunde. Sie begrüßte den Darm, den Magen, die Leber und alle anderen, hieß sie willkommen und wünschte ihnen auf ihre Weise einen guten und zufriedenen Tag. Durch die Aufmerksamkeit, die sie ihrem inneren System zuteilwerden ließ, lernte sie es besser kennen, entwickelte eine Selbstfürsorge und kümmerte sich in ganz neuer Weise um ihre Gesundheit. Wenn das Symptom sich zeigte, ging sie in einen schriftlichen Dialog mit ihren Organen, versuchte die Ursachen des Symptoms zu verstehen und entsprechend zu verändern, was es verursachte. Ihre gesundheitlichen Probleme waren innerhalb von sechs Wochen kaum noch spürbar.

Auch Systeme brauchen Kontakt

Ein System lebt nicht für sich allein. Vielmehr befindet es sich in ständiger Interaktion mit seinen Umwelten und seine Umwelten mit ihm. Es ist sozusagen in verschiedene Umwelten eingebettet, steht mit ihnen in Kontakt und kommuniziert mit ihnen. Betrachten wir den einzelnen Menschen als System, steht auch er demzufolge in einer ständigen Kommunikation mit seinen Umwelten, das heißt mit anderen Systemen: der Schule, den Arbeitskollegen, der Herkunftsfamilie, der Partnerin, den Nachbarn. Dabei beeinflussen sich die Systeme stets gegenseitig.

Bedingung für die Beeinflussung oder Veränderung ist jedoch, dass die Umwelt für das System einen Unterschied erzeugt, der von dem System als

Unterschied anerkannt wird. Nur dann entwickelt sich im System eine Veränderung. Nur dann kann eine Wirkung entstehen – wie auch immer diese Wirkung sich darstellt. Bekommt das System einen Veränderungsimpuls, der keinen Unterschied macht, sondern vielmehr das Gleiche vom Gleichen manifestiert, kann sich im System kaum eine Veränderung vollziehen. Außerdem bleibt das, was sich bei einem vom System wahrgenommenen Unterschied an Veränderung ergibt und am Ende als Neuordnung im System entsteht, offen. Es gibt keine kausale Wirkung. Veränderung vollzieht sich nicht linear, sondern immer in offenen Prozessen.

Hier ein Praxisbeispiel, das zeigt, wie es von der Manifestation des Gleichen zu einem Unterschied machenden Veränderungsimpuls kommt:

> Stefan ist ein dreißig Jahre alter, erfolgreicher Werbetexter. Bislang lief alles nach Plan. Er ist zufrieden mit sich und seinem Leben. Schwierig wird es für ihn nur, wenn er seinen Vater in dessen Haus, das auch sein Elternhaus ist, besucht. Nach spätestens zwei Stunden geraten die beiden regelmäßig in heftige Streitereien. Es geht um Lebenspläne, Werte, Ziele. Stefan fühlt sich behandelt wie ein kleiner Junge, reglementiert, missachtet und nicht wertgeschätzt. Der Vater scheint seinen Sohn »eingefroren« zu haben. Er spürt nicht, dass Stefan inzwischen dreißig Jahre alt ist, sondern sieht in ihm noch immer den Jungen, den er nach seinen Maßstäben erziehen will. Seit langer Zeit ist die Kommunikation zwischen den beiden schon festgezurrt. Es gibt keine Veränderungen. Beide scheinen in ihren Rollen gefangen.
>
> Stefan entscheidet sich, mit seinem Vater auf andere Art und Weise in Kontakt zu treten. Er lädt ihn zu einer Segeltour ein. Das Segeln hat die beiden schon früher sehr verbunden. Seit zehn Jahren waren sie nicht mehr *gemeinsam in einem Boot*. Stefan hat einen Veränderungsimpuls gesetzt. Er initiiert etwas, das das System wachrüttelt. Beide begegnen einander in anderen Rollen. Stefan übernimmt die Rolle des Kapitäns. Das fordert seinen Vater heraus, anders auf ihn zu schauen und ihn in seiner Größe anzuerkennen. Sie können anders – erwachsen – miteinander kommunizieren. Die erstarrten Systeme sind verstört und aufgeweicht.
>
> Nach ihrer Rückkehr verabreden beide, sich regelmäßig Briefe zu schreiben. So können sie auf Augenhöhe miteinander bleiben, distanziert und doch nahe den neuen Kontakt fortsetzen.

Jeder Mensch hat eine eigene Landkarte

Stellen wir uns zunächst einmal vor, dass ein Mann und eine Frau sich ein Foto ansehen, das ein mallorquinisches Fischerhaus zeigt, und über das Bild in einen Dialog miteinander geraten:

> SIE: »Ich würde gerne Zeit mit dir an diesem Ort verbringen. Es scheint romantisch und ruhig dort zu sein. Das würde uns guttun.«
> ER: »Es ist winzig. Und am Bildrand kannst du erkennen, dass dort das nächste Haus angrenzt. Es scheint laut zu sein. Viele Nachbarn. Wir werden keine Ruhe finden.«

Wir haben es in diesem Beispiel mit einem Foto und zwei Wirklichkeitskonstruktionen zu tun. Die beiden Personen, die das Foto betrachten, haben ihre eigene innere Landkarte, aufgrund derer sie bewerten und beurteilen. Ihre innere Landkarte gibt nur das wieder, was für sie individuell wichtig ist und in die eigene Landkarte passt. Die eigentliche Landschaft sieht anders aus. Beide haben sich ihre eigene Wirklichkeit erschaffen. Für beide ist diese eigene Wirklichkeit vorerst die einzig wahre. Beide haben ihre – vor allem unbewussten – Gründe für die Beschreibung ihrer Landkarten. Die Frau aus unserem Beispiel sehnt sich vielleicht nach Nähe, Romantik und Zweisamkeit. Sie sieht deshalb nur diese Aspekte in ihrer Landkarte. Dem Mann scheinen andere Koordinaten wichtig: Abgrenzung, Distanz und viel Raum.

Wir Menschen finden die Welt nicht einfach vor. Wir konstruieren uns unsere Welt, und zwar jeder seine eigene. Jeder gestaltet diese so, wie sie für ihn passt. Jeder Mensch schafft sich sein ganz eigenes Drehbuch seines Lebens und seiner Umwelten.

Es ist anzunehmen, dass das Paar bei der Fortsetzung des Dialogs in einen Streit miteinander gerät. Es ist uneins über das, was auf dem Foto zu sehen ist, und wird zu keiner Lösung kommen, solange beide auf ihrer festen Konstruktion von Wirklichkeit beharren. Solange der Mann und die Frau nicht verstehen, was hinter ihren jeweiligen Wirklichkeiten liegt, welche Bedürfnisse, welche Erfahrungen, welche Sehnsüchte sich darin ausdrücken, werden sie sich einander nicht annähern können.

In einer Beratungssitzung würden beide nun die Aufgabe bekommen, aufzuschreiben, was sie emotional mit dem Foto verbinden. Darüber hinaus würden sie eingeladen, einen Brief mit der Überschrift »Mein Urlaub mit dir« an den jeweils anderen zu schreiben. Das Ziel einer derartigen Schreibübung ist das Kennenlernen der von der eigenen sich unterscheidenden inneren Landkarte und verborgenen Landschaft des jeweils anderen.

Von der Sackgasse auf die Umgehungsstraße

Nicht selten finden wir uns im Leben in Situationen, in Augenblicken oder in Phasen, in denen sich nichts zu bewegen scheint. Wir befinden uns in einer emotionalen und rationalen Sackgasse. Es scheint kein Vorankommen zu geben. Keine Veränderung scheint in Sicht.

>»*Die Straße*
>Ich gehe die Straße entlang
>Da ist ein tiefes Loch im Gehsteig.
>Ich falle hinein.
>Ich bin verloren … Ich bin ohne Hoffnung.
>Es ist nicht meine Schuld.
>Es dauert endlos, wieder herauszukommen.
>
>Ich gehe dieselbe Straße entlang.
>Da ist ein tiefes Loch im Gehsteig.
>Ich tue so, als sähe ich es nicht.
>Ich falle wieder hinein.
>Ich kann nicht glauben,
>schon wieder am gleichen Ort zu sein.
>Aber es ist nicht meine Schuld.
>Immer noch dauert es sehr lange, herauszukommen.
>
>Ich gehe dieselbe Straße entlang.
>Da ist ein tiefes Loch im Gehsteig.
>Ich sehe es.
>Ich falle immer noch hinein … aus Gewohnheit.
>Meine Augen sind offen.
>Ich weiß, wo ich bin.
>Es ist meine eigene Schuld.
>Ich komme sofort heraus.
>
>Ich gehe dieselbe Straße entlang.
>Da ist ein tiefes Loch im Gehsteig.
>Ich gehe darum herum.
>
>Ich gehe eine andere Straße.«
>(Sogyal Rinpoche, 2004, S. 45)

Solange wir uns in den immer gleichen Kontexten bewegen, ist Veränderung zäh. Solange wir ausschließlich linear denken, ist es kaum möglich, auf neue Ideen zu kommen und neue Impulse zu entwickeln. Wenn ich, wie in den Versen des tibetischen Meditationsmeisters Ssogyal Rinpoche beschrieben, immer nur dieselbe Straße gehe, falle ich in das immer gleiche Loch. Die eigene Wirklichkeit bleibt unverändert. Das Drehbuch des eigenen Lebens spielt den immer gleichen Film und das meist ohne Happy End.

Soll Veränderung eintreten, soll sich etwas bewegen, müssen neue Möglichkeiten, neue Impulse ins Leben kommen und ihren Weg ins Licht finden dürfen. Das folgende Praxisbeispiel illustriert das:

> Nach einer Trennung und dem Verlust des Arbeitsplatzes hat Herr L. sein Selbstbewusstsein offensichtlich an dem Garderobenhaken meiner Praxis abgegeben. Nichts scheint ihm mehr zu gelingen. Er kann sich nur schwer an Erfolge in seinem Leben erinnern. Auch die Freunde sind in seiner Wirklichkeitskonstruktion wie vom Erdboden verschluckt. Er hat seine Träume vergessen. Seine Ziele sind in einen tiefen Brunnen gefallen. Das Drehbuch seines Lebens erzählt die immer gleiche Tragödie. Von Helden ist darin keine Spur.
>
> Er bekommt die Aufgabe, acht Menschen zu kontaktieren. Freunde, Bekannte oder ehemalige Kollegen, und sie zu bitten, ihm einen Brief mit dem Titel »Das schätze ich an dir« zu schreiben.
>
> Nach Erhalt der »Schatz-Briefe« liest er sie laut vor. Wir sammeln seine in den Briefen beschriebenen Ressourcen auf Kärtchen und legen sie auf dem Fußboden aus. Herr L. beginnt sich an all das zu erinnern, was er schon gelebt hat: an all seine Erfolge und seine Fähigkeiten. Die Briefe bekommen einen besonderen Platz bei ihm. Jederzeit kann er nun auf seinen Schatz zurückgreifen.

Das lineare Denken und Handeln ist durch die »Schatzbriefe« beim Patienten L. unterbrochen worden. »Da das Verhalten von Menschen nicht von dem bestimmt wird, was andere Leute tatsächlich denken, sondern von dem, was sie denken, was die anderen denken, empfiehlt es sich, ganz direkt und ungeniert nach Vermutungen und Spekulationen über andere zu fragen« (von Schlippe u. Schweitzer, 2012, S. 251).

Indem wir uns vorstellen, was eine dritte, vierte, fünfte Person über uns, über eine Situation, eine Krise sagen würde, erweitern wir die eigene Perspektive und damit unser Verhalten und Handeln. Durch zirkuläres Denken werden Verhalten und Kommunikation in einem System als Regelkreis beschrieben. Alles beeinflusst sich gegenseitig. Alle Beteiligten geben Impulse. Die zeigen Auswirkungen, die wiederum neue Impulse erzeugen.

Was glaubst du, liebe Freundin, wird mein Mann sagen, wenn ich ihm diesen Brief schicke? Und was sagst du, meine Schwester, wird meine Freundin über mich denken, wenn ich meinem Mann diesen Brief schicke?

Schreiben setzt Impulse. Schreiben setzt neue Impulse und initiiert neue Regelkreise.

Es ist so oder auch anders

Es könnte so sein. Es könnte aber auch anders sein. Schon Adorno wusste, dass der Kopf rund ist, damit das Denken die Richtung wechseln kann. Systemiker diagnostizieren, indem sie Fragen stellen und infrage stellen; indem sie Gedanken verwerfen und neue konzipieren; indem sie provozieren, hinterfragen, neugierig sind und das Unmögliche für möglich halten. Für ein Problem gibt es nicht nur die eine Erklärung. Für ein Symptom gibt es nicht nur eine Ursache. Und wer sind wir, dass wir uns anmaßen zu wissen, was vielleicht Ursachen sein können. Wenn wir uns von Demut und Bescheidenheit leiten lassen – und von einer wirklichen Unwissenheit inspiriert sind –, öffnet sich die Welt. Plötzlich erschließen sich Möglichkeiten, Gedanken, Inspirationen, die wir zuvor noch nie gedacht haben. Wir lassen die Engstirnigkeit hinter uns.

Stellen wir uns einmal vor, dass eine Frau ihren Mann verlässt. Die beiden waren seit dreißig Jahren ein Paar. Der Mann hat seit einiger Zeit eine Affäre. Die Frau belauschte ein Telefonat ihres Mannes und bemerkte so seine Untreue. Man könnte denken: Was für ein fieser Kerl, dass er seine Frau hintergeht! Was für eine arme Frau! Doch das ist nur Möglichkeit eins.

Möglichkeit zwei: Auch die Frau hat seit Jahren eine Affäre. Nun gönnt sich auch der Mann ein erotisches Abenteuer.

Möglichkeit drei: Die beiden haben am Tag der Eheschließung den Beschluss gefasst, eine offene Beziehung zu führen. Seitdem gibt es immer wieder bei beiden außereheliche Vergnügungen.

Wir kennen die Wahrheit nicht. Wir können nur neugierig sein. Wir können Fragen stellen, den Antworten lauschen, unserer Intuition vertrauen.

Systemisch zu denken, zu arbeiten und zu begleiten, bedeutet, wach im Kopf und offen im Herzen zu sein. Systemische Berater und Therapeuten halten zunächst einmal alles für möglich, erscheint es auch noch so absurd.

Im Rahmen einer Teamsupervision habe ich ein Foto von einer Frau und einem Mann im Gespräch gezeigt und gefragt: »Worüber reden sie? In welcher Art von Beziehung stehen sie zueinander? In welchem Kontext treffen sie sich gerade?« Das Team bestand aus zwölf Teilnehmerinnen. Es gab acht unterschiedliche Wahrheiten, acht unterschiedliche Betrachtungsweisen und Hypothesen und wir werden nie wissen, was wirklich zwischen dieser Frau und diesem Mann geschah.

»Wer einsieht, dass er seine Wirklichkeit selbst konstruiert, der ist wirklich frei. Er weiß, dass er seine Wirklichkeit jederzeit ändern kann« (Watzlawick, 2015, S. 73).

Den Schatz heben

»Wenn ich ein gutes Gefühl mir selbst gegenüber habe und wenn ich mich selbst mag, habe ich ausgezeichnete Chancen, dem Leben mit Würde, Ehrlichkeit, Stärke, Liebe und Wirklichkeitssinn entgegentreten zu können« (Satir, 2004, S. 54).

Voraussetzung für ein hohes Maß an Selbstachtung, wie es das Zitat beschreibt, ist die Bewusstheit der eigenen Stärken und Ressourcen. Doch der innere Zugang zu unseren »Schätzen« ist uns oftmals nicht zugänglich. Häufig befinden wir uns in einer sogenannten Problemtrance. Wir beschäftigen uns innerlich mit ungelösten Problemen, kritisieren uns selbst in Grund und Boden, lassen kein gutes Haar an uns selbst und tun so, als ob wir im gesamten bisherigen Leben noch nichts Erfolgreiches auf die Beine gestellt hätten. Schwere Gewitterwolken verdunkeln den Blick auf das Bunte im eigenen Leben. In Kontakt sind wir, wenn überhaupt, nur mit unseren vermeintlichen Defiziten in solchen Momenten. Und diese Momente gibt es relativ häufig an einem Tag.

Ganzheitlich können wir uns fühlen, wenn wir uns mit unseren Stärken und Ressourcen verbinden und uns darauf besinnen, wer wir sind, was wir in uns tragen und auf welche Schätze wir jederzeit zurückgreifen können.

»Zentral ist es die Annahme, dass jedes System bereits über alle Ressourcen verfügt, die es zur Lösung seiner Probleme benötigt – es nutzt sie nur derzeit nicht« (von Schlippe u. Schweitzer, 2012, S. 209 f.).

Wir besitzen im Sinne von Fromms Kategorie des Habens für gewöhnlich eine individuelle Anzahl von äußeren Ressourcen: ein Dach über dem Kopf, genügend Geld, um uns zu versorgen, und was sonst noch für jeden Einzelnen zum *Haben* dazugehört. Innere Ressourcen *sind* wir hingegen. Wir haben sie nicht. Sie gehören zu unserer Persönlichkeit, sind Teile bzw. innere Anteile dieser Persönlichkeit. Sie machen uns aus.

Die systemische Arbeit richtet das Augenmerk im Wesentlichen darauf, diese inneren Schätze zu aktivieren, sie in Erinnerung zu rufen, um sie dann jederzeit abrufbar zu machen.

»Ich glaube nicht, dass ich jemals einen neuen Arbeitsplatz finden werde.« Mit diesen Worten eröffnete ein Klient die erste Sitzung. Keine Frage: Der junge Mann befand sich in einer Krise. Er hatte aufgrund betriebsbedingter Kündigungen seinen Arbeitsplatz verloren und zweifelte nun hör- und deutlich sichtbar an seiner gesamten Kompetenz. Eingefallen saß er mir (A. R.-R.) auf dem Stuhl gegenüber: der Kopf nach unten gebeugt, die Schultern hängend, der Atem flach, der Rücken gekrümmt. Von der äußeren Statur wirkte er wie ein Mensch am Ende seines Lebens. Es war schwer für ihn, sich daran zu erinnern, dass es in seinem Leben jemals eine Zeit gegeben hatte, in der er erfolgreich gewesen war. Er hatte keinen Zugang zu seinen Ressourcen. Die Schätze schienen vergraben.

Ich lud ihn ein, sich an seine vorherige Arbeit zu erinnern. Was hat er gut gemacht? Worin war er erfolgreich gewesen? Was schätzten die Kolleginnen an ihm? Worauf war er selber stolz? Ich bat ihn, sich vorzustellen, was seine Frau auf diese Frage antworten würde und welche Ressourcen sein damaliger Chef an ihm wertschätzt. Jede einzelne Ressource wurde auf einem Kärtchen festgehalten. Nachdem er alle Ressourcen benannt und somit eingesammelt hatte, legte er sie im Raum aus und fand eine Position für sich, in der er all dieses Potenzial gut spüren konnte. Er schloss die Augen und lauschte still den Wörtern um ihn herum. Seine Körperhaltung veränderte sich. Er wurde wieder der aufrechte junge Mann, der er eigentlich war. Sein Atem ging tief und regelmäßig. Seinen Kopf trug er aufrecht. Er war wieder mit seinen Stärken verbunden und damit auch im Kontakt mit sich und seinem Selbstwert. Seine Ressourcen gehörten wieder zu ihm. Ich bot ihm aus diesem Zustand heraus einen Schreibimpuls zu dem Thema »Das bin ich« an. Der Klient schrieb – ohne Absetzen des Stiftes – 13 Minuten. Das Geschriebene las er laut vor. Mit erhobenem Kopf und in königlicher Haltung verließ er an dem Tag die Praxis.

Systemische Arbeit ist immer wieder auch die Arbeit eines Schatzgräbers. Es folgt daher eine Geschichte zum Thema Schatz und Schatzgräber.

»In Krakau lebte einmal ein frommer, alleinstehender alter Mann namens Izy. Ein paar Nächte hintereinander träumte Izy, er reise nach Prag und gelange dort an eine Brücke über einem Fluss. Er träumte, an einem Ufer des Flusses unter der Brücke stehe ein üppiger Baum. Er träumte, dass er gleich neben dem Baum zu graben anfing und auf einen Schatz stieß, der ihm Wohlstand und Sorglosigkeit bis an sein Lebensende sicherte. Anfangs maß Izy diesem Traum keine Bedeutung bei. Aber nachdem dieser sich wochenlang wiederholt hatte, deutete er ihn als Botschaft und beschloss, jene Nachricht, die ihm womöglich von Gott und von sonst wem geschickt worden war, nicht weiter unbeachtet zu lassen.

Er folgte also seiner Eingebung, belud sein Maultier mit Gepäck für eine lange Reise und machte sich auf den Weg nach Prag.

Sechs Tage später traf der Alte in Prag ein und begab sich gleich auf die Suche nach der Brücke über den Fluss am Rande der Stadt.

Es gab nicht viele Flüsse und auch nicht viele Brücken, so dass er den gesuchten Ort schnell fand. Alles war genau wie in seinem Traum: der Fluss, die Brücke, das Flussufer, der Baum, unter dem er graben musste.

Nur eins war in seinem Traum nicht vorgekommen: Die Brücke wurde Tag und Nacht von einem Soldaten der kaiserlichen Garde bewacht. Izy wagte es nicht, zu graben, solange der Soldat dort oben Wache schob, also schlug er in der Nähe der Brücke sein Lager auf und wartete erst einmal ab. In der zweiten Nacht begann der Soldat Verdacht zu schöpfen, und er fragte den Alten, der da am Flussufer kampierte, nach seinem Vorhaben.

Der hatte keinen Grund, ihm eine Lüge aufzutischen, und so erzählte er dem Wachmann, er habe diese weite Reise unternommen, weil er geträumt habe, dass hier in Prag unter einer gewissen Brücke ein Schatz vergraben liege.

Der Wachmann brach in schallendes Gelächter aus. ›Eine so lange Reise wegen nichts und wieder nichts‹, sagte er. ›Ich träume seit drei Jahren jede Nacht, dass in Krakau unter der Küche eines verrückten Alten namens Izy ein Schatz vergraben liegt. Ha, ha, ha, ha. Denkst du, ich sollte nach Krakau reisen, um diesen Izy aufzusuchen, und unter seiner Küche zu graben anfangen?‹

Izy bedankte sich freundlich beim Gardisten und trat die Heimreise an.

Zu Hause angekommen, grub er unter seiner Küche ein Loch und fand den Schatz, der schon ewig dort verborgen lag.«
(Jorge Bucay, 2008, S. 70)

Izys Geschichte verdeutlicht: Der Schatz liegt immer schon bei uns. Und er wird immer dort sein. Verlieren lässt er sich nicht. Nur manchmal vergessen wir, dass er da ist und an welcher Stelle wir graben müssen.

Zum Tanzen braucht es zwei

Systemische Beraterinnen und Therapeutinnen mögen Probleme. Sie bieten Stoff für Fragen, Hypothesen und Lösungen. Noch lieber mögen Systemikerinnen die Verknüpfung von Problem und Lösung. Sie mögen den Tanz zwischen den beiden Zuständen.

»Jede Beschreibung eines Problems enthält schon eine Lösung. Wir können kein Problem benennen, ohne innerlich zu wissen, wie es anders, besser sein könnte« (von Schlippe u. Schweitzer, 2012, S. 162). Problem und Lösung brauchen einander. Nur im Zusammenspiel beider kann etwas Neues entstehen. Nur in diesem können sich neue Perspektiven für den Einzelnen entwickeln.

Betritt ein Problem unsere innere Bühne, können wir entscheiden, wie lange es die Hauptrolle in dem jeweiligen Akt spielen darf. Manchmal dominiert es das gesamte Stück. Dann sitzen wir in einer Tragödie fest, die sich tagein, tagaus oder sogar Jahr um Jahr wiederholt.

Würden wir inmitten dieser Tragödie eine systemische Beraterin zu Rate ziehen, würde diese energisch in die Hände klatschen und zu fragen beginnen: »Seit wann spielt das Problem die Hauptrolle? Was genau ist seine Absicht? Was möchte es verdeutlichen? Nimmt es wirklich immer die Hauptrolle ein oder gibt es Szenen, Momente, in denen es anderen Anteilen diese Rolle überlässt? Was genau möchte das Problem sicherstellen? Was genau ist im System nicht mehr im Gleichgewicht?« Schon während dieser Fragestellungen wird deutlich: Das Problem ist gar nicht so unfreundlich und unangenehm, wie man gemeinhin vermuten könnte. Es hat eigentlich eine gute Absicht. Es möchte Veränderung. Es schreit geradezu nach einer Entwicklung, die aus den bestehenden Verstrickungen herausführt. Indem wir versuchen das Problem genauer kennenzulernen, nähern wir uns der Lösung. Sobald wir uns ihm in einer konstruktiven Weise annähern, nicht mehr die Sinne vor ihm verschließen und erkennen, dass Probleme eigentlich darauf warten, von einer Lösung abgelöst zu werden, können wir uns der Veränderung öffnen und sind bereit für Neues.

»*Von den Wölfen in uns*
Ein alter Indianer erzählt seinem Enkel:
›In meiner Brust wohnen zwei Wölfe.
Einer davon ist der Wolf der Dunkelheit,
des Neides, der Verzweiflung,
der Angst, des Misstrauens.
Der andere ist der Wolf des Lichts,
der Liebe, der Lust und der Lebensfreude.
Beide kämpfen miteinander.‹
Fragt der Enkel: ›Und welcher der beiden wird gewinnen?‹
Der alte Indianer antwortet: ›Der, den ich füttere‹«
(zit. nach Schwing u. Fryszer, 2013, S. 54).

Probleme sind wichtig, um Lösungen zu generieren. Sie dürfen gern temporär in unsere Gemüter einziehen. Nur dauerhaft sollten sie nicht bleiben, sondern von anderen »inneren Gästen« abgelöst werden, damit Entwicklung und Wachstum einziehen können.

Um das Problem aus dem Haus zu treiben, haben Systemikerinnen sich des Wunders bedient. Die sogenannte klassische Wunderfrage ist eine Einladung hin zur Lösung – weg von dem Problem: »Wenn über Nacht ein Wunder passieren würde und das Problem würde wie weggezaubert aus ihrem Leben verschwinden: Was wäre morgen anders?« (S. 59).

Ein neuer Rahmen für die alte Wunde

»Arme Leute
Eines Tages nahm ein Mann seinen Sohn mit aufs Land, um ihm zu zeigen, wie arme Leute leben. Vater und Sohn verbrachten einen Tag und eine Nacht auf einer Farm einer sehr armen Familie. Als sie wieder zurückkehrten, fragte der Vater seinen Sohn: ›Wie war dieser Ausflug?‹ ›Sehr interessant!‹, antwortete der Sohn. ›Und hast du gesehen, wie arm Menschen sein können?‹ ›Oh ja, Vater, das habe ich gesehen.‹ ›Was hast du also gelernt?‹, fragte der Vater. Und der Sohn antwortete: ›Ich habe gesehen, dass wir einen Hund haben und die Leute auf der Farm haben vier. Wir haben einen Swimmingpool, der bis zur Mitte unseres Gartens reicht, und sie haben einen See, der gar nicht mehr aufhört. Wir haben prächtige Lampen in unserem Garten und sie haben die Sterne. Unsere Terrasse reicht bis zum Vorgarten und sie haben den ganzen Horizont.‹ Der Vater war sprachlos. Und der Sohn fügte noch hinzu: ›Danke Vater, dass du mir gezeigt hast, wie arm wir sind.‹«[2]

Und immer wieder geht es darum, den Blick zu weiten und eine andere Perspektive einzunehmen; zu verwirren, um Neues zu kreieren; umzudeuten, um dem Leben aus der Sackgasse zu helfen; dem Geschehen einen anderen Sinn zu geben. So hat der Sohn in der Geschichte über die Armut das Leben der armen Farmer anders beurteilt und gedeutet als sein Vater und damit den Vater überrascht und dessen Blick geweitet.

»Umdeuten ist eine Therapietechnik, die die Tatsache verwendet, dass alle Regeln, alle Wirklichkeiten zweiter Ordnung relativ sind, dass das Leben so ist, wie du sagst, dass es ist« (Paul Watzlawick 2001, S. 145). Wenn wir den Rahmen unseres Betrachtungsfeldes ändern, verändern sich oft die wahrgenom-

---

2 http://www.eagle-vision-communication.de/Metaphern-Geschichten145_Arme_Leute.htm

menen Zusammenhänge und Bedeutungen. Man nennt das Reframing. Dazu folgende Geschichte:

> Ein sechzigjähriges Ehepaar geht im Wald spazieren. Eine Fee flüstert in das Ohr des Mannes: »Du hast einen Wunsch frei.« Der Mann sagt, ohne zu überlegen: »Ich wünsche mir eine um zwanzig Jahre jüngere Frau.« Da macht die Fee schnipp, und er ist achtzig.

Systemische Therapeutinnen versuchen nicht, aus Stroh Gold zu spinnen. Vielmehr ist ihnen daran gelegen, eine Situation oder eine Begebenheit aus einer neuen Perspektive zu betrachten, ihr einen neuen Rahmen zu geben und damit Wege für neue Empfindungen, andere Wahrnehmungen und vielfältigere Perspektiven zu eröffnen. Gibt man der Wunde, der Kränkung, der Verletzung oder dem Problem einen anderen Rahmen, findet sich meist der Weg zum ressourcenvollen Selbst leichter und schneller. Man erinnert sich an die innere Fülle und der eigene Blick geht weg vom Defizit. Es lässt sich auf diese Weise an vorhandene Potenziale anknüpfen. Der neue Rahmen ermöglicht eine Umdeutung, einen anderen Blickwinkel, wodurch einer Situation oder einem Geschehen eine andere Bedeutung oder ein anderer Sinn zugewiesen werden kann (vgl. von Schlippe u. Schweitzer, 2012, S. 312).

Welche Stärken, welche Überlebensstrategien stecken hinter dem Symptom? Bieten wir ihnen einen neuen Rahmen an, erscheinen Symptome in einem helleren Licht. Probleme lösen sich manchmal wie von selbst auf. Denn auch sie sind nur eine Konstruktion und keine festen Größen. Sie werden erschaffen und können dementsprechend auch wieder aufgelöst werden. Probleme laden ein zur Ursachenforschung. Aufgrund der vermeintlichen Ursachen entwickeln Menschen Lösungs- und Bewältigungsstrategien, durch die sich das vermeintliche Problem manifestiert. Der Handlungs- und Verhaltensspielraum verengt sich entsprechend. Wir blieben für immer in einem Gedanken- und Verhaltenskarussell gefangen, aus dem es augenscheinlich keinen Ausweg gibt, wäre da nicht der andere Rahmen, in dem sich etwas nicht mehr nur so, sondern ganz anders betrachten lässt. »Phänomene werden nicht mehr nur als störend oder problematisch bewertet – sie können vielmehr oftmals ganz verschwinden« (Wirth u. Kleve, 2012, S. 439). Das nachfolgende Praxisbeispiel illustriert diesen Vorgang.

> Der Mann, der in meine (A. R.-R.) Praxis kam, litt seit Jahren unter depressiven Episoden. Er fühlte sich ungeliebt von seiner Frau. »Ich bin gut genug, um das Geld nach Hause zu bringen. Das ist alles, was sie noch an mir schätzt.« Seine Arbeit machte ihm keine Freude mehr, seit vor vier Jahren ein neuer Chef die

Leitung übernommen hatte. Seine Kinder waren erwachsen und lebten in eigenen Familien. Er fühlte sich nicht mehr gebraucht. Er saß mir im Stuhl gegenüber, als würde er auf seinen eigenen Tod warten.

»Eine Depression muss man sich hart erarbeiten«, sagte ich ihm, »die fällt nicht einfach so vom Himmel. Wie haben Sie das gemacht?« Er schaute mich an, verwirrt, auch ein wenig entrüstet wegen meiner vermeintlichen Respektlosigkeit. Er schien sich in seiner Symptomatik nicht ernst genommen zu fühlen. »Wie schaffen Sie es, über eine so lange Zeit in den Rückzug zu gehen? Wofür ist dieser Rückzug gut? Und was sind die Auslöser für diesen Rückzug?«, beharrte ich auf meiner Sichtweise. Die depressive Episode erhielt damit einen anderen Rahmen: den Rückzug. So konnte der Klient sich als Handelnder verstehen. Im Laufe der Zeit wurde deutlich, wie wichtig der Rückzug am Beginn seines Lebens für ihn gewesen war. Seine Seele hatte sich so ihr Überleben gesichert. Er hatte in frühen Jahren mit seinem Rückzug eine wichtige Ressource ausgebildet. Im Verlauf des Prozesses begann er die Auslöser für den Rückzug zu verstehen und zu verändern. Er fühlte sich nicht mehr als Opfer seiner emotionalen Zustände, sondern als Regisseur seines eigenen Lebens.

Während der Zeit des Beratungsprozesses legte er sich ein Tagebuch an. Er führte ein tägliches Zwiegespräch mit seinem Rückzug. Die beiden lernten sich intensiv kennen. Der Klient wurde zum Regisseur. Der Rückzug erhielt eine Nebenrolle auf seiner Lebensbühne. Bis heute darf er ab und zu mitspielen. Es sind kurze Akte, in denen er auftritt.

Von Wächtern und Wendepunkten

Achtung, Respekt und Wertschätzung gegenüber einzelnen Personen und Systemen sind die Basis systemischen Denkens und Handelns. Wir schauen stets auf das, was schon vorhanden ist, und gehen davon aus, »dass Menschen das Potential in sich tragen, alle geforderten Ressourcen zu entwickeln« (Schwing u. Fryszer, 2015, S. 326). Anthony Bloom, ein russisch-orthodoxer Mönch schrieb:

> »Wenn wir einen Menschen nicht anschauen und die Schönheit in ihm sehen, können wir ihm gar nichts geben. Man hilft einem Menschen nicht dadurch, dass man entdeckt, was bei ihm falsch, hässlich und verzerrt ist. […] Jeder einzelne von uns ist ein Abbild Gottes, aber jeder gleicht einem beschädigten Bild. Wenn wir eine Ikone erhielten, die durch Abnutzung, menschlichen Hass oder andere Umstände beschädigt wurde, würden wir sie mit Ehrfurcht, Zärtlichkeit und Trauer betrachten. Wir würden unsere

Aufmerksamkeit nicht in erster Linie der Tatsache zuwenden, dass sie beschädigt ist, sondern der Tragödie ihrer Beschädigung. Wir würden uns darauf konzentrieren, was von der Schönheit übrig ist und nicht auf das, was von der Schönheit verloren ging. Und das ist es, was wir bezüglich jedes Menschen erst noch lernen müssen« (zit. nach Schwing u. Fryszer, 2015, S. 326 f.).

Wenn wir der Vorannahme folgen, dass es im menschlichen Wesen keine terroristischen Anteile gibt, sondern dass wir zu jedem Zeitpunkt unseres Lebens so handeln, wie es in dem Moment unsere erlernten Muster erlauben, geht es doch im Wesentlichen darum, ein zufriedenes Leben zu gestalten. Das heißt: ein Leben, in dem wir uns selbst wiederfinden; ein Leben, das uns entspricht; ein Leben, das wir selbst gestalten, maßgeschneidert nach unseren Möglichkeiten. Die Deutsche Gesellschaft für Systemische Therapie, Beratung und Familientherapie (DGSF) schreibt in ihren Ethikrichtlinien (2012): »Die KlientInnen werden als ExpertInnen für sich und ihre Lebensgestaltung gesehen. Sie werden zur Entdeckung und selbstbestimmten Nutzung eigner Ressourcen angeregt, dabei unterstützt und begleitet.« Das nachfolgende Gedicht von Joseph Beuys macht Mut zum Leben.

»Lass dich fallen
Lerne Schlangen zu beobachten
Lade jemanden Gefährlichen zum Tee ein
Mache kleine Gesten
Werde ein Freund für Freiheit und Unsicherheit
Freue dich auf Träume
Weine bei Kinofilmen
Schaukel, so hoch du kannst
Tu Dinge aus Liebe
Mach eine Menge Nickerchen
Gib Geld weiter
Mach es jetzt
Glaube an Zauberei
Lache eine Menge
Nimm Kinder ernst
Bade im Mondlicht
Lies jeden Tag
Stelle dir vor, du wärst verzaubert
Höre alten Leuten zu
Freue dich

Von Wächtern und Wendepunkten

Lass die Angst fallen
Unterhalte das Kind in dir
Umarme Bäume
Schreibe Briefe
Lebe«
(Joseph Beuys, zit. nach Isking, 2013, S. 118 f.)

Lebe! Und zwar jetzt! Denn wir haben nur dieses eine Leben. Leider handelt es sich bei diesem nicht um eine Generalprobe.

Systemische Beraterinnen und Therapeutinnen können Menschen ein Stück des Wegs begleiten. Sie dürfen sich als Reisebegleitung verstehen, die durch einen Abschnitt unbekannten Landes führt. Sobald die Landschaft bekannt und vertraut ist, kann die Reisende alleine weitergehen. Oftmals sind es Symptome oder Wendepunkte im Leben, die zu einer Wegbegleitung auffordern.

Symptome sind aus systemischer Sicht treue Wächter, die auf ein inneres Ungleichgewicht aufmerksam machen. »Ein Symptom wird eher als Signal verstanden, vielleicht als Hilferuf« (von Schlippe u. Schweitzer, 2012, S. 150). Symptome verweisen sozusagen auf einen erheblichen innerlichen Missstand. In guter Absicht möchten sie für Veränderung sorgen. Und sie wissen keinen anderen Weg, als durch Leid auf sich aufmerksam zu machen. Oftmals tun sie dies so heftig und störend, dass der Betroffene endlich wachgerüttelt wird und etwas in seinem Leben verändert.

Bei dem folgenden Praxisbeispiel konnte ich (A. R.-R.) den Patienten ein Stück weit auf seinem Weg ins selbstbestimmte Leben begleiten:

> Herr S. hatte bereits einen langen Leidensweg hinter sich. Aufenthalte in einer psychosomatischen Klinik, diverse Sitzungen bei Therapeutinnen unterschiedlichster Schulen. Doch wirklich verändern konnte er in seinem Leben nichts. Er war der festen Überzeugung, dass seine Frau ihre Pferde, Kinder und Enkelkinder, ihr Haus, ihre Arbeit und Freunde um ein Vielfaches mehr liebe als ihn, dass seine Arbeit vollkommen sinnlos sei und dass seine beiden Söhne keinerlei Bindung an ihn hätten und er in der Bedeutungslosigkeit verschwinde. Seine Niedergeschlagenheit vergrößerte sich von Monat zu Monat. Seine innere Perspektivlosigkeit hatte sich seit Langem in seinem Körper manifestiert. Der 192 Zentimeter große Mann wirkte äußerlich und innerlich wie ein Männchen. So gebeugt ging er durchs Leben. Er war zornig auf alles um ihn herum. Seine Aggressivität hatte er sich bewahrt. Er zog in Erwägung, sich scheiden zu lassen und noch ein paar Jahre zu arbeiten, um dann in Ruhe zu sterben. Herr S. war gerade einmal 54 Jahre alt und zudem ein talentierter Mann. Er war Mitglied in

einem Chor, spielte Posaune, war aktiver Marathonläufer. Zu seinem fünfzigsten Geburtstag gaben ihm achtzig Familienmitglieder, Freunde und Bekannte die Ehre. Und er hatte einen Traum: Er wollte einmal in seinem Leben den Appalachian Trail, den 3.500 Kilometer langen Fernwanderweg durch die US-amerikanischen Appalachen, erwandern und auf diese Weise einmal seine Grenzen erleben. Er wollte einmal sich selbst spüren.

In seiner Herkunftsfamilie war er immer *der Dumme* gewesen. Seine beiden Brüder wurden erfolgreiche Akademiker und Familienväter. Ihre Lebenswege waren stringent ohne Umwege verlaufen. Herr S. erarbeitete sich seine Karriere auf dem zweiten Bildungsweg und wurde erfolgreich als Ingenieur. Doch der innere Glaubenssatz: »*Ich bin dumm*«, saß ihm lebenslang auf der Schulter. Er drückte ihn im wahrsten Sinne des Wortes nieder und machte aus dem großen Mann ein kleines Männchen.

Das Symptom begleitete ihn seit fast zwanzig Jahren. Mal wurde es größer, breitete sich immer mehr aus. Mal verschwand es fast. Wenn Herr S. in manchen Phasen seines Lebens gut für sich sorgte, seiner Autonomie einen entsprechenden Platz einräumte, konnte sich das Symptom ausruhen. Es durfte sich in die innere Hängematte legen. Doch sobald Herr S. die eigenen Bedürfnisse wieder vernachlässigte, seinen eigenen inneren Raum erneut verkleinerte, sprang das Symptom aus der gemütlichen Hängematte und war präsent. Es drückte ihn nieder. Es sorgte dafür, dass er von seiner Vitalität abgeschnitten wurde. Er konnte sich in solchen Zeiten kaum mehr spüren. Sein Unterbewusstes sorgte dafür, dass er in regelmäßigen Abständen sein inneres Skript: »Ich bin der Dumme«, wiederholte, es immer wieder reinszenierte. Er fühlte sich nicht mehr in der Lage, aktiv zu entscheiden oder gar sein Potenzial zu leben.

Doch da gab es diesen Traum von ihm. Er verwies auf den Teil in ihm, der wusste, wo es hingehen sollte, was ihm Kraft geben und sein Potenzial zum Vorschein kommen lassen würde.

Für eine kurze Zeit durfte ich die Reisebegleiterin auf der Veränderungsreise von Herrn S. sein. Das Symptom wurde ihm im Laufe des Prozesses zu einem wertvollen Ratgeber. In den Momenten, in denen es deutlich wurde und auf die innere Bühne kam, kümmerte sich Herr S. ab jetzt um seine Bedürfnisse. Er widmete sich vor allem seinem Traum und holte ihn von Woche zu Woche ein kleines Stückchen mehr auf die Erde. Er plante, verwarf die Pläne, plante aufs Neue und freute sich an seinem Traum, der inzwischen für Freiheit und Autonomie stand. Der innere Glaubenssatz hatte sich verändert: »Ich darf mich leben. So wie ich bin«, das war fortan die Überzeugung von Herrn S.

Dementsprechend eröffnete er die letzte Sitzung mit den Worten: »Ich möchte mich heute von Ihnen verabschieden. In vier Tagen gehe ich los. Es wird nicht der

Appalachen-Weg sein. Der ist zu groß für mich. Ich werde zu Fuß von Kopenhagen nach Santiago de Compostela wandern. Ein Traum, der zu mir passt. Ich bin glücklich.« Seitdem erhalte ich jeden Monat eine Postkarte aus einer anderen Stadt.

Was es heißt, zu leben und seinen Weg Schritt für Schritt zu gehen, fasst Martin Walser im nachfolgenden Text in Worte.

»Mut gibt es gar nicht. Sobald man überlegt, wo man ist, ist man schon an einem bestimmten Punkt. Man muss nur den nächsten Schritt tun. Mehr als den nächsten Schritt kann man überhaupt nicht tun. Wer behauptet, er wisse den nächsten Schritt, lügt. So einem ist auf jeden Fall mit Vorsicht zu begegnen. Aber wer den nächsten Schritt nicht tut, obwohl er sieht, dass er ihn tun müsse, ist feig.
Der nächste Schritt ist nämlich immer fällig. Der nächste Schritt ist nämlich nie ein großes Problem. Man weiß ihn genau. Eine andere Sache ist, dass er gefährlich werden kann. Nicht sehr gefährlich. Aber ein bisschen gefährlich kann auch der nächste Schritt werden. Aber wenn du ihn tust, wirst du dadurch, dass du erlebst, wie du ihn dir zugetraut hast, auch Mut gewinnen. Während du ihn tust, brichst du nicht zusammen, sondern fühlst dich gestärkt. Gerade das Erlebnis, dass du einen Schritt tust, den du dir nicht zugetraut hast, gibt dir ein Gefühl von Stärke. Es gibt nicht nur die Gefahr, dass du zu viel riskierst, es gibt auch die Gefahr, dass du zu wenig riskierst. Dem Gehenden schiebt sich der Weg unter die Füße.«
(Martin Walser, 1994, S. 124)

So wie Symptome eine Einladung sein können, etwas Grundlegendes im Leben zu verändern, alte Muster abzustreifen und einschränkende innere Glaubenssätze durch neue, erweiternde, stärkende zu ersetzen, können auch Wendepunkte in unserem Leben ein Anlass für tiefgreifende Veränderung sein. Wendezeiten und die mit ihnen verbundenen Veränderungen als Chancen und nicht als vom Himmel gefallene Krisen zu verstehen, ist ein weiterer entscheidender Aspekt in der systemischen Beratungs- und Therapiearbeit.

Oftmals verzweifeln wir daran, dass Beständigkeit nicht beständig ist. Sie ist vielmehr nur ein Gast in unserem Leben und verlässt unser inneres Haus, sobald die Veränderung sich ankündigt. Denn die beiden teilen sich ein Gästezimmer, in dem es nur ein Bett gibt. Es kann also immer nur der jeweils eine oder andere in ihm wohnen.

Veränderung schafft Wendepunkte. Ein neuer Weg kündigt sich an. Es kann nicht alles so bleiben, wie es ist. Wendepunkte sind manchmal freudvoll, wie eine Heirat, die Geburt der eigenen Kinder, die Beendigung des Studiums oder ein Umzug, und manchmal leidvoll, wie der Tod eines nahen Angehörigen oder Freundes, der Verlust des Arbeitsplatzes, der Auszug der erwachsenen Kinder oder eine Erkrankung. Eines haben sie alle gemeinsam: die Veränderung.

Stets ist die Krise der Anlass für den Wendepunkt im Lauf des Lebens. Die Krise stößt einen schöpferischen Prozess an. Daher verstehen wir sie als eine Ressource. Durch die Krise wird das innere System dazu gezwungen, alte Verhaltensmuster zu verändern. Die gewohnten Möglichkeiten, ein Problem zu lösen, versagen. Die Überlebensstrategien – oft so alt wie der Mensch selbst – greifen plötzlich nicht mehr. Wir fühlen uns hilflos, verunsichert, orientierungslos im eigenen Leben. Wo bitte ist der Ausgang aus dem Leid?

Wir versuchen mit Leibes- und Seelenkräften, ob die erlernten und erprobten Strategien nicht doch Erfolg haben könnten – doch mitnichten. Es geht um das Loslassen des Alten. Das Neue ruft. Jedoch ist es uns noch unbekannt und fremd. Wir müssen uns ganz langsam an die Veränderung gewöhnen, sie annehmen und akzeptieren. Der Prozess der Veränderung bahnt sich Schritt für Schritt seinen Weg. Wir Therapeutinnen dürfen ihn eventuell ein Stück begleiten. Wir tun dies mit Respekt und Achtung für den Mut der Veränderung und in der Gewissheit, dass die Klientin stets Experte ihrer selbst ist. Wir geben Anstöße.

Dabei geht es uns nicht »darum, dass wir die Wahrheit finden, sondern darum, dass wir uns einigen und zusammen [mit den Klientinnen] einen guten Weg finden« (Schwing u. Fryszer, 2012, S. 165).

Stellen wir uns das Leben der Klientinnen als Reise vor, geht es darum, den *Reisenden* mit Respekt vor deren eigener Autonomie zu begegnen und ihre Entscheidungen, ihr eigenes Tempo, ihre persönlichen Lebensschleifen, Höhen und Tiefen sowie ihre Visionen zu respektieren. Damit respektieren wir auch ihr Leid, würdigen es und geben ihnen einen »Halt in der Haltlosigkeit« (Stierlin, 1997, S. 23).

Der nachfolgende Schreibimpuls 1 dient dazu, sich schreibend in die Situation einer mit einem Fortgang aus der Heimat einhergehenden Lebensveränderung bzw. -wende hineinzuversetzen.

> **Schreibimpuls 1: Roman in sechs Briefen**
> Jemand ist aus der Heimat fortgegangen und schreibt an jemanden, der daheim geblieben ist, sechs Briefe. Versetzen Sie sich in die Situation einer solchen Person und schreiben Sie aus der Perspektive des Menschen, der nun in der Fremde ist. Stellen Sie sich vor, dass er umgeben von neuartigen, befremdenden, erstaunlichen Eindrücken sich einem vertrauten Menschen aus seinem früheren Umkreis anvertraut. Beginnen Sie sich schreibend einzufühlen.

Systemische Methoden

Leitfrage: Wie kann das therapeutische Arbeiten mit systemischen Methoden gehen?
Inhalt: Symptome als Wegweiser, Wendepunkte als Chance. Krise ist Gefahr und Möglichkeit, die systemische Haltung.
Methode: Systemische Interventionen poesietherapeutisch erweitert, Schreibimpulse.

»In jedem von uns antwortet
das einstige Kind auf den
Rhythmus der Wellen
wie auf ein Wiegenlied.«
(Zit. nach Rico, 1984, S. 117)

Materialien zu Familienskulpturen aufzustellen, Seile durch den Raum zu legen oder sich lebende und bereits Verstorbene vorzustellen, die mit ihr sprechen: Dies alles und noch viel mehr kann einer Klientin in der Arbeit mit systemisch arbeitenden Professionellen widerfahren. Eine Reihe systemischer Methoden stellen wir in diesem Buch vor. Wir haben aber noch ein Stückchen weitergedacht und einige der systemischen Methoden um Schreibimpulse erweitert. In diesem Kapitel finden Sie daher eine Zusammenstellung systemischer Methoden, die Fallbeispiele aus der Praxis und in der Praxis entstandene Texte von Klientinnen und zugleich verschiedene Schreibimpulse bieten.

Perspektivenwechsel

Zum Systemischen gehört der Perspektivenwechsel. So besteht eine wesentliche systemische Methode darin, einmal die eigene Perspektive zu wechseln und aus den Augen eines anderen auf das eigene Leben zu schauen, wie zum Beispiel aus den Augen eines Verwandten, eines Freundes oder eines Kollegen. Das folgende Beispiel aus meiner (A. R.-R.) Praxis verdeutlicht das.

> Frau G. und Herr J. sind seit zwei Jahren ein Paar. Vor drei Monaten sind sie in ein gemeinsames Haus gezogen. Frau G. ist Mutter einer fünfjährigen Tochter. Herr J. ist Vater eins elfjährigen Jungen und einer vierjährigen Tochter. Die Kinder kennen einander schon seit längerem. Sie mögen sich und sind gemeinsam die Hälfte des Monats in der neuen Familie, die andere Zeit bei dem jeweils anderen leiblichen Elternteil. Seit etwa zwei Monaten scheint es dem Sohn von Herrn J. schlecht zu gehen. Er hat in diesem Zeitraum seine Essgewohnheiten drastisch verändert und vier Kilo zugenommen. Er ernährt sich fast ausschließlich von Kohlenhydraten. An gemeinsamen Ausflügen nimmt er nicht teil. Die meiste Zeit verbringt er in seinem Zimmer. Das gemeinsame Abendessen in der Patchwork-Familie ist durch Streitereien zwischen Vater und Sohn gekennzeichnet und endet meist damit, dass der Vater schreit und der Sohn den Raum verlässt.
>
> Herr J. fühlt sich hilflos und überfordert. Er versteht überhaupt nicht, was in seinem Sohn vor sich geht. Er selbst ist in einem strengen Elternhaus aufgewachsen. Klare Strukturen und feste Regeln waren charakteristisch. An Gefühlsäußerungen kann sich Herr J. nicht erinnern. Seine Kindheit sei von dem starken Regiment der Mutter und einem Vater, der ihr die Herrschaft überlassen habe, geprägt gewesen. Zu seinen eigenen Gefühlen hat Herr J. kaum einen Zugang. Erst seit die temperamentvolle Frau G. an seiner Seite ist, fängt er zu verstehen an, dass Gefühle ebenso wie das Denken zur menschlichen Natur gehören. Sein Sohn scheint für ihn eine Herausforderung zu sein. Dessen Emotionalität sei ihm ein fremdes Land. »Ich kenne mich dort überhaupt nicht aus«, sagt er. Für den Jungen scheint die Entwicklung eines Symptoms im Moment die einzige Möglichkeit zu sein, seinen Vater emotional zu erreichen. Jetzt endlich reagiert dieser! Die vorherigen Lösungsversuche waren erfolglos geblieben. Der Vater hatte die Ängste seines Sohnes, der unter der neuen Lebenssituation litt und sich ständig Sorgen um die alleinstehende Mutter während seiner Abwesenheit machte, nicht erkennen können.
>
> Ich bitte Herrn J., in die Schuhe seines Sohnes zu steigen, sich in dessen Körperhaltung zu begeben und eine typische Sitzposition einzunehmen. Dann lasse ich *den Jungen* auf den Stuhl schauen, auf dem zuvor der Vater geses-

sen hat. So beginnt der Vater aus den Augen des Elfjährigen auf sich selbst zu schauen. Der *Sohn* erzählt von seinen Gedanken und Gefühlen, seiner Einsamkeit, seiner Sorge um die Mutter.

Anschließend schlüpft der Vater aus den Kinderschuhen wieder in seine eigenen. Der Blick auf seinen Sohn hat sich merklich verändert. Der Vater hat angefangen zu verstehen. Sein Herz beginnt sich zu öffnen. Der Elfjährige hat seine Gefühle erreicht. Das System der Familie beginnt sich nun ebenfalls zu verändern.

Zur weiteren Illustration und poesietherapeutischen Konkretisierung der Methode des Perspektivenwechsels folgt ein Text, der in unserer Praxis auf einen Schreibimpuls mit Namen »Tierminiaturen« hin geschrieben wurde. Im dritten Teil dieses Buches, unserem »Fabulatorium«, finden Sie ein Methodenpapier zu dem zugehörigen Schreibimpuls (S. 242).

Aus den »*Schuhen des Rhinozeros*«:
»Ach Süße, was machst du dir für einen Kopf. Das wird schon. Weißt du, mich plagen ganz andere Sorgen. Geradezu existentielle. Meine Art ist vom Aussterben bedroht. Und du machst dir Gedanken über ein paar Zeilen. Mehr oder weniger. Entspann dich! Genieß die Sonne! Such dir einen guten Platz! Besorg dir etwas zum Kauen und lass den Gedanken freien Lauf. Weißt du, ich bin dickfellig. Ich habe einen Panzer. Da kommt nur durch, was durch soll. Ich entscheide, wann ich mich bewege. Und dann wird es plötzlich ganz lebendig in mir. Meine Füße sind leicht. Wenn ich will, kann ich sogar tanzen. Und dann lieg ich wieder in der Sonne. Dick und geschützt.
Also: Entspann dich! Immer schön cool bleiben. Es ist nur ein Buch. Und denk immer daran: Du bist schließlich nicht vom Aussterben bedroht!«
(A. R.-R.)

Entwicklungsfluss

»Mein Leben ist ein Fluss, der sanft und geordnet dahinfließt. Am Anfang – in der Kindheit. Der dann wild und gefährlich wird. Strudel lassen die Richtung verlieren. Zum Glück tauche ich immer wieder auf. Komme hindurch mit neuen Eindrücken und Gedanken. Durch die Jugend.
Der Fluss hat wieder seinen klaren Weg. Manchmal ein wenig reißend. Doch immer wieder ins Stetige findend. Er hat Kraft und Stärke.
Die Kinder.
Dann wieder lässt er kaum Zeit zum Atem finden – ein Wasserfall.
Alles, was wichtig ist, bleibt.

Das Ende der Ehe. Die Kinder werden langsam erwachsen.
Der Fluss gabelt sich. Es ist schwer, die Richtung zu finden. Und dann wird er wieder klarer, bekommt eine Richtung.
Die Kinder sind noch immer dabei. Doch auch etwas ganz Neues, Unbekanntes: die Liebe.
Der Fluss ist nicht mehr so vertraut. Mitunter unendlich schön. Doch dann wieder erschreckend und furchtbar. Das Schöne und Vertraute nimmt immer mehr Raum und gibt eine unendliche Kraft. Auch den Kindern. Lässt den Schrecken der Vergangenheit langsam schwinden.
Und dann? Ich falle und falle und falle. Was kommt jetzt?
Kann es noch weitergehen?
Der Sog ist so stark.«
(S. W.)

Um einen Zugang zu unseren Potenzialen zu bekommen und zu verstehen, was unsere Identität charakterisiert, ist es von entscheidender Bedeutung, dass wir uns in unserer Geschichte eingebettet fühlen. Nicht allein die Gegenwart ist für unsere Entwicklung von Bedeutung, sondern auch die bereits gelebte Geschichte, die Vergangenheit, sowie all das, was noch vor uns liegt, die Zukunft, genauer gesagt, unsere Visionen, unsere noch ungelebten Träume und unsere Wünsche, die noch unausgesprochen in uns schlummern. Wir sind immer auch Teil unserer Geschichte. Sie gibt uns Wurzeln, Halt und innere Sicherheit.

In der schon gelebten Zeit können wir vergessen geglaubte Ressourcen wiederfinden. Wir können uns an Situationen erinnern, die uns unüberwindbar schienen und die wir dennoch gemeistert haben. Wir erinnern uns an Menschen, die liebevoll auf uns schauten und uns den Weg ins Leben erleichterten. Im Blick auf die Vergangenheit fangen wir an zu verstehen, warum wir so sind, wie wir sind. Manchmal ein wenig sonderbar, eigenwillig, rätselhaft, liebenswert und einzigartig.

Die gelebte Geschichte und die Gegenwart sind Zutaten, auf denen die Visionen, die Träume und Wünsche basieren. Haben wir die Wurzeln ausgebildet, können wir die Träume auf die Erde holen.

Das *Lebensfluss-Modell* von Paul Nemetschek erlaubt Menschen zugleich den Blick zurück auf die eigene Geschichte und den Blick nach vorne. Es deckt alte Muster auf, bringt überholte innere Glaubenssätze ins Wanken und erleichtert den Weg zu neuen Lösungswegen. Die systemische Methode kann dem Leben den Impuls zum Fließen geben, den Lebensfluss in eine andere Richtung lenken oder dazu einladen, sich an das Ufer des eigenen Flusses zu setzen, dem Fließen zuzuschauen. Ohne Wertung. Nur dem Fließen des eigenen

Lebens lauschen. Die systemische Methode des Entwicklungsflusses lässt sich sehr gut mit Schreibimpulsen verbinden und therapeutisch einsetzen, wie der dieser Methode vorangestellte Text aus unserer Praxis und Schreibimpuls 2 verdeutlichen.

> **Schreibimpuls 2: Am Ufer meines Lebensflusses**
> Stellen Sie sich vor, Sie sitzen am Ufer Ihres eigenen Lebensflusses. Machen Sie es sich dort am Ufer ganz gemütlich. So gemütlich, dass Sie dreißig Minuten dort verweilen können. Lauschen Sie den Geräuschen, schauen Sie sich um, atmen Sie den Geruch ein und spüren Sie den Wind, die Sonne, was auch immer Ihre Haut an Berührungen registriert. Und dann beginnen Sie dreißig Minuten lang zu schreiben: Was ist das für ein Fluss, an dem Sie sitzen? Wo ist seine Quelle? Wo ist seine Mündung? Was trägt er mit sich? Wie ist sein Flussbett gestaltet? Beschreiben Sie alles, was in Ihre Sinne kommt.

Genogramm

Die Bedeutung der Wurzeln für unser Leben wurde schon im vorherigen Kapitel angedeutet. Der Aspekt unserer Herkunft soll an dieser Stelle vertieft werden.

»Ziel systemischen Arbeitens ist es immer, das Problem nicht als Folge von Eigenschaften zu sehen, die im Individuum liegen, sondern im Zusammenhang [mit] seiner Geschichte, seinen Beziehungsstrukturen und Bedingungen« (Schwing u. Fryszer, 2015, S. 67).

Im beraterischen und therapeutischen Kontext treffen wir immer wieder auf Menschen, die von etwas Geheimnisvollem, etwas nicht Greifbarem daran gehindert zu werden scheinen, ihre wahre Größe zu leben, sich auszubreiten, Freude in ihr Leben zu bringen und alte Dämonen hinter sich zu lassen. Oftmals fragen wir uns in der Arbeit mit diesen Klientinnen, wie es zu verstehen ist, dass ein Mensch mit solchen Potenzialen und Ressourcen in die immer gleichen Unglücksfallen tappst. Augenscheinlich ist alles vorhanden, um den nächsten Wachstumsschritt zu vollziehen. Doch der Mensch geht ihn nicht. Er bleibt stehen, verharrt, leidet, quält sich und bleibt im Unglück.

Eine lineare Erklärung gibt es für dieses Verhalten zunächst nicht. Der systemische Ansatz geht von einer anderen Hypothese aus. Das System muss in Augenschein genommen werden, und zwar das gesamte. Kontextualisierung meint, die Probleme im Rahmen des gesamten familiären und außerfamiliären Zusammenhangs zu sehen.

Das heißt, wir schauen darauf, welche Werte, Traditionen, Regeln und Rituale in der Herkunftsfamilie herrschten. Wie wurden Konflikte gelöst? Oder blieben sie ungelöst und wurden unter den Teppich gekehrt?

> Eine Klientin, Frau L., erzählt, dass sie zum zweiten Mal in ihrem Leben von einer Frau nach langer gemeinsamer Zeit verlassen wurde. Beide Male sei das für sie überraschend geschehen. Sie ist am Boden zerstört. Für sie war die Welt in Ordnung gewesen, hier und da ein kleiner Streit, aber nichts Brisantes oder gar etwas, worüber man sich habe Sorgen machen müssen. Für sie ist das Leben ein langer stetiger Fluss, der keine Stromschnellen, keine Wasserfälle, keine Sandbänke und keine überschwemmten Ufer besitzt. Jegliche Versuche seitens der Lebensgefährtinnen, sie auf Steine im Flussbett, verwilderte Uferlandschaften, Badende im Fluss und Ähnliches aufmerksam zu machen, lächelte sie sanft weg. So etwas gibt es in ihrem Bild vom Leben nicht. Die Partnerinnen hatten keine Möglichkeit, auch ihre eigenen Bedürfnisse und Gefühle mit in diesem Bild unterzubringen. Wenn es schwierig wurde, relativierte Frau L. Ein wirklicher Kontakt zwischen ihr und ihrer Partnerin wurde sowohl in ihrer ersten wie auch in ihrer zweiten Beziehung immer wieder verhindert.
>
> Beim Blick auf das Genogramm und die Familiengeschichte von Frau L. wird deutlich, dass in ihrer Herkunftsfamilie Konflikte niemals konstruktiv gelöst worden waren. Ihr Vater griff bei sich anbahnenden Meinungsverschiedenheiten zu autoritären Mitteln. Er wurde laut, klagte an und verurteilte. Jeglicher Keim, unterschiedliche Bedürfnisse ins Leben zu lassen, wurde sofort zunichte gemacht. Die Mutter der Klientin reagierte auf sich anbahnende Streitereien sofort mit einem Weinkrampf. Bei der Tochter lösten die Reaktionen der Eltern Angst, Schuld und Hilflosigkeit aus. So verwundert es nicht, dass sie als erwachsene Frau solchen Situationen mit ganz ähnlichen Gefühlen ausgeliefert ist.
>
> Dass Frau L. aufgrund ihres Genogramms erkannt hat, dass ihr Verhalten in ihrer Herkunft und ihrem Aufwachsen begründet ist, macht es ihr leichter, ihre eigene Konfliktscheu zu verstehen. Sie beginnt zu erahnen, was ihre Partnerinnen dazu veranlasst haben könnte, sich von ihr zu trennen, und fängt an, ihre inneren Glaubenssätze, Werte, Beziehungsmuster zu hinterfragen.
>
> Ihr innerer Fluss verwandelt sich im Laufe der nächsten Wochen und Monate von einem langsamen, stetigen Fluss zu einem Gewässer mit wilder Uferbepflanzung, unterschiedlicher Fließgeschwindigkeit und einem steinigen Flussbett. Ihr Leben wird dadurch zunächst nicht unbedingt leichter. »Aber«, wie sie sagt, »um Längen interessanter.«

Bei der Arbeit mit dem Genogramm und der damit verbundenen Auseinandersetzung mit der Herkunftsfamilie geht es also auch immer darum, heimliche Loyalitäten aufzudecken. Frau L. hat sich dadurch, dass sie ihr Konfliktverhalten verändert hat, von ihrem Vater und ihrer Mutter ein Stück weit gelöst. Sie ist ihnen nicht mehr in einer unbewussten Loyalität verbunden, die sie daran hindert, ein eigenes Leben zu gestalten.

Schreibimpuls 3 unterstützt einen dabei, sich von bestimmten, aus der Herkunftsfamilie stammenden Verhaltensweisen zu trennen.

Schreibimpuls 3: Brief an eine Person der Herkunftsfamilie

Denken Sie einen Moment an Ihre Herkunftsfamilie, Ihre Eltern, eventuelle Geschwister, nahe Verwandte, Stiefeltern. Wovon würden Sie sich gerne verabschieden? Welche Traditionen, Werte und Verhaltensweisen möchten Sie in Ihrem eigenen Leben zukünftig nicht mehr leben? Schreiben Sie einen Brief an die Person Ihrer Familie, die Sie mit dem alten Verhalten verbinden. Danken Sie ihr für all das, was sie Ihnen gegeben hat, und geben Sie ihr all das zurück, was Sie nicht länger in Ihrem eigenen Leben mitnehmen möchten.

Zirkuläres Fragen

Stellen Sie sich für einen kurzen Moment vor, Sie hätten ein Problem: eines von der Sorte, die man nur schwer allein lösen kann; eines von denen, auf denen wir tagelang innerlich herumkauen; ein Problem, das sich in unser Gedankenkarussell setzt und Runde um Runde dreht – Ausstieg unmöglich. So drehen wir uns mit großer Beharrlichkeit um uns selbst, ohne dass eine Lösung in Sicht ist.

Und nun erlauben Sie sich für einen längeren Moment eine andere Denkweise. So als würden Sie auf einmal andere Synapsen im Gehirn zum Arbeiten bringen. Stellen Sie sich die Frage: Was würde mein Mann/meine Frau/eine wohlmeinende Person zu dem Problem sagen? Was würden meine Kinder sagen, wenn sie wüssten, was ihre Mutter/ihr Vater über das Problem denkt? Angenommen, das Problem könnte sich mit Ihnen unterhalten. Was würde es über seine Daseinsberechtigung erzählen? Und was würde Ihre beste Freundin dazu sagen, wenn sie wüsste, was dieses Problem so alles zu sagen hätte?

Allen diesen Fragen ist gemeinsam, dass sie neue und unterschiedliche Sichtweisen in Ihr Leben bringen. Das Problem wird in einen anderen Zusammenhang gestellt. Das Gedankenkarussell kommt zum Stillstand, wechselt seine Drehrichtung und sein Tempo. Der Prozess ist unterbrochen. Die Gedanken haben sich untereinander auf eine andere Art und Weise als zuvor vernetzt. Dem linearen Denken wird Einhalt geboten. Das Ursache-Wirkung-Prinzip ist nicht mehr anwendbar.

Die systemische Methode des zirkulären Fragens verdeutlicht Beziehungen und ihre Wechselwirkungen untereinander. Sobald jemand die Perspektive eines anderen einnimmt, »wird ihm konkret erlebbar, dass es noch weitere andere Möglichkeiten der Beobachtung bestimmter Situationen gibt« (Wirth u. Kleve, 2012, S. 67).

Was genau meint eigentlich Zirkularität im systemischen Zusammenhang? Rainer Schwing und Andreas Fryszer sprechen von einer Haltung oder Sichtweise, »mit der wir die Dinge in ihrer Wechselwirkung aufeinander betrachten« (2012, S. 209). Ein Geschehen wird dementsprechend nicht als ein lineares Ereignis, sondern vielmehr als ein Kreisprozess verstanden. Eine Frau reagiert auf das Verhalten ihres Mannes, worauf der Mann wiederum auf das Verhalten seiner Frau reagiert und einwirkt. Das wiederum hat Folgen für das weitere Verhalten der Frau, was sich abermals auf das Verhalten des Mannes auswirkt und so weiter. Es entsteht also eine Wechselwirkung zwischen den Beteiligten. Jede Handlung ist eine Folge und gleichzeitig Ursache der Wechselwirkung. Alles bedingt sich, hängt voneinander ab, ist miteinander verwoben. Verhalten ist stets Folge einer Vielzahl von unterschiedlichen Faktoren und damit Teil eines Gesamtkontextes.

Zirkuläre Fragen untersuchen vor allem (siehe Schwing u. Fryszer, 2012, S. 210):
- die Beziehungen der Mitglieder des Systems und ihre Unterschiede,
- die Sichtweisen und Vorstellungen der Systemmitglieder über Vergangenheit, Gegenwart und Zukunft,
- Ereignisse in der Vergangenheit und Gegenwart,
- Reaktionen auf Ereignisse und Unterschiede in den Reaktionen.

Die Antworten auf zirkuläre Fragen wirken meistens verstörend. So komplex denken wir in unserem eigenen Gedankenkonstrukt meist nicht. Das heißt, zirkuläre Fragen wirken verändernd und unterbrechen Muster. Sie eröffnen neue Denkräume und damit neue Handlungs- und Verhaltensoptionen. Das *Fragen im Kreis* schafft das Erleben und die Erkenntnis, Teil vom Ganzen zu sein. Wir müssen nicht allein in uns die Antworten auf all die Fragen des Lebens finden. Wir dürfen um Hilfe bitten. Wir dürfen die Umwelt miteinbeziehen. Schreibimpuls 4 nutzt die Methode des zirkulären Fragens.

Systemische Methoden

> **Schreibimpuls 4: Der Tratsch der Generationen**
> Zeichnen Sie das Genogramm Ihrer Familie auf. Als Frau fokussieren Sie die weibliche Linie Ihrer Ursprungsfamilie, als Mann dementsprechend die männliche.
> Jetzt bringen Sie das Genogramm auf die Erde und legen für jede weibliche/männliche Person ein Blatt Papier auf den Fußboden. Für sich selbst auch. Stellen Sie sich auf Ihre eigene Position und lauschen Sie dem Tratsch der Generationen:
> Was würde die Urgroßmutter sagen, wenn sie ihre Urenkelin heute an diesem Punkt ihres Lebens sehen könnte. Was würde die Mutter sagen, wenn sie ihre eigene Großmutter hören würde?
> Wie denkt Ihre Großmutter im Hinblick auf Ihren Ausdruck von Weiblichkeit bzw. Männlichkeit? Und was meint die Urgroßmutter dazu? Und wie anders würden Sie heute leben, wenn Sie wüssten, was die Urgroßmutter bzw der -vater dazu sagen würden?
> Nehmen Sie sich dreißig Minuten Zeit, die Antworten aufzuschreiben, und weitere dreißig Minuten, um aufzuschreiben, welche Auswirkungen die Antworten auf Ihre Zukunft nehmen könnten.

Der Meta-Mirror

> »Es ist wohl angenehm, sich mit sich selbst
> Beschäftgen, wenn es nur so nützlich wäre.
> Inwendig lernt kein Mensch sein Innerstes
> Erkennen. Denn er mißt nach eignem Maß
> Sich bald zu klein und leider oft zu groß.
> Der Mensch erkennt sich nur im Menschen, nur
> Das Leben lehret jedem was er sei.«
> (Johann Wolfgang Goethe, 1790/1952, S. 107)

Ich schaue in den Spiegel und sehe mich selbst. Das ist für uns alle nicht immer angenehm. Meist ist es sogar eher unangenehm. Schauen wir doch allesamt lieber auf die Unzulänglichkeiten des Gegenübers. Wir hängen lieber der Illusion nach, selbst fehlerfrei zu sein. Entspräche dies der Wahrheit, könnten wir den leidigen Weg der eigenen Veränderung umgehen. Es wäre praktisch, wenn sich immer nur die anderen der Veränderung stellen müssten.

Nun ist es jedoch meistens so, dass ein Konflikt oder eine schwierige Kommunikation nicht nur im Gegenüber seine Ursache hat. Der andere bringt vielmehr Seiten in uns zum Schwingen, die wir für gewöhnlich gerne vermeiden würden. Wir reagieren auf die andere Person. Sie ist ein Spiegel unserer selbst – und somit eine Ressource. Schauen wir uns diesen Spiegel an, trauen wir uns, genau hinzuspüren, so kann sich unserer innerer Dialog positiv verändern und die problematische Beziehung kann als Gelegenheit genutzt werden, in die Selbstreflexion zu gehen.

Die Methode des »Meta-Mirrors« wurde ursprünglich von Robert Dilts entwickelt und dann von Bernd Isert weiterentwickelt und beinhaltet folgende Schritte:

1. Zwei Stühle werden einander gegenüber gestellt. Die Klientin nimmt auf einem der Stühle Platz und berichtet einem imaginierten wohlwollenden Wesen auf dem anderen Stuhl das Problem.
2. Die Klientin setzt sich auf den Stuhl des wohlmeinenden Wesens, um aus dessen Perspektive zu berichten, was es wahrgenommen, gehört, gefühlt haben könnte und welche Ideen, Impulse ihm dabei gekommen seien.
3. Die Klientin sucht sich eine Position, aus der sie beide Stühle im Blick hat. Sie geht in die Beobachterrolle und berichtet aus dieser Sicht, was ihr im Gespräch der beiden aufgefallen ist. Welche Wahrnehmungen und welche Impulse sie eventuell hat.
4. Die Klientin stellt sich auf eine andere Stelle im Raum. Sie nimmt die Rolle einer anderen unbekannten Person – einer weiteren Beobachterin – ein und erzählt dieser ihre Wahrnehmungen und Impulse.
5. Dann verlässt die Klientin bewusst diese Rolle und geht durch den Raum, um dort einen neuen Platz für eine nächste imaginierte Person zu suchen.
6. Die Klientin berichtet, was sie in dieser neuen Rolle erfahren hat.
7. Dann verlässt sie erneut bewusst diese Rolle und geht durch den Raum, um dort einen neuen Platz für eine nächste imaginierte Person zu suchen.
8. Die Klientin geht auf ihren ursprünglichen Stuhl und damit wieder in die »eigenen Schuhe«. Sie nimmt sich einen Moment Zeit, die einzelnen Positionen zu verinnerlichen.
9. Wie stellt sich das Problem jetzt dar? Welche neuen Erkenntnisse gibt es? Welche Gefühle tauchen auf? Was genau ist jetzt anders als zuvor?

Durch den Blick in die so unterschiedlichen Spiegel ist es möglich, den Blick auf sich selbst zu richten. Es findet somit eine Bewegung weg vom anderen hin zu sich selbst statt. Der vormals kritische innere und äußere Dialog wird freundlicher und wohlmeinend.

Darüber, wie unterschiedlich man auf sich selbst reagieren kann, wenn man sich im Spiegel als ein Gegenüber wahrnimmt, und welche Folgen das haben kann, zeigt folgende Geschichte:

»Es gab in Nepal den Tempel der tausend Spiegel. Eines Tages kam ein Hund, stieg die Stufen des Tempels hinauf und betrat den Tempel der tausend Spiegel. Als er in den Saal der tausend Spiegel kam, sah er tausend Hunde. Er bekam Angst, sträubte das Nackenfell, klemmte den Schwanz zwischen die Beine, knurrte furchtbar und fletschte die Zähne. Und tausend Hunde sträubten das Nackenfell, klemmten die Schwänze zwischen die Beine, knurrten furchtbar und fletschten die Zähne. Voller Panik rannte der Hund aus dem Tempel und glaubte von nun an, dass die ganze Welt aus knurrenden, gefährlichen und bedrohlichen Hunden bestehe. Einige Zeit später kam ein anderer Hund, der den Berg erklomm. Auch er stieg die Stufen hinauf und betrat den Tempel der tausend Spiegel. Als er in den Saal mit den tausend Spiegeln kam, sah auch er tausend andere Hunde. Er aber freute sich. Er wedelte mit dem Schwanz, sprang fröhlich hin und her und forderte die Hunde zum Spielen auf. Dieser Hund verließ den Tempel mit der Überzeugung, dass die ganze Welt aus netten, freundlichen Hunden bestehe, die ihm wohlgesonnen sind.«
(www.metaphernkiste.de)

Schreibimpuls 5 ermöglicht es Ihnen, sich selbst und Ihre Reaktionen auf ein Gegenüber wie in einem Spiegel zu beobachten.

> **Schreibimpuls 5: Auf meiner Lebensbühne**
> Stellen Sie sich vor, Sie sind Regisseurin Ihres Lebens. Sie sitzen im Zuschauerraum Ihres Lieblingstheaters. Sie sind allein. Und nun beginnen Sie Ihre Bühne zu gestalten. Es gibt zwei Stühle. Auf dem einen sitzen Sie. Auf dem anderen nimmt jemand Platz, der es gut mit Ihnen meint. Das kann eine reale oder fiktive Person sein. Schauen Sie genau hin, welche Körperhaltung die andere Person einnimmt, welche Gestik sie hat. Beobachten Sie genau, wie sich Ihre eigene Position eventuell verändert. Nun geben Sie als Regisseurin die Anweisung, dass beide sich ihren inneren Impulsen entsprechend auf der Bühne bewegen. Schauen Sie zu.
> Schreiben Sie fünf Minuten auf, was Sie gesehen haben.

Tetralemma

Das Tetralemma oder Catuṣkoṭi ist eine Argumentationsform aus der indischen Logik, die bei Gericht verwendet wurde. Es wird hierbei zwischen der Position des Klägers, des Angeklagten, der Position, dass beide recht haben, und der Position, dass keiner recht hat, unterschieden. Der Richter konnte dementsprechend der einen Partei Recht geben oder der anderen oder beiden oder keiner von beiden.

Die dritte Position, das Sowohl-als-auch eröffnet neue Optionen: »Wir können dann etwa merken, dass auf einer anderen Ebene eine übergeordnete Gemeinsamkeit auffindbar ist« (Wirth u. Kleve, 2012, S. 416).

Das negierte Tetralemma geht zurück auf Nagarjuna, dem Begründer des Madhyamika-Buddhismus, der die Argumentationsform des Tetralemmas kritisierte, indem er alle diese vier genannten Positionen verneinte und, als er gefragt wurde, ob er hier nicht eine neue Position einnehme, antwortete: »Ich habe nie einen Standpunkt eingenommen.«

Die vier Positionen, das eine, das andere, beides und keines von beidem, und die fünfte Position, die Nichtposition des Jokers: »All dies nicht – und selbst das nicht«, bilden den Ausgangspunkt der Tetralemmaarbeit, wie sie das folgenden Fallbeispiel aus unserer Praxis exemplarisch zeigt:

> Frau A. liebt seit vier Jahren einen Mann. Ihre größte Sehnsucht ist es, mit ihm zusammenzuleben. Das Paar lebt fünfzig Kilometer voneinander entfernt. Frau A. fährt jedes Wochenende und einmal in der Woche zu Herrn K. Bislang war dieses Lebensmodell für beide praktikabel. Nur in letzter Zeit wuchs bei Frau A. der Wunsch nach mehr räumlicher Nähe. Ihr Lebenspartner verspürt keinerlei ähnliche Wünsche. Für ihn ist diese räumliche Distanz eine gute Möglichkeit, seine Beziehung und seine Freizeit gut miteinander zu vereinbaren. Wenn es nach ihm ginge, könnte es für immer so bleiben.
>
> Seit einigen Monaten ist Frau A. darüber hinaus zunehmend unzufrieden mit ihrer Arbeitsstelle. Sie ist Ärztin. Ihre Gemeinschaftspraxis liegt unweit ihrer Wohnung. Gerne würde sie sich beruflich verändern. Ihr Dilemma: Wo soll sie suchen? An ihrem Wohnort? Oder in der Stadt, in der ihr Lebensgefährte lebt? Was, insofern sie hofft, dass sie in Kürze dort eine gemeinsame Wohnstätte haben würden, naheliegt.
>
> Frau A. scheint inzwischen in einer Art Tunnelblick gefangen. Sie pendelt zwischen der einen und der anderen Option hin und her. Von einer Lösung scheint sie weit entfernt. Sie erweitert daher ihren Blick und ihre Perspektive durch die Aufstellungsarbeit mit dem Tetralemma. Zunächst geht sie in die ihr

wohlbekannte Position, »*das eine*«. Es steht für das Verbleiben an ihrem Wohnort und dafür, dass sie sich dort nach einer neuen Arbeit umsieht. Anschließend wechselt sie in die Position »*das andere*« – sie sucht in der Stadt ihres Lebensgefährten nach einer neuen Arbeit. Das Hineinspüren in diese beiden Positionen ermöglicht es ihr, nach eventuellen Verbindungen oder Vereinbarkeiten zwischen beiden zu suchen.

Die dritte Position, »*sowohl als auch*« – also beides –, eröffnet Frau A. den Blick dafür, *das eine und das andere* konstruktiv und angemessen miteinander zu verbinden. Neue Optionen werden dadurch geschaffen, dass sie sich nicht mehr für ein Entweder-oder entscheiden muss. Innerlich kann sie nun neue Räume betreten. Es entstehen in ihr Impulse und Ideen, die sie bislang nicht fühlen und denken konnte. Frau A. wird auf der dritten Position deutlich, dass ihr die Beziehung zu Herrn K. wichtiger als der Ort ist, an dem sie arbeitet. Sie ist an dieser Position in der Lage, übergeordnet eine Priorisierung ihrer eigenen Werte vorzunehmen.

Im nächsten und vierten Schritt, »*weder noch*« – also keines von beiden –, kommt die Frage auf, worum es bei diesem Konflikt auch noch geht. Für Frau A. rückt die Ausgangsfrage in den Hintergrund. Sie bewegt jetzt vielmehr die innere Frage nach dem Lebensentwurf, nach einer Vision für das eigene Leben. Wie will sie die nächsten Jahre leben? Sie beginnt sich an ihre Träume zu erinnern. Ihr Blick richtet sich nicht mehr auf den Mann und die Praxis, sondern vielmehr auf die eigenen Bedürfnisse, die eigenen Gefühle. Sie fängt an zu weinen. Schon zu lange hat sie sich selbst vergessen.

Als sie die fünfte Position betritt, »*All dies nicht – und selbst das nicht*«, ist es ihr möglich, nach weiteren Perspektiven zu suchen, das heißt, nach etwas ganz und gar anderem, etwas noch nicht bewusst Gedachtem. Innere Bilder dürfen in ihr auftauchen. Eine innere Weite darf sich in ihr ausbreiten.

Frau A. wirkt nun befreit und ruhig. Körperhaltung und Atem geben ihr einen Ausdruck von Klarheit und Stärke. Eine Lösung hat sie noch nicht gefunden. Aber einen ersten Schritt weiß sie: Sie wird sich Zeit für den ganz eigenen Lebensentwurf nehmen, sich an all ihre Träume und Wünsche erinnern und ihren Impulsen in der nächsten Zeit mehr Beachtung schenken.

Und sie wird sich eine Zeit lang ein Buch zum Schreiben, ein Notizbuch, mit dem Titel: »*Was wäre wenn …*« auf ihren Nachttisch legen und jeden Tag 15 Minuten einer Position des Tetralemmas widmen. Es ist ein Prozess, in dem sie sich befindet. Und keiner weiß, wie viele Schleifen sie noch drehen wird, bevor sie den nächsten Schritt gehen kann, und wann die Schreibübung für sie beendet sein wird.

Ein Gedicht von Hilde Domin verdeutlicht, wie viel Geduld und Feingefühl eventuell nötig ist, um sich so, wie Frau A. im Fallbeispiel, Zeit für die Tetralemmaarbeit und eine mit dieser verbundenen Lebenswende zu nehmen:

»Nicht müde werden
Sondern dem Wunder
Leise
Wie einem Vogel
Die Hand hinhalten«
(Hilde Domin, zit. nach Reddemann, 2010, S. 72)

Zauberladen

»Sozusagen grundlos vergnügt
»Ich freu mich, dass am Himmel Wolken ziehen
und dass es regnet, hagelt, stürmt und schneit.
Ich freu mich auch zur grünen Jahreszeit,
wenn Heckenrosen und Holunder blühen.
Dass Amseln flöten und dass Immen summen,
dass Mücken stechen und dass Brummer brummen.
Dass rote Luftballons ins Blaue steigen,
dass Spatzen schwatzen und dass Fische schweigen.

Ich freu mich, dass der Mond am Himmel steht
Und dass die Sonne täglich neu aufgeht.
Dass Herbst dem Sommer folgt und Lenz dem Winter
gefällt mir wohl, da steht ein Sinn dahinter,
Wenn auch die Neunmalklugen ihn nicht sehen,
man kann nicht alles mit dem Kopf verstehen!
Ich freu mich. Das ist des Lebens Sinn.
Ich freue mich vor allem, dass ich bin.

In mir ist alles aufgeräumt und heiter:
Die Diele blitzt. Das Feuer ist geschürt,
An solchen Tagen erklettert man die Leiter,
die von der Erde in den Himmel führt.
Da kann der Mensch, wie es ihm vorgeschrieben,
weil er sich selber liebt, den Nächsten lieben.
Ich freue mich, dass ich mich an das Schöne

Und an das Wunder niemals ganz gewöhne.
Das alles so erstaunlich bleibt, und neu!
Ich freu mich, dass ich … dass ich mich freu.«
(Mascha Kaléko, zit. nach Reddemann, 2010, S. 45)

Stellen Sie sich vor, Sie könnten in einen Zauberladen gehen und eine große Tüte Freude oder ein Pfund Zuversicht kaufen. Und vielleicht noch als kleine Beigabe ein Schälchen Leichtigkeit. Bezahlt wird in diesem Laden allerdings nicht mit Geld, sondern mit Fähigkeiten. Es ist ein Tauschgeschäft. Sie bekommen Freude, müssen dafür aber etwas dort lassen, was für Sie bedeutet, von etwas loszulassen. Was wären Sie bereit aufzugeben? Was ist Ihnen die große Tüte Freude wert? Wären Sie bereit, eine kleine Tüte Zweifel und eine kleine Tüte Traurigkeit im Zauberladen zu lassen?

Wofür genau brauchen Sie eigentlich die Freude in Ihrem Leben? Und darf es vielleicht ein bisschen mehr oder weniger sein? Was würde die Tüte in Ihrem Leben verändern? Was würde sich verändern, wenn weniger Zweifel und Traurigkeit vorhanden wären? Sind Sie wirklich bereit, diesen Preis zu zahlen, um am Ende wie das Ich in Mascha Kalékos Gedicht zu sagen: »*Ich freu mich, dass ich … dass ich mich freu.*«

Die Methode des Zauberladens hat ihren Ursprung im Psychodrama. Sie findet seit Langem auch in der systemischen Beratung und Therapie erfolgreich Anwendung. Die Therapeutin schlüpft in die Rolle der Verkäuferin, die Klientin in die der Käuferin. Nachdem Anliegen und Bedarf geklärt sind, beginnt das Verkaufsgespräch. Die Verhandlungen sind eröffnet. Hierzu ein Beispiel aus meiner (A. R.-R.) Praxis:

> Ein Klient hatte vor zwei Jahren seine Frau durch einen tragischen Unfall verloren. Traurigkeit und Hoffnungslosigkeit bestimmten seitdem sein Gefühlsleben. Er hatte den Wunsch, wieder mehr Freude zu empfinden. Ich lud ihn in den Zauberladen ein. Sein Anliegen war es, einen Kanister Freude gegen eine ähnliche Menge Traurigkeit einzutauschen. Während des Tauschgesprächs wurde deutlich, dass er noch nicht dazu bereit war. Er brauchte die Tränen und die Traurigkeit noch eine Weile, um sich mit seiner verstorbenen Frau verbunden zu fühlen. Seine Angst war es, sie zu vergessen und ihrem Tod nicht gerecht zu werden.
>
> Wir vereinbarten, dass er in einem Vierteljahr erneut den Zauberladen aufsuchen könne. An diesem Tag nahm er ein kleines Tütchen Hoffnung mit. Er ließ dafür einen halben Liter Tränen dort. Einlassen konnte er sich auf diesen Handel, weil seine Tränen einer anderen Kundin vielleicht helfen könnten.

Tränen sind die sanfteste Art, etwas loszulassen. Die nächste, die zu meiner Praxistür hereinkam, hatte dies vielleicht besonders nötig ... So konnte er seine Tränen loslassen.

Folgender Text, der in unserer Praxis von einer Klientin aus der Perspektive der Freude geschrieben wurde, schließt zusammen mit dem Schreibimpuls 6 unsere Erläuterungen zum Zauberladen ab:

»*Die Freude*
Ich bin deine Freude, groß und strahlend. Ich bringe dich zum Leuchten. Wenn du es zulässt, fülle ich dich voll und ganz aus. Dein Herz öffnet sich, dein Bauch kribbelt, du möchtest quieken vor Wonne. Ich kann gleichzeitig überbordend und zart sein.
Nimm dir mein Grundsummen und gib mir bitte so oft wie möglich Gelegenheit, meine volle Größe zu zeigen.
Achtung: Ich bin ansteckend. Wenn du mir Raum gibst, mich auszubreiten, schwappe ich über. Freude hat eine exponentielle Wirkung. Und das ist wunderbar. Ich öffne Herzen.«
(C. B.)

> **Schreibimpuls 6: Der wahre Wert der Ware**
> Stellen Sie sich vor, in einer fremden Welt zu sein. Dort entdecken Sie ein leuchtendes Ladenschild »Magic Shop«, das sofort Ihr Interesse weckt. Was mag das bedeuten? Beherzt öffnen Sie das Geschäft und betreten einen Raum voller geheimnisvoller Dinge. Ein freundlicher Mensch begrüßt Sie und erklärt Ihnen, dass Sie hier in einem Zauberladen langgehegter Wünsche sind.
> Beschreiben Sie die Umgebung genau, und charakterisieren Sie, wer Sie willkommen heißt (Freewriting, siehe Methodenpapier im »Fabulatorium«, S. 214). Lesen Sie sich Ihren Text vor, um dann gleich in diesem Duktus weiterzuschreiben, welchen Wunsch Sie sich erfüllen möchten. Verhandeln Sie um einen angemessenen Preis. Kommen Sie und der Verkäufer miteinander ins Geschäft? Lesen Sie sich dann den gesamten Text durch. Tun Sie dies in einem Straßencafé und verdichten Sie, nachdem Sie dort über Ihre besonderen Erfahrungen im »Magic Shop« nachgedacht haben, das Ihnen Wesentliche in einer SMS, die Sie einem ausgewählten Menschen schreiben.

Die Runde der Ehemaligen

Das Team einer Kindertagesstätte sitzt in der Supervision. Die Stimmung ist bedrückend. Die Motivation der Mitarbeiterinnen ist auf einer Skala von Eins, schwächer geht's nicht, bis Zehn, optimal, auf dem Punkt Zwei. Die Teammitglieder sind seit Wochen überlastet. Überstunden können nicht abgeleistet werden, zwei Kollegen sind für mehrere Monate krankgeschrieben. Einen Ersatz gibt es voraussichtlich in den nächsten Wochen nicht. Die Eltern der betreuten Kinder sind von Tag zu Tag unzufriedener. Die Beschwerden nehmen zu. Geplante Ausflüge können nicht stattfinden, die Kinder haben inzwischen nicht mehr, wie im Konzept festgelegt, zwei, sondern meistens nur noch eine Bezugsperson. Das Team scheint keinerlei Ambitionen mehr für Veränderungen zu haben. Den Sinn ihrer Arbeit kann es nicht mehr erfassen.

Im Rahmen der Team-Supervision führen wir die Methode »Runde der Ehemaligen« ein. Die Gruppe teilt sich auf. Eine Hälfte schlüpft in die Rolle ehemaliger Eltern. Die andere Hälfte in die der ehemaligen Kinder. Zwanzig Jahre sind vergangen. Die Reporterin einer lokalen Zeitung – die Supervisorin schlüpft in die Rolle – kommt zu dem Ehemaligentreffen. Sie möchte ein Interview und befragt die Runde der ehemaligen Kinder: »Was ist aus Ihnen geworden?«, »Woran können Sie sich noch gut erinnern aus der Zeit, in der Sie noch im Kindergarten waren?«, »Was war das Besondere an den Erzieherinnen?« An die Eltern werden ganz ähnliche Fragen gestellt: »Was war das Besondere an der Kita?«, »Wie haben die Fachkräfte sich für die Kinder eingesetzt?«, »Wie haben sie die Kinder gefördert?« Die Reporterin bleibt eine halbe Stunde. Die Runde der Ehemaligen löst sich auf. Alle »entrollen« sich, werden wieder zum gegenwärtigen Team.

Die Atmosphäre ist leicht, humorvoll und ressourcenorientiert. Das Team entwickelt eine Lösung für die kommenden Tage. Sie haben das Gefühl, wieder an einem Strang zu ziehen.

> **Schreibimpuls 7: Aus der Ehemaligen-Perspektive**
> Stellen Sie sich vor, Sie sind eine Ehemalige / ein Ehemaliger und blicken aus der Zukunft zurück in die Gegenwart. Zwanzig Jahre sind vergangenen. Schlüpfen Sie in die Rolle Ihres Kindes, Ihres Chefs, Ihrer Mitarbeiterin, eines Menschen, den Sie auf irgendeine Art und Weise über einen längeren Zeitraum begleitet haben. Schreiben Sie 45 Minuten lang auf, wie diese Menschen auf Sie schauen. Welche Ressourcen sie damals in Ihnen gesehen haben, welche Samen Sie gesät haben, welche Spuren diese hinterlassen haben.

Reflektierendes Team

»Sich beobachten heißt sich verändern« (Alain,1932/1994). In der systemischen Beratung und Therapie geht es immer wieder auch darum, Menschen zu unterstützen, sich selbst dabei zu beobachten, wie sie kommunizieren. Welches Drehbuch über mich erzähle ich eigentlich tagaus, tagein? Manche Rollen sind darin so festgeschrieben, dass sie kaum veränderbar zu sein scheinen. Manche Nebenrollen könnten eigentlich neu besetzt werden. Doch wenn ich dieses Drehbuch immer nur mir selbst oder anderen erzähle, ohne dass es reflektiert wird, ist die Endlosschleife vorhersehbar. Wir brauchen ein Gegenüber bzw. einen Spiegel, der uns wohlwollend-kritisch darauf aufmerksam macht, dass Veränderung möglich oder nötig ist. Es geht darum, einen »Rahmen für Selbstreferenz herzustellen« (Wirth u. Kleve, 2012, S. 328).

Das Reflektierende Team bietet diesen Rahmen und die Möglichkeit der Spiegelung. Die Methode schafft »einen Freiraum für den Gedankenaustausch zwischen zwei oder mehreren Menschen« (Andersen, 1990, S. 94). Der norwegische Psychiater Tom Andersen entwickelte die Methode zu Beginn der 1980er Jahre mit dem Ziel einer besonderen Selbstbeobachtung und einer damit einhergehenden Veränderung. Voraussetzung ist eine offene, kooperative Atmosphäre, die dazu einlädt, assoziativ neue Hypothesen zu bilden und neue Impulse anzuregen.

Beim Setting des Reflektierenden Teams findet sozusagen ein professioneller Tratsch in Anwesenheit derjenigen, über die getratscht wird, statt. Eine Klientin oder ein Klientensystem arbeitet mit einer Beraterin und wird dabei von einem Team aus zwei bis drei Beobachterinnen begleitet. Die Beobachterinnen sitzen dabei im selben Raum, lauschen, schweigen, assoziieren und bleiben dabei still. Nach einer abgesprochenen Zeit wird das Beratungsgespräch unterbrochen. Die Beobachter tratschen nun untereinander über ihre Beobachtungen und Gedanken zum Beratungssystem. Sie stellen ihre Assoziationen und Hypothesen zur Verfügung. Die Beobachterinnen sind dabei wertschätzend und zugleich fragend. Sie suchen nach neuen Mustern und Ideen.

Nach etwa zehn Minuten gehört die Bühne erneut der Beraterin und der Klientin. Jetzt besprechen sie das Gehörte. Nicht in Form einer Bewertung, sondern vielmehr als Anregung, um neue Ideen zu verfolgen, neue Denkmuster zu initiieren und innere Räume weiter werden zu lassen: »Gibt es in dem, was Sie gehört haben, etwas, wozu Sie etwas sagen möchten, worüber Sie weiter sprechen möchten? Gab es etwas, dem Sie gar nicht zustimmen konnten, worüber besser nicht gesprochen worden wäre? Gibt es etwas, was Ihnen gefehlt hat?«

Der gesamte Zyklus kann noch einmal wiederholt werden.

Die nachfolgend zitierte Weisheit der Sufi erzählt eine Geschichte, in der sozusagen eine beobachtende Stimme eine neue Idee und damit Veränderung bewirkt.

»Ein Strom wollte durch die Wüste zum Meer. Doch so schnell er auch in den Sand fließen mochte, seine Wasser wurden dabei aufgesogen und verschwanden. Da hörte er eine Stimme, die aus der Wüste kam und sagte: ›Der Wind durchquert die Wüste, und der Strom kann es auch. Du musst dem Wind erlauben, dich zu deinem Bestimmungsort hinüberzutragen.‹
›Aber wie soll das zugehen?‹
›Indem du dich von ihm aufnehmen lässt.‹
›Aber kann ich nicht derselbe Fluss bleiben, der ich jetzt bin?‹
›In keinem Fall kannst du bleiben, was du bist‹, flüsterte die geheimnisvolle Stimme. ›Was wahrhaft wesentlich an dir ist, wird fortgetragen und bildet wieder einen neuen Strom.‹
Und der Fluss ließ seinen Dunst aufsteigen in die Arme des Windes, der ihn willkommen hieß, sachte und leicht aufwärts trug und ihn, sobald sie den Gipfel des Gebirges erreicht hatten, wieder sanft herabfallen ließ. Schöner und frischer als je zuvor.« (Sufiweisheit, zit. nach Reddemann, 2010, S. 68)

Schreibimpuls 8: Viele, die ich bin
Notieren Sie sich eine präzise formulierte Frage, die Sie beschäftigt und mit der Sie arbeiten möchten. Dies ist Ihre Leitfrage durch den Prozess, und wir empfehlen Ihnen, sie daher als eine Art Wegweiser gut lesbar vor sich hinzulegen.
Auf einem neuen Blatt skizzieren Sie einen *runden Tisch,* an dem Sie innere Anteile bitten, Platz zu nehmen, von denen Sie für Ihre Frage hilfreiche Gedanken erwarten. Das sind vielleicht zum Beispiel die *Vorsichtige,* die *Mutige,* die *Kühne* und die besonders *Kluge?* Zeichnen Sie um den Tisch herum die nötigen Plätze und schreiben Sie in diese jeweils den Anteil, der dort Platz genommen hat. In die Mitte des Tisches schreiben Sie Ihre Frage. Welche Ideen bieten Ihnen die einzelnen Anteile? Malen Sie diese nun als Sprechblasen.
Dann schreiben Sie bitte zu diesem Teile-Austausch ein Drehbuch. Wer meint was? Was stellen die einzelnen Ihnen zur Verfügung? Gestalten Sie das Treffen detailliert aus und geben Sie frei assoziierend den einzelnen Gedanken nach, neugierig, was sich entwickelt.
Anschließend notieren Sie sich Kerngedanken, an die Sie sich später erinnern möchten. Vermerken Sie eine entsprechende Erinnerung in Ihrem Kalender, um zu überprüfen, wie sich Ihr Anliegen weiter entwickelt hat.

Spurensuche ins eigene Innere – poesietherapeutische Konzepte

Leitfrage: Was ist Poesietherapie und (wie) wirkt sie?
Inhalt: Schreiben anders, Wirksamkeitsnachweise, der narrative Ansatz, Entwicklung der Poesietherapie, Integrative Poesietherapie.
Methode: Zitate, Schreibimpulse, Texte.

Viele Menschen verbinden Schreiben mit mühsamen Schulerfahrungen, schlechten Noten oder anderen unangenehmen Erfahrungen. Es fällt ihnen schwer, sich vorzustellen, dass Schreiben Freude machen kann, und es verblüfft sie noch mehr, wenn sie erfahren, dass Schreiben sogar heilsam wirken soll.

Der Seele Worte verleihen – Poesietherapie

Ein spielerischer und freier Zugang zum persönlichen Schreiben fernab von Rotstift und Noten führt in die Welt der Kreativität und Schreiben wird auf diese Weise zum höchst wirksamen Ausdrucksmittel.

In den USA als »Creative Writing« längst in Schulen und Universitäten eingeführt, findet Kreatives Schreiben inzwischen auch in Deutschland zunehmend Eingang in pädagogische, psychosoziale, therapeutische und beratende Arbeitsfelder. Fachgesellschaften wie die Deutsche Gesellschaft für Poesie- und Bibliotherapie, die DGPB, und der Segeberger Kreis sind entstanden. Hier werden Einsatzfelder ermittelt und erarbeitet, Schreibprozesse erforscht und wissenschaftlich gefördert.

In den letzten Jahren entwickelte sich diese spezielle Schreibkultur angefangen von angeleiteten schreibpädagogischen Gruppen in der Erwachsenenbildung bis hin zur Poesietherapie im klinischen Bereich immer weiter – ein spielerischer Zugang zu persönlichen Kräften und Ressourcen, zu verborgenen Möglichkeiten und bisher unbewussten Lösungsideen.

Internationale Wirksamkeitsnachweise belegen, dass und wie sich schreibend weite Denk-, Wahrnehmungs- und Erlebensfelder öffnen. Es liegen Studien vor, die anhand der Wirkfaktoren »Selbstoffenbarung« und »Verarbeitung belastender Erlebnisse« den Einfluss von Schreiben auf die Emotionsregulierung belegen. Der Aspekt »Selbstwirksamkeit« wurde anhand der Faktoren »Kognitionsförderung«, »Neubewertung«, »Kohärenzerleben«, »Selbstkonzept« und »Lebensziele« nachgewiesen. Zur Wirkung von Schreiben auf die soziale Integration liegen Wirksamkeitsnachweise zu den Wirkfaktoren »soziale Unterstützung« und »Kommunikationsförderung« vor (Heimes, 2012).

Und wie steht es um die Nebenwirkungen? In einigen Fällen wurden kurzzeitige Stimmungsverschlechterungen und Beschwerdezunahmen beobachtet, jedoch ohne erhöhtes Langzeitrisiko. Auf das Chronifizierungsrisiko bei wiederholter Bearbeitung eines einzelnen Themas wurde hingewiesen. Doch traten in mehr als 200 Studien zum Expressiven Schreiben insgesamt nur selten negative Wirkungen auf (Heimes, 2012).

Seinen Ansatz des Expressiven Schreibens veröffentlichte der amerikanische Psychologe James W. Pennebaker in den 1980er Jahren mit ersten Untersuchungsergebnissen zu dessen Wirkung für die Bearbeitung von Traumata. Nicht zuletzt aufgrund überzeugender Ergebnisse der inzwischen umfangreichen wissenschaftlichen Untersuchungen findet Expressives Schreiben mittlerweile internationale Beachtung. Untersuchungen weisen nach, dass Menschen, die über ein belastendes Erlebnis geschrieben haben, seltener einen Arzt aufsuchen. Sie zeigen sich aufmerksamer, gesünder und leistungsstärker, klagen weniger über körperliche Beschwerden, geben an, sich psychisch entlastet zu fühlen, und sind weniger depressiv (Heimes, 2012).

Obwohl für den notwendigen empirischen Wirksamkeitsnachweis Studien und Berichte mit positiven Ergebnissen vorliegen, sind weitere Untersuchungen zur breiteren Absicherung von differentiellen störungs- und zielgruppenspezifischen Therapieeffekten erforderlich. Eine Untersuchung sei beispielhaft kurz vorgestellt. David Lätsch (2011) überprüfte das Gerücht: »Wer literarisch schreibt, therapiert sich selbst«, indem er vor dem Hintergrund aktueller psychologischer Forschung eine empirische Studie zum kurativen Potenzial fiktionalen Schreibens durchführte und sieben Autorinnen (unveröffentlichter) fiktionaler Prosa nach den therapeutischen Aspekten ihres Schreibens befragte. Die inhaltsanalytische Auswertung der Transkripte ergab sieben Wirkfaktoren. Demnach wurde Schreiben als lustvolle Tätigkeit, ein Spiel mit der Phantasie und ein Instrument zur Gestaltung von Erfahrung erlebt. Schreiben erwies sich als ein Medium der Achtsamkeit und Geschriebenes galt den Autorinnen als Archiv des Lebens. Schreiben diente ihnen als Instrument der Selbsterkenntnis und als eine therapeutische Kraft imaginativerlebter Wunscherfüllung.

> **Schreibimpuls 9: Wenn ich schreibe**
> Schreiben Sie zehn Minuten über Ihre aktuellen Erfahrungen, während Sie gerade schreiben. Besinnen Sie sich auf das Geschehen, die Umgebung und besonders auf sich selbst.
> Schreibend trainieren Sie auf diese Weise Ihre Achtsamkeit.
> Lesen Sie im Anschluss aufmerksam Ihren Text. Was spricht Sie dort besonders an, wo spüren Sie eine körperliche Resonanz?
> Wenn Sie Ihre Gedanken mit denen folgender Autorinnen vergleichen:
> »Denke nicht darüber nach, ob reales Küssen besser ist, als über Küssen zu schreiben. Probier es aus« (Draesner, 2011, S. 28).
> »Schäm dich für nichts – auf dem Papier. Keine Angst« (Hahn 2011, S. 40).
> Was fällt Ihnen auf? Schreiben Sie an beide Autorinnen einen persönlichen Antwortsatz.

Poesietherapie zählt zu den expressiven, kreativen Therapien und umfasst all diejenigen therapeutischen und selbstanalytischen Verfahren, die mittels Schreiben den subjektiven Zustand eines Menschen zu bessern versuchen. Die Förderung schöpferischer Potenziale will die Wahrnehmungs- und Erlebnisfähigkeit fördern und zu Einsichten in lebensrelevante Themen beitragen. Die National Association of Poetry Therapists, die NAPT, definiert Poesietherapie als »die wissenschaftliche Anwendung der Poesie für therapeutische Zwecke« (zit. nach Wüstenhagen, 2016, S. 35). Es wird unterschieden zwischen der produktiven Nutzung der Poesie durch das Schreiben und der rezeptiven des Lesens. Poesietherapie ist ein sinnlich, haptisch, rhythmischer Weg, Sprachlosigkeit zu überwinden. In seinem »Tagebuch der Trauer« schrieb der französische Philosoph Roland Barthes nach dem Tod seiner Mutter: »Mein Kummer ist unausdrückbar, aber gleichwohl sagbar. Schon die Tatsache, dass mir die Sprache das Wort unerträglich zur Verfügung stellt, bewirkt unmittelbar ein gewisses Ertragen« (zit. nach Wüstenhagen, 2016, S. 35).

Nun verwendet die Psychotherapie auch andere künstlerische Verfahren, um ihre Klientel zur Bearbeitung innerer Entwicklungsthemen einzuladen, zum Beispiel die Mal-, Tanz- oder Musiktherapie. Die Poesietherapie unterscheidet sich von diesen Verfahren durch ihre direkte Art. Denn die Schreibenden schreiben sich ihre Sorgen, Nöte und Ängste buchstäblich von der Seele, und das Geschriebene wird als drittes Element in die therapeutische Beziehung einbezogen. Die Kommunikation *mit*einander wird um den Austausch *über* ein anderes erweitert (Bühler, 1934). Um die Dimensionen und Möglichkeiten für die Klienten wie auch für sich selbst sinnvoll nutzen zu können, sollten sich Therapeutinnen selbst mit Dichtung und Literatur auseinandersetzen. »Dichtung lässt uns paralogisch denken, und so wächst unsere Fähigkeit, mit den Träumen und Phantasien in den Gedanken unsere Klienten besser umzugehen« (Forrest, 1969, S. 256, zit. nach Petzold u. Orth, 2009, S. 43).

»Schmerz, der nicht spricht, erstickt das Herz und macht es brechen«, heißt es in »Macbeth« von Shakespeare (1606/2014, IV, 7; Film 2015, Regie: Justin Kurzel). In der Poesietherapie werden Klientinnen bzw. Patientinnen dazu angeregt und angeleitet, Texte zu verfassen und darüber zu sprechen. Aktuelle Erlebnisse, biografische Themen, Symptome, Beschwerden, Leiderfahrungen, Sehnsüchte, Hoffnungen oder Fiktionen können Inhalte sein, die sie im Schreiben emotional darstellen und klärend gedanklich neu einordnen. Schreiben soll diese Erlebnisse und Vorstellungen, aber auch Phantasien, Ängste und andere Beschwerden erfassen und damit fassbar werden lassen, kreativ gestalten und mitteilbar machen. So stärkt Poesietherapie auch die kreative Auseinandersetzung mit Lebensherausforderungen allgemein, trägt mit zur Persönlichkeitsentwicklung bei und wirkt ausgestaltend auf die persönliche Lebenskunst.

Die einzelnen psychotherapeutischen Schulen bearbeiten die Texte dann gemäß ihres theoretischen Ansatzes, so zum Beispiel anhand von tiefenpsychologischen Deutungen, einer psychodramatischen Umsetzung, von systemischen Einbindungen oder im integrativen Ansatz mittels intermedialer Verbindungen zu anderen kunsttherapeutischen Ausdrucksformen. Der systemische Ansatz »Expressive Arts« (Knill, 2005b) verbindet intermedial die verschiedenen künstlerischen Therapieformen jeweils aufgaben- und indikationsspezifisch. Heute werden derart kombinierte Ansätze vielfach in klinisch-therapeutischen, psychosozialen und pädagogischen Feldern eingesetzt, sowohl im Einzelsetting als auch in der Arbeit mit Gruppen.

Poesietherapie ist eine angeleitete Hilfe zur Selbsthilfe, die mit Worten, Klängen, Rhythmen, Gedanken, Körperempfinden und Sinneserleben sowie mit Eindrücken, die ihren Ausdruck suchen, arbeitet. In der schützenden Zwischenwelt des Papiers hat vieles Ungesagte und Unaussprechliche Platz. Eine gewisse Introspektionsfähigkeit vorausgesetzt, ist hier alles möglich. Denn in diesem Resonanzfeld können sich Einsichten in lebensgeschichtliche Themen eröffnen, chaotische Gedanken ordnen, Gefühle zu verstehen geben, schöpferische Potenziale zeigen, Sinnfragen stellen und Konflikte klären. Die achtsame Annäherung an die eigene Individualität und an persönlich bedeutsame Menschen ist zugleich eine schreibende Spurensuche ins eigene Innere. Der Veranschaulichung dieses Gedankens dient ein in unserer Praxis entstandenes Haiku (zu dieser Form siehe im dritten Schritt dieses Buches, dem »Fabulatorium«, S. 217):

»Tief in einem Schacht
habe ich mich gefunden
das Licht tut mir gut«
(K. E.)

Der Mensch sei nur da wirklich Mensch, wo er sich die Geschichte seines Lebens nicht diktieren lasse, sondern selber schreibe, betont Viktor Frankl (2004, S. 109). Poesietherapie regt dazu an, Erregungen, Gedanken, Gefühle und Körperempfindungen zu Papier zu bringen. Erlebtes ist eingeladen, sich in eigener Sprache zu zeigen und nicht so, wie es von anderen erwartet wird. Schreibend kann ich sagen, was ich sagen möchte, anstatt das, was ich meine, sagen zu sollen. Schreibend kann ich fühlen, was ich fühle, anstatt, was ich fühlen sollte. Schreibend darf ich um das bitten, was ich möchte, anstatt auf Erlaubnis dazu zu warten. Schreibend kann ich um der eigenen Interessen willen alle Risiken eingehen, anstatt auf Nummer sicher zu gehen (frei nach Virginia Satirs »Fünf Freiheiten«, 2001, S. 27).

Aussprechen, was noch nie gesagt wurde, was mitzuteilen tabu erschien, was noch kein Gehör fand, zu Wort zu kommen, ist keine Selbstverständlichkeit. Dabei sind wir Menschen als Beziehungswesen auf Resonanz angewiesen. Schreibend lässt sich behutsam Totgeschwiegenem nachspüren und in uns Schlummerndes bezeugen. »Die Angst ließ sich durchs Schreiben zähmen«, sagte die Schriftstellerin Herta Müller (zit. nach Wüstenhagen, 2016, S. 35).

Vorerst ist die Schreibende ihre eigene Adressatin, vielleicht wird es zu einem späteren Zeitpunkt eine andere geben. Jetzt gibt es keine Leserinnen, um den »Luxus der Aufrichtigkeit« (Cioran, 1973) zu ermöglichen. Wer sicher ist, dass niemand die Enthüllungen liest und somit auch keinerlei Schaden anrichtet, kann sich bekennen. Aus Scham und Diskretion entlassen, teilt sich schreibend Unaussprechliches mit. Möglicherweise ist dieses monologische Schreiben, dieses aufrichtige »Work in Progress«, für eine achtsame Annäherung an die eigene Person und ihre Umwelt wirksamer als eine zur Veröffentlichung geplante Literatur.

Der narrative Ansatz

Wer psychologische Theorien nach möglichen Wirkungsweisen therapeutischen Schreibens durchforscht, wird bald beim narrativen Ansatz fündig. Der setzt sich entschieden vom paradigmatischen Modus des Positivismus ab. Nicht die abgeleiteten Kausalbeziehungen induktiver und deduktiver Rückschlüsse aus einer systematischen Forschung dienen als Erklärung, sondern der Einfluss erzählerischer (narrativer) Strukturen auf menschliches Erleben, Fühlen, Bewerten, Denken und Handeln ist von Interesse.

Menschen erklären sich ihr Erleben und ihre Beziehungserfahrungen anhand von Geschichten im weitesten Sinn. »We organize our experience and our memory of human happenings mainly in the form of narrative – stories, excurses, myths, reasons for doing and not-doing, and so on« (Brunner, 1991, zit. nach Lätsch, 2011, S. 143). Dem paradigmatischen Wissen über die Natur, wie beispielsweise dem Verständnis chemischer Vorgänge als vorliegende, nachweisbare Muster, steht das Verständnis, weshalb *die Chemie zwischen zwei Menschen stimmt*, entgegen, das mittels einer Geschichte verdeutlicht wird. Die Vorgeschichte ist interessant: Was veranlasste die Akteure, aufeinander zuzugehen? Wie steht es um ihre motivationalen Verstrickungen? Welche Sehnsüchte leiten sie, welche Hoffnungen trugen und welche Vorerfahrungen bremsten sie? So wird das potenziell Neue und Aufregende zwischen ihnen plausibel. Die individuellen Geschichten mögen voneinander abweichen und doch das Phänomen der Chemie zwischen zwei Menschen als narrative Gestalt allgemein verständlich vermitteln.

Narratives Wissen bildet Wirklichkeiten nicht ab, es interpretiert sie auf dem Hintergrund einer bestimmten biografischen Folie des Erzählenden und im Kontext der jeweiligen Erzählsituation. Narrativ präfigurierte Wahrnehmung korrespondiert dabei mit erzählerischen Strukturen, die während des Erlebens oder nachträglich quasi-kausal hinzugefügt werden.

Schreibimpuls 10: Eine kleine Liebesgeschichte …
»Schon wie sie den Raum betrat …« Ergänzen Sie diesen Satz zu einer kleinen Liebesgeschichte. Erzählen Sie diese in drei Texten: Die ersten beiden Texte schreiben Sie aus der jeweiligen Perspektive der beiden Protagonisten. Diesen zwei Perspektiven fügen Sie dann eine dritte, die Sicht eines unerkannten Beobachters hinzu.
Anregung zur Auswertung der drei Texte: Alle Beteiligten haben ihre Version der einen Liebe erzählt: Wo bestehen Übereinstimmungen? Was unterscheidet sie? Wo widersprechen sie sich? Wenn Sie aufmerksam die drei Betrachtungen durchlesen, zu welcher Prognose für den Fortbestand dieser Liebe kommen Sie?

Die narrative Therapie greift die erzählerische Sichtweise auf und überträgt sie auf die konstruktivistischen Konzepte von *narrativem Selbst* und *narrativer Identität*.

Zum *Selbst* liegen diverse Konzepte vor (vgl. Jung, 1928/1966; Kohut, 2016; Ricœur, 1996). Im Rahmen dieses Buches verwenden wir das Selbst als Begriff für die Person, als die ich mich selbst verstehe. Mein Selbst bezieht sich auf mein Selbstbild und das Verhältnis, das ich zu mir (aktuell) habe, also auf meinen Selbstbezug.

Spannend und entsprechend viel diskutiert sind Überlegungen zur Kontinuität dieses Selbst. Bleibe ich dieselbe, während ich mich lebenslang verändere? Wie erkläre ich mir meine diversen dissonanten Verhaltensweisen, die mit meinem Selbst unvereinbar zu sein scheinen? Die dissonanten Verhaltensweisen sind es vor allem, die immer wieder nach glättenden Erklärungen und versöhnlichen Selbsterzählungen verlangen, will ich meine persönliche Stimmigkeit (wieder-)herstellen und mich weiterhin als *dieselbe* ausweisen.

Monologe, Dialoge oder autobiografische Erzählungen hüten die Selbstkontinuität. Sie de- und re-konstruieren mein Selbst als fortlaufende Erzählungen, mögen diese nun als wahr anerkannt oder als fiktional anders-wahr eingeordnet werden. Ihre narrative Wahrheit ist real, sobald sie als stimmig überzeugt. Dazu muss sie persönliche (Re-)Interpretationen von Vergangenem mit Gegenwärtigem plausibel verbinden und Fragmente von faktisch Geschehenem zu einem Ganzen arrangieren, das sich seinerseits an keiner faktischen Wahrheit messen lässt – vorausgesetzt, wir gehen davon aus, dass es diese nicht gibt (vgl. Lätsch, 2011, S. 164).

Mit zunehmender Lebenserfahrung wandeln sich die Lebensgeschichten, werden erweitert oder zu einem neuen narrativen Wahren. Im Erzählen stellt sich Identität dar und mitunter her, beispielsweise dann, wenn ich am Ende meiner Geschichte mehr über mich verstehe als zu Beginn. Um die jeweils passenden Identitätsaspekte anzuordnen, ist unter anderem entscheidend, in welchem Erzählkontext ich mich gerade befinde. Im therapeutischen Setting gestalte ich andere Erzählungen als während der Wanderung mit einer Kollegin. Situationsabhängig konstruiert sich *narrative Identität* auf dem Hintergrund biografischer Erfahrung im Zusammenspiel mit ausgewählten Selbstbildanteilen. Auf diese Weise stellt sich die Person als die dar, als die sie gesehen werden will. Wem vermag ich wer zu sein? Doch die Frage, wer bin ich, umfasst mehr. Diese multiforme soziale Identität muss verbunden sein mit einer personal-integralen (Lätsch, 2011, S. 168), die es ermöglicht, in allen wechselvollen Erfahrungen sich selbst (wieder-)zuerleben und verschieden agierende Persönlichkeitsanteile zu integrieren.

Schreiben als Prozess der Selbstbegegnung vermag essentialistische Vorstellungen mit selbstkonstruktiven Prozessen zu verbinden. In der Schwingungsbreite des Erzählens schärft sich der Sinn für Mehrdeutigkeit menschlicher Erfahrungen, wenn es gelingt, sich über Geschehenes mit sich selbst und anderen zu verständigen.

Die narrative Therapie nimmt beide Ansätze, Konstitution und Konstruktion, in ihrer These der erzählerisch strukturierten Identität ernst. 1990 veröffentlichen Michael White und David Epston in ihrem Buch »Narrative Means to Therapeutic Ends« die von ihnen entwickelte psychotherapeutische Technik mit Erzählungen ihrer Klienten. Sie gingen davon aus, dass sich der Mensch selbst erzählt und in potenziell wandelbaren Konstruktionen versteht. Bei therapiebedürftigen Menschen gingen sie von deren dysfunktional gewordenen und erlebten Lebensgeschichte aus, die einer Revision bedürfe, einer Rekonstruktion, die der aktuellen Lebenssituation angemessene Entwicklungsoptionen eröffne. Dieser Prozess des »Re-Authoring« ermögliche es dem Menschen, sich als aktiv Erzählender seiner selbst zu erleben und dabei zu erkennen, dass es die persönliche Interpretation von Erfahrungen sei, die biografischem Erleben eine bestimmte Bedeutung fürs eigene Selbstverhältnis zuspricht.

Schnell stieß dieser Therapieansatz in Fachkreisen auf Interesse, und es entstanden weitere narrativ ausgerichtete Modelle (siehe Grossmann, 2003). Allen gemeinsam ist das Grundverständnis, dass sich die Therapeutin nicht als Expertin bzw. Autorität versteht, sondern eine mitarbeitende Rolle am therapeutischen Prozess einnimmt und die Klientin als Akteurin anerkennt. Im ersten Schritt geht es um die erzählende oder schreibende Externalisierung des Problems, mit dem sich die Klientin bisher als ganze Person identifizierte. Das leidvoll Erlebte wird so zu einem mehr oder weniger konturierten Gegenüber des Menschen, der für sich unvorstellbar mehr ist als ein Leidender. Jetzt kann er seinem Problem offensiv begegnen und sich mit dessen Herausforderungen auseinandersetzen. Therapeutisch angestrebt werden mit dieser Externalisierung und der anschließenden Bearbeitung erweiternde Blickwinkel durch opponierende Erzählungen, die dem dysfunktionalen Narrativ widersprechen und ihm erinnerte Erfahrungen von Gelingen entgegenstellen. Auch können die Erzählungen an alte Kräfte und bewährte Ressourcen erinnern – Geschichten darstellen, die die Schreibende mit einem neuen Plot bekräftigen, ermutigen oder befrieden.

Die neue Sicht der Selbsterzählung wirkt sich auch aufs Verhalten aus. Steht diese nun den Ordnungen relevanter Bezugssysteme unvereinbar gegenüber, erfährt sie rasch Ablehnung, Gegenwehr und gerät als zartes Pflänzchen in Gefahr, einzugehen, bevor sie richtig erblühen konnte. Epston und White integrierten folglich die Bezugssysteme als »Social Networking« in ihr Therapiekonzept. Anstatt die sozialen Netzwerke als leidstiftende Milieus anzusehen, versuchten sie sie als Ressourcen einzubeziehen. Wie die Klientin sollten auch die »*Significant Others*« den Prozess neuer Sichtweisen mitvollziehen können und sich alle gemeinsam in einem wechselseitigen Entwicklungsgeschehen begriffen erleben.

Neue Geschichten lassen sich erzählen, erleben und erschreiben. Die Zwischenwelt des Papiers bietet einen weiten Raum, um erstarrte Sichtweisen als solche zu erkennen, ihnen tastend zu begegnen, sie vorsichtig anzufragen und sich ihnen zunehmend mutiger, trotzender entgegenzustellen. Schreiben eröffnet narrative Möglichkeiten phantasievoller Alternativen des »Re-Authoring«.

Die psychologische Erzählforschung der Narratologie beschäftigt sich mit den Auswirkungen des gesprochenen und geschriebenen Erzählens sowie der Bedeutung von Geschichten für Selbstbild und Sinnschreibung.

Nun laden Neuerzählungen mitunter zu Euphemismen ein, zum Beschönigen, was nie schön sei kann, zum ausblendenden Nichterzählen quälender Erlebnisse und zu Unwahrhaftigkeiten. Auch therapeutisches Schreiben ist davor nicht gefeit. Hier bietet sich jedoch die Chance, mit Wahrheiten imaginativ zu spielen, in mehreren Erzählungen fiktional verschiedene Wirklichkeiten durchzuprobieren, ohne sich gleich festlegen zu müssen. Es könnte so sein, aber angenommen es wäre anders oder noch ganz neu zu betrachten, was könnte sich dann jeweils zeigen? Was würden dann andere sehen? Und wie könnte sich das auf unsere Beziehungen auswirken? Welche Geschichte schreibe ich dann?

Schreibimpuls 11: Das besondere Kind
Schreiben Sie eine fiktive Erzählung über ein besonderes Kind.
Anregung zum Vernetzen: Hatten Sie beim Schreiben ein spezielles Kind vor Augen? Wenn Sie Ihre Geschichte in Ruhe durchlesen, an wen erinnert Sie dieses Kind? Mit wem teilt es Ähnlichkeiten? Entdecken Sie beim Kind Anteile von sich?
Wen könnte diese Erzählung interessieren? Von wem wünschen Sie sich, er bzw. sie möge an dieser Geschichte Anteil nehmen?
Bei wem würde es Ihnen leicht fallen, Ihre Geschichte vorzulesen? Bei wem ist es undenkbar? Bei wem wäre Mut gefordert? Möchten Sie diese Geschichte überhaupt vorlesen? Wenn ja, wem?

Biografisches Schreiben

Wir sind das, was wir uns zu sein vorstellen. In seinem Buch »Abschied von den Eltern« betont der Schriftsteller Peter Weiss, dass er als Erwachsener wiederholt mit *durchdachten Worten* seine Kindheit schildert, denn »als ich sie erlebte, da gab es kein Durchdenken und kein Zergliedern, da gab es keine überblickende Vernunft« (1961, S. 21). Als Kind war er nicht in der Lage, seine Erfahrungen zu reflektieren, so wie es ihm später als Erwachsener möglich war, seine Lebenserfahrungen neu zu bewerten.

Es sind unsere Geschichten, die soziale Welten schaffen, unsere Beziehungen ausgestalten und uns darin selbstbewusst erleben lassen. Nicht die Ereignisse schaffen Wirklichkeiten, sondern erst die Erzählung erlebter Ereignisse lassen die Erfahrungen zu einer individuellen psychologischen Identität werden und prägen gleichzeitig Selbstverständnis, Sinninhalte und Gedächtnisse der umgebenden sozialen Systeme. In diese Gedächtnisse werden wir bereits hineingeboren, wachsen in transgenerationalen Erzählungen auf und entwickeln im Lauf unseres Lebens diesen entsprechend eigene Konzepte.

Systemische Erinnerungs- und Biografiearbeit betrachtet Lebensgeschichten nie als Suche nach den realen Tatsachen, fragt nicht: »Was ist damals geschehen?« Sie ist am Erleben der in die Erzählungen eingebundenen Menschen und deren Perspektiven interessiert, sie rekonstruiert vorgenommene Verknüpfungen und erforscht mögliche Erzählzwecke. Sie weiß um die Bedeutung nicht erzählter Geschichten und gibt diesem Unerzählten Raum, um es in angemessener Form zur Sprache zu bringen und auf diese Weise neu erleben zu lassen. Es entstehen erweiterte lebensgeschichtliche Betrachtungen, in denen bisher Verschwiegenes und Ausgegrenztes ihren Platz in neuen stimmigen, sinnstiftenden Erzählungen finden können.

Auf diese Weise beeinflusst systemische Biografiearbeit gleichermaßen individuelles Verständnis wie auch kollektive Erinnerung und ist politisch bedeutsam. »Je nachdem, welche Erinnerungen ich zulasse oder vernichte, beeinflusse ich die Konsensstruktur einer Gesellschaft«, betont der Schweizer Ethnopsychoanalytiker Mario Erdheim (zit. nach Nischak u. Schollas, 2007, S. 25).

»Das Bewusstsein, die Erfahrungen zu teilen und mitteilen zu können, und das Gefühl von Stimmigkeit zwischen Geschichte und Erfahrung werden, so kann ich aus meiner eigenen Erfahrung als Psychotherapeut sagen, als Frieden erlebt – als innerer und als äußerer« (von Schlippe in Girrulat, Markert, Nischak, Schollas u. Stachowske, 2007, S. 12)

Erinnern ist ein Vergegenwärtigungsprozess. Es ist Wiedererleben zurückliegender Erlebnisse und Neugestalten bisheriger Erzählungen. Erinnernd schreiben wir alte Geschichten fort und schreiben uns dabei von diesen fort in erweiterte Perspektiven hinein. Möglicherweise entfernen wir uns damit von (Familien-)Mythen, gefährden Loyalitäten oder stellen gar kritisch Zugehörigkeiten in Frage. Das autobiografische Gedächtnis schreibt unsere Vergangenheiten beständig so um, dass sie zum Aktualzustand des sich erinnernden Menschen passen. Wird diese Passgenauigkeit erschüttert oder kollidieren hochemotional besetzte Erinnerungen mit dem bisherigen Selbstkonzept, markieren körperliche Reaktionen oder psychische Symptome das Ausmaß seelischer Beunruhigung und schalten sich spürbar als *Gefahrensignale* ein. Interessant ist dann die Frage, was gefährdet ist und daher geschützt werden soll. Sind alte Muster erschüttert oder tradierte Mythen in Gefahr?

In der Familientherapie bietet die Familienrekonstruktion einen methodischen Zugang zu den bis ins Heute wirkenden alten Lebenssituationen, zu einengenden frühkindlichen Erfahrungen, Tabus und Leiden vergangener Generationen ebenso wie zu tragenden Kräften für die eigene Biografie. »Im lebendigen Verbinden und in respektvoller Auseinandersetzung mit Ressourcen und Abgewehrtem lassen sich diese transformieren und in einen neuen Wahrnehmungsrahmen setzen. Wachstum und Entwicklung, die den vorherigen Generationen nicht möglich waren, werden nun freigesetzt« (Wolter-Cornell, 2015, S. 23).

Sich schreibend mit der eigenen generationenübergreifenden Biografie zu beschäftigen ist wirklichkeitsschaffend, wird sie dabei doch in einen erweiterten Kontext gestellt und rekonstruiert. Dabei sind Lebenslauf als chronologische Auflistung und Biografie als erinnerte Erlebenszeit voneinander zu unterscheiden (von der Recke u. Wolter-Cornell, 2017).

Schreibimpuls 12: »Selbsterlebensbeschreibung«

Der Dichter Jean Paul nannte autobiografische Berichte »Selbsterlebensbeschreibung«. Wählen Sie spontan eine Lebenssituation oder Lebenszeit und skizzieren Sie diese, als sei sie Inhalt Ihres Lebenslaufs, mit Jahreszahl und in distanziert aufzählender Sprache.

Wechseln Sie dann bitte die Betrachtungsperspektive, indem Sie aus Ihrer damaligen Perspektive und in mit altersentsprechenden Worten von der Lebenssituation bzw. Lebenszeit in einem Tagebuch berichten, wissend, dass niemand dies je lesen wird außer Sie selbst. Was entsteht?

Lesen Sie sich Ihren Text laut vor dem Spiegel vor. Was nehmen Sie dabei wahr?

Wenn nichts mehr ist, wie es war – die Autobiografie

Die subjektivste Form der Geschichtsschreibung, meint Ruth Klüger (2006, S. 85 f.), sei die Autobiografie. Nie ist sie Dokumentation, sondern erinnernde Neuschöpfung in direkter Besinnung auf das eigene Leben als Verständigungsversuch und persönliche Stellungnahme. Historisch bekannt ist die Zunahme autobiografischer Produktionen in politischen und gesellschaftlichen Krisenzeiten (Rechenberg-Winter, 2015). Für die Psychotherapie interessieren sich Menschen an biografischen Wendepunkten, wenn ursprüngliche Perspektiven von neuen Erfahrungen überformt zu werden drohen. Warum nicht darüber schreiben?

Wenn nichts mehr ist, wie es war, und das Leben in seinen Grundfesten erschüttert ist, Lebensentwürfe nur noch als Scherben bestehen und der nächste Schritt ein Rätsel ist, bietet Schreiben eine Möglichkeit kreativer Annäherung und entlastender Ausdrucksform. Es ist eine Suche nach Authentizität, die sich durch eine Autobiografie zieht. Ein Text, der immer wieder gelesen und eventuell auch weitergegeben werden kann, ist eine Wertschätzung und insofern eine Verheißung über ein geglücktes Leben, als es diesen geschriebenen Niederschlag des Gelebten gibt. Selbst wenn es tragisch gewesen sein sollte, war das eigene Leben immerhin so erfolgreich, dass es glückte, diese Biografie darüber zu verfassen. Dem Leben ist eine Art von kleiner Dauerhaftigkeit verliehen worden. Im Wirrwarr des alltäglichen Chaos fanden sich Perspektiven für die eigene Entwicklung, mögliche Bearbeitungsstrategien und Versuche, sich Tod und Vergessen entgegenzustellen.

In seinem »Protokoll einer Selbsterfragung« stellt sich der Regisseur Christoph Schlingensief den Erfahrungen seiner Krebserkrankung. Er nahm auf einem Diktiergerät Eindrücke, Gedanken, Gefühle und Impulse während seiner Klinikzeiten auf. Dies habe ihm geholfen, das Schlimmste, das er je erfahren habe, zu verarbeiten und sich gegen den Verlust seiner Autonomie zu wehren: »Eine Kur der Worte gegen das Verstummen – und nicht zuletzt eine Liebeserklärung an diese Welt«, laut Klappentext (2010).

Was darf überdauern? – der Nachruf

Gehen wir noch einen Schritt weiter zum *Nachruf,* dem Abschiedstext der Trauernden an Verstorbene. Was wird gelobt? Was ausgelassen? Was gelogen?

Literarische Nachrufe, wie die Beschäftigung des Journalisten Tilman Jens mit seinem Vater, dem Rhetorik-Professor Walter Jens, oder die von Mark Oliver Everett in seiner Autobiografie »Glückstage in der Hölle« mit dem Tod seines Vaters und weiteren seriellen Verlusten oder David Rieffs Fragen zum Tod seiner Mutter Susan Sontag – es sind intensive Auseinandersetzungen mit dem Leben an dessen letzter Schwelle.

> **Schreibimpuls 13: Einen Nachruf schreiben**
> Søren Kierkegaard empfahl, das Leben in der Voraussicht zu leben, obwohl es nur im Rückblick zu verstehen sei (vgl. 1843/1923, S. 203).
> Verfassen Sie einen Nachruf auf einen verstorbenen Menschen, den Sie (noch) heute vermissen. Setzen Sie sich mit ihm auseinander, klären Sie Ihr Verhältnis und schließen Sie mit einem Wunsch an sich selbst und an den Verstorbenen ab. Was sollte überdauern?

Das Fremde in der Fremde – der Reisebericht

Als kleine Schwester der Autobiografie gilt der Reisebericht. Ob Pilgerreise, Abenteuer, wissenschaftliche Exkursion oder Kreuzfahrt, unterwegs lernen wir andere Seiten an uns kennen, erleben uns in unbekannter Umgebung als unsicher, verhalten uns dementsprechend fremd. Das Fremde in der Fremde lässt uns fremd uns selbst gegenüber werden. Gerade dieser Ausnahmezustand und die Möglichkeit, ihn schreibend zu betrachten, bietet eine Entwicklungschance. Sie sollte genutzt werden!

Wer unterwegs ist, kann sich seines Standorts versichern, indem er ihn notiert. Schreibend kann er seine Erfahrungen sortieren, Aspekte der Reise als Lebenslehre betrachten, das Reisen als kulturelle Praxis gestalten oder sich angesichts intensiver Erlebnismomente selbst befragen.

Im achtzehnten Jahrhundert wurde die Reiseform »Sentimental Journey« kultiviert. Die Reisenden betrachteten die Fremde als Spiegel ihrer eigenen Emotionen und Empfindungen. Es waren weniger die neuartigen Eindrücke, die interessierten, als vielmehr die intensiven Gefühle, die diese auslösten. Auch wenn unser heutiges Reiseverständnis mehr die Begegnung sucht, Spiegeleffekte sind reichlich mit im Spiel. Gehen wir ihnen nach. Schreibimpuls 14 und 15 beziehen sich beide auf das Thema »Reisebericht« und stehen somit diesbezüglich zur Auswahl, wobei Schreibimpuls 14 als Einzelübung und Schreibimpuls 15 als Gruppenübung angelegt ist.

Schreibimpuls 14: Reisereportage und Haiku

Schreiben Sie eine Reisereportage. Wählen Sie dazu nicht das schönste Ferienerlebnis aus, sondern eine Reise, die Veränderungen für Ihr Leben mit sich brachte.

Schildern Sie auch, welche prägende Bedeutung Sie heute dieser Reise zuschreiben.

Lesen Sie sich Ihren Text laut vor. Was erfahren Sie jetzt zusätzlich zu Ihrem Erinnerten? Würdigen Sie dies in einem Haiku. Hierzu müssen Sie sich zunächst einmal kurz die Form von drei Versen zu fünf, sieben, fünf Silben im Methodenblatt zum Haiku im »Fabulatorium« vergegenwärtigen (S. 217).

Schreibimpuls 15: Eine Reise in bekanntes Terrain

Zu zweit oder mehreren: Unternehmen Sie eine besondere Reiseform, nämlich die, die Ihnen fast alltäglich zur Verfügung steht: Machen Sie gemeinsam einen Spaziergang in eine Ihnen bekannte Umgebung, durchstreifen Sie bekanntes Terrain. Sprechen Sie dabei nicht miteinander. Das Gewöhnliche wird in seiner Ungewöhnlichkeit ersichtlich, wenn Sie es sich selbst erzählen. Würdigen Sie das, was Sie gerade umgibt und halten Sie es jeder für sich schriftlich in kurzen Notaten fest. Achten Sie dabei auf Jahreszeit, Wetter, Tageszeit, Atmosphärisches, Gerüche, Farben, Wolkenbildung. Begeben Sie sich auf Spurensuche nach interessanten Details und Außergewöhnlichem, erkunden Sie diesen besonderen Raum mit seinen Wirkungen, die er in Ihnen hinterlässt. Machen Sie sich mit diesem Ort vertraut, eignen Sie ihn sich an.

Anschließend wählen sie sich einen behaglichen Raum, zum Beispiel ein Café, eine Parkbank oder ein Wiesenstück. Bitte immer noch nicht miteinander sprechen. Lesen Sie Ihre Notate und verbinden Sie Ihnen Bedeutsames zu einer Erzählung. Wenn Sie sich dann Ihre Texte gegenseitig vorlesen, fragen Sie: Welche Gegenwartseindrücke verbinden sich mit Erinnerungsbildern? Vermerken Sie diese jeweils verdichtet in einem Satz, den Sie einander zum Abschluss vorlesen.

Das Erinnern erinnern – der chronologische Lebenslauf

Einen weiteren Zugang zum biografischen Schreiben bietet der chronologische Lebenslauf von Geburt, Kindheit, Jugend, frühem Erwachsenenalter, Erwachsenenalter, Alter bis zum Tod.

Oskar Matzerath erinnert sich im Roman »Die Blechtrommel« von Günter Grass an seine Geburt:

> »Mama kam zuhause nieder. Als die Wehen einsetzten, stand sie noch im Geschäft und füllte Zucker in blaue Pfund- und Halbpfundtüten ab. Schließlich war es für den Transport in die Frauenklinik zu spät: eine ältere Hebamme, die nur noch dann und wann zu ihrem Köfferchen griff, musste aus der nahen Hertastraße gerufen werden. Im Schlafzimmer half sie mir und Mama voneinander loszukommen.
> Ich erblickte das Licht dieser Welt in Gestalt zweier Sechzig-Watt-Glühbirnen [...] So unbeeinflusst ich als Embryo nur auf mich gehört und mich im Fruchtwasser spiegelnd betrachtet hatte, so kritisch lauschte ich den ersten spontanen Äußerungen der Eltern unter der Glühbirne« (Günter Grass, 1987, S. 46).

Fotos, Erinnerungsstücke, Tagebuchnotizen, Gespräche mit Beteiligten und deren gezielte Befragung, Genogrammarbeit oder Netzwerkkarte unterstützen das Erinnern und Hineinleben in zurückliegende Lebensabschnitte.

Im dritten Kapitel, dem methodischen Teil haben wir Autorinnen eine Sammlung von Schreibübungen analog der Eriksonschen Lebensphasen aufgeführt, daher an dieser Stelle nur ein exemplarischer Schreibimpuls und nachfolgend ein Textbeispiel zu Schreibimpuls 16 aus unserer Praxis.

Schreibimpuls 16: Cluster zu einer wichtigen männlichen Bezugsperson
Bitte erstellen Sie ein Cluster über Ihren Vater oder über Ihre wichtigste frühe männliche Bezugsperson. Die Beschreibung zur Clustering-Technik finden Sie im »Fabulatorium« (S. 210).
Mögliche Aspekte könnten sein: Beruf, Lieblingskleidung, Wünsche, Hoffnungen, Ihre Träume, Gedanken und Wünsche für und an ihn.
Angeregt von der Materialsammlung schreiben Sie einen Text über diesen Menschen.

»*Mein Vater*
Durchs muntere Clustern hindurch begegnet mir sein kluger, aufmerksamer und liebevoller Blick.
Mein Vater, Jahrgang 1913, sagte mir rückblickend bei einer unserer letzten Begegnungen im Dezember 1996, kurz vor seinem Tod ›und es war ein gutes Leben‹. Eine wertvolle Aussage für mich, die ich hoffe, auch einmal eine zufriedene Lebensbilanz ziehen zu können, und bedeutsam auf dem Hintergrund meiner Überlegungen, wie Menschen/wie er die NS-Zeit, Krieg, Gefangenschaft, Flucht und Nachkriegszeit überleben können.
So lasse ich mich vom Aspekt seines ›guten Lebens‹ leiten und frage, was ich damit für ihn verbinde.
Seine Weltoffenheit charakterisiert ihn. Sie führte ihn früh ins Ausland und später viel auf Reisen, zu denen er mitunter meinen Bruder und mich einlud. Er sorgte auch dafür, dass wir als Kinder und Jugendliche reisen konnten, was damals alles andere als selbstverständlich war.
Sein historischer und politisch-engagierter Weltblick machte ihn in Verbindung mit seiner umfangreichen Allgemeinbildung zu einem interessanten Gesprächspartner.
Als Naturliebhaber verwandelte er unsere Gärten in bunte, duftende Oasen während er beruflich seinen technischen Interessen nachging. Als Ingenieur war er erfolgreich, ein kreativer Entwickler, der die überschaubare und handhabbare Mechanik immer den aufkommenden elektronischen Errungenschaften vorzog. Im Haus übernahm er alle anfallenden Arbeiten, in die er uns einbezog und so die Tüftlerseiten seiner Kinder beständig förderte.
Er war ein eher stiller Mensch mit Haltung und Zivilcourage, großzügig und verständnisvoll seinen Mitmenschen gegenüber und seiner Familie ein liebevoller, sensibler Mann.
Und als Vater-Tochter möchte ich seinem ›guten Leben‹ auch den feinsinnigen Humor zurechnen, der mit zu den geschätzten Eigenschaften zählt, die mich besonders prägten, denn es war für mich ›ein gutes Leben‹ mit ihm.«
(P. R.)

Und was ist daran nun Therapie?

Definitionen zum Begriff »Therapie« (altgriech. »therapeia« bedeutet Dienst, Pflege, Heilung) sind vieldeutig entsprechend der wechselnden Kontexte, in denen wir Therapie antreffen. Eine am Konzept von Gesundheit und Gesundsein orientierte Definition unterscheidet sich grundlegend von einer, die sich auf Krankheit und Kranksein bezieht. Bei der ersten geht es um Bewegungen hin zu einem höheren Niveau persönlicher Entwicklung und einer Verwirklichung individueller bzw. sozialer Potenziale, bei der zweiten um Wiederherstellung eines Zustands vor der krankhaften Abweichung. Beide gehen von einem krisenhaften Zustand und entsprechender Therapiebedürftigkeit aus.

Die meisten psychotherapeutischen Ansätze betonen dagegen die Bedeutung der Zusammenarbeit von Therapeutin und Klientin. So auch die Systemische Therapie oder systemische Psychotherapie, bei der die Person des systemischen Praktikers und die Beziehung zum Ratsuchenden eine ebenso entscheidende Rolle spielt wie der Kontext, in dem systemisch gearbeitet wird (vgl. von Schlippe u. Schweitzer, 2012, S. 199).

Dieses systemische Therapieverständnis ist der Bezugspunkt von uns Autorinnen. Darauf baut dieses Buch auf, den Aspekt von Selbstwirksamkeit in Form von Selbsttherapie beziehen wir dabei verstärkt ein. Im Verständnis von Selbsttherapie lässt sich nicht mehr zwischen Therapeutin und Hilfsbedürftiger unterscheiden, beide sind identisch. Denn eine sich selbst therapierende Person setzt für ihre eigenen zu bearbeitenden Themen gezielt therapeutische Interventionen ein. Bedient sie sich dabei Formen des Schreibens, wie sie diesem Buch zugrunde liegen, kann ein therapeutischer Prozess entstehen, der sich während der Tätigkeit des Schreibens ergibt, ohne unbedingt gewollt zu sein, oder aber auch ein Prozess, der bewusst Lichter umstellt, wie es das folgende Gedicht von Michael Ende nahelegt:

»*Das Umstellen der Lichter*
Das, was dich hindert Kunst zu machen,
mache zum Thema deiner Kunst.
Das, was dich hindert gut zu sein,
mache zum Gegenstand deiner Güte.
Das, was dich hindert zu erkennen,
mache zum Fundament deines Denkens.
Das, was dich hindert bewusst zu sein,
mache zum Mittelpunkt deiner Aufmerksamkeit.
Das, was dich hindert ein Leben zu haben,
mache zum Inhalt deines Lebens.«
(Michael Ende, 2009, CD)

Schreiben als zurückgezogene, konzentrierte, kontemplative Tätigkeit gilt also unter bestimmten Bedingungen als Therapie. Doch für wen? Für die Autorin, die Leserschaft oder das soziale System, das in irgendeiner Form am selbstkonstruktiven Schreibprozess teilhat? Auf die sozialpsychologischen und soziologischen

Aspekte des Schreibens verweist Jonathan Culler (2002) in seiner Literaturtheorie. Die »littérature engagée« des französischen Existenzialismus (Jean Paul Sartre prägte diesen Begriff 1945) bietet ein Beispiel politischen, soziologischen und ideologischen Engagements. Auch den Schriften des Jungen Deutschlands, antifaschistischer und pazifistischer Literatur, feministischen Stellungnahmen und solchen gegen den Vietnamkrieg, Arbeiterliteratur, Ökolyrik oder Poetry Slam geht es weniger um ästhetische Werte oder stilistische Experimente. Engagiert beziehen sie alle auf ihre Weise öffentlich Position. Soziale und therapeutische Funktionen des Schreibens lassen sich nicht voneinander trennen. Gesellschaftliches Bewusstsein prägt unsere Sprache ebenso, wie Schreiben unser Bewusstsein prägt.

Hier ein Beispiel engagierten Schreibens aus der Werkstatt therapeutischen Schreibens:

»*Manifest – Gegen die Heimatlosigkeit der Frau!*
Niemand von uns hat auch nur annähernd so viel berühmte Frauen in der Schule kennen gelernt wie Männer. Die Schlachten des Geschichtsunterrichts standen im Mittelpunkt des historischen Weltbildes, während beispielsweise die Beginen mit ihrer gesellschafts-politischen Bedeutung mit keiner Silbe erwähnt wurden.
Reformiert den Geschichtsunterricht: Frauen und Männer werden in gleicher Anzahl gelehrt!
In den eher weiblichen *Künsten* ist es, was das gesellschaftliche Gedächtnis angeht, nicht viel anders. Wie viel Komponistinnen sind bekannt und wie viel von denen finden sich in den Programmheften namhafter Orchester? Schriftstellerinnen und Malerinnen treten schon ein wenig mehr ins Bildungsbewusstsein, und auch hier ist Sonja Delaunay nicht so bekannt wie ihr Mann, was ganz bestimmt nicht an ihrem Können liegt.
Museen werden nur dann gefördert, wenn sie in ihren Ausstellungen Männer und Frauen in gleichem Umfang präsentieren!
Jedes subventionierte Orchester ist verpflichtet, Komponistinnen in ihr Programm aufzunehmen. Die Position der Dirigent/-in ist abwechselnd männlich und weiblich zu besetzen!
Literatursendungen in den öffentlich-rechtlichen Sendern haben anteilig Autorinnen einzubeziehen.
Schauen wir uns in den *Naturwissenschaften* um, entdecken wir schnell, dass auch hier Frauen nie eine Heimat geboten wurde. Es sei denn, sie arbeiteten, wie Mileva Einstein im Hintergrund ihren Männern zu oder zumindest mit ihnen. Doch auch Mde Curie bleibt Quotenfrau.
Gezielte und effektive Frauenförderung ab sofort!

In der christlichen Religion beispielsweise herrscht ein männliches Triumpherat, und die Vertreterinnen feministischer Theologien erobern sich mühselig weibliche Gottesaspekte und gendergerechte Haltung zurück. Jeder Gottesdienstbesuch erfordert konsequente Übersetzungsleistungen in weibliche Erfahrungsbereiche.

Die Kirchen haben umgehend eine gendergerechte Gottesdienstordnung zu erstellen! Die wissenschaftlichen Erkenntnisse der feministischen Theologien sind bei der Exegese und in der Hermeneutik zu berücksichtigen!

Partiell beheimaten können Frauen sich in ihrem *Namen,* denn es gibt ja zumindest weibliche Vornamen. Bereits beim Nachnamen befinden wir uns in der väterlichen Sphäre oder der des Ehemannes. Der Doppelname führt dann beide männlichen Bezüge zusammen.

Frauen wie Männer sind zu berechtigen, sich analog zu Künstler/-innen-Namen eigene Nachnamen zu geben!

Doch von all dem reden nicht nur wir Feministinnen nun schon jahrzehntelang. Diese Gedanken sind alles andere als neu, kommen immer wieder und inzwischen auch auf der politischen Bühne zur Sprache. Apropos *Sprache,* schon treffen wir wieder auf männliche Dominanz. Selbstverständlich sind Frauen mitgemeint, doch um der besseren Lesbarkeit willen, bleiben wir bei der männlichen Form. Ob in Berichterstattung oder Umgangssprache, Luise Pusch versinkt weitgehend in Vergessenheit. Dabei bestimmt Sprache unser Bewusstsein und unsere Identität, und umgekehrt fördern beide Wahrnehmung und damit Ausdruck.

Ab sofort ist in weiblichen und männlichen Formulierungen zu sprechen und zu schreiben!

Ein hoffnungsvoller Blick in den Bildungsbereich lässt aufatmen. Chancengleichheit für Mädchen, deren Schulleistungen statistisch signifikant über denen ihrer Mitschüler liegen, eifrige, kluge Studentinnen, deren Karriere sich nach oben hin erschreckend ausdünnt und die in Leitungspositionen auffallend unterrepräsentiert sind. *Stellenmarkt* und *Bezahlung* sind noch immer schreiend ungerecht verteilt. Und das im Jahr 2010, wo Frauen sicherlich die besten Chancen seit jeher haben, doch sind die männlichen gleicher und die sind in der Regel auch ein bisschen reicher.

Gleiche Berufschancen sind verpflichtend einzuräumen und identische Bezahlung, die sich an den Bezügen der Männer orientiert!

Daran knüpft die *geografische Heimatlosigkeit* der Frau an, zumindest der Familienfrau, deren Mann, auch wenn sie es mit allen Doppelbelastungen aufnimmt und berufstätig ist, als Besserverdienender die Mobilität der Familie seinem Job entsprechend vorgibt und den Wohnort bestimmt.

Frauen, die an anderen Orten als ihre Partner/-innen bzw. Kinder leben, sind steuerlich dahingehend zu begünstigen, dass ihnen keine Fahrtkosten entstehen! (R. P.)«

Heilung durch Dichtung – die Anfänge des therapeutischen Schreibens

Schreiben sei der wichtigste Schatz, den die Menschheit besitzt, meint der chinesische Künstler Ai Weiwei (2013).

Literale, schriftliche Zeugnisse, welcher Art auch immer, gehören zu den bedeutendsten kulturellen Ausdrucksformen, seien sie in Felsen geritzt, auf Papier oder Chip gespeichert. Seit jeher haben Menschen versucht, Krankheiten, Krisen und Kränkungen mit Worten zu begegnen, mit Segensformeln, Flüchen, Zaubersprüchen, Wahrsagungen, Beschwörungen oder Trostzuspruch. Erste historische Belege für das Wissen um die therapeutische Kraft von Schriftlichem finden sich im vierten Jahrtausend v. Chr. bei den Ägyptern, die ihren Kranken Heilsprüche auf Papyrusstücken verabreichten. In der griechischen Mythologie verbindet Apollo Heilkunst mit Literatur, später von Aristoteles als Katharsiskonzept konkretisiert. 300 v. Chr. formulierte Asklepios von Thessalien seinen Grundsatz therapeutischer Maßnahmen, nachdem zuerst das Wort, dann die Pflanze und zuletzt das Messer einzusetzen sei. Soranus von Ephesus verschrieb als römischer Arzt im ersten Jahrhundert n. Chr. melancholischen Patienten die Anschauung von Komödien, den manischen empfahl er Tragödien. Auf ihrem Sarkophag gab man 1204 Eleonore von Aquitanien ein Buch für ihre ewige Reise in beide Hände. Hildegard von Bingen erteilte ihren Patientinnen Zuspruch und Mahnungen.

Marc Aurel, Augustinus und Boëthius hinterließen Zeugnisse ihrer poetischen Selbstanalyse, ebenso Jean-Jacques Rousseau, Arthur Rimbaud, Franz Kafka, Lou Andreas-Salomé, Friedrich Nietzsche, Anaïs Nin, Simone Weil, Virginia Woolf, um nur einige zu nennen.

Die moderne Poesietherapie entstand um 1900. Der russische Arzt Vladimir N. Iljine schrieb Theaterstücke für seine Patienten, die sich an deren Konflikten orientierten, und er ermutigte seine Patienten dazu, ihre Gedanken, Gefühle, Erinnerungen und Träume schriftlich nieder-zu-legen. Eine wissenschaftliche Ebene erreichte die Psychotherapie mit dem Traumtagebuch Sigmund Freuds, Alfred Adlers Zugang zur Lebensgeschichte und C. G. Jung, der sich mit der Wirkung von Mythen beschäftigte. In den 1920er und 1930er Jahren lieferten die selbstanalytischen Arbeiten von Karin Horney, Erich Fromm und Ernest Pickworth Farrow wichtige Belege ihrer wissenschaftlichen Betrachtung des Schreibens für sich und andere.

Heute zählt Poesietherapie zu den kreativ-therapeutischen Maßnahmen. Seit Anfang der 1980er Jahre ist sie durch Jack Leedy (1969), Arthur Lerner (1978), Rhea Joyce Rubin (1978), Gabriele Rico (1984) und James W. Pennebaker (1997) zunächst in den USA und bald darauf auch in Skandinavien als eigenständige Therapie anerkannt. Im deutschsprachigen Raum findet sie dank Pionieren wie Hilarion Petzold (1985), Ilse Orth (1985), Lutz von Werder (1988) oder Jürgen vom Scheidt (2006) zunehmend Beachtung.

Integrative Poesietherapie

»Integrative Poesie- und Bibliotherapie ist ein methodischer Ansatz im Rahmen der *Integrativen Therapie* zur Behandlung seelischer und psychosomatischer Erkrankungen und zur Bewältigung von Lebenskrisen. Darüber hinaus ist er aber auch in der Selbsterfahrung zur Entwicklung der Persönlichkeit und zur Verbesserung von Lebensqualität einzusetzen [und zwar] durch das gemeinsame Erfahren von Literatur, im Lesen von Poesie und Prosa und im Gestalten eigener Texte als persönlichen Narrationen« (Petzold u. Orth, 2009, S. 58 f.). Die Methode versteht sich als ein »konsistentes Gesamt an therapeutischen Strategien, das sich auf […] eine Metatheorie (Anthropologie, Gesellschaftstheorie, Ethik, Erkenntnistheorie) bezieht sowie auf realexplikative Theorien (Persönlichkeitstheorie, Entwicklungstheorie, allgemeine und spezielle Theorie der Therapie)« (S. 58). Prägende Hintergrundverfahren stammen vor allem aus der Psychoanalyse und Gestalttherapie.

Im Einzel- oder Gruppensetting entstehen Texte als Botschaften der Klientinnen von sich, über sich, für sich und andere. Die Klientinnen erfahren ihr schöpferisches Potenzial während des Schreibens, im Sprechen und Lesen als heilend. Die Integrative Poesietherapie greift dabei auf die Narrationen persönlicher Biografien ebenso zurück wie auf die kollektive Geschichte in gelebten Texten. Das Entdecken sprachlicher Möglichkeiten von Nicht-Gesagtem und Noch-zu-Sagendem auf dem Hintergrund persönlich-sprachlicher Sozialisation ist von zentraler Bedeutung. Es geht um stärkende Erfahrungen tragender Sprache oder um destruktive Wirkungen verletzender Sprache bis hin zur toxischen Wirkung entfremdender Sprache. So lässt sich das persönliche Lebensskript aktiv mitgestalten und umformulieren. Beispielsweise ermöglichen es Wahl und Ausgestaltung von Rollen und Szenen einer Erzählung, sich persönlich abgespaltene Persönlichkeitsanteile anzueignen und in alternativen Handlungsentwürfen zu berücksichtigen.

Künstlerische Zugänge verzahnen Inhalt und Form und lassen beides wirken. Literarische Formen im vorgegebenen Erzählstil eines Manifests oder lyrischen Format eines Sonetts fordern heraus, nach neuen Begriffen zu suchen, um bedeutsame Inhalte anders auszudrücken als in den üblichen Formulierungen und sich in diesen neuen sprachlichen Formen selbst neu zu begegnen. Konsequent und streng entwickelte in den 1960er Jahren die französische Gruppe von Poeten und Schriftstellern OULIPO (L'Ouvroir de Littérature Potentielle) Formzwang und Sprachspiel (Kullmer, 2008). In ihrem Schreiblabor für experimentelle Literatur hatten sie sich zum Ziel gesetzt, »ihre literarischen Werke einer *contrainte,* einem freiwilligen und selbst festgelegten Formzwang zu unterwerfen, der das verwendete Sprachmaterial beschränkt […]. Das Ziel ist […] eine Erweiterung der Sprache […]. Durch diesen Formzwang entsteht neue Bedeutung« (S. 5). Die mitunter bildhafte Anordnung unterstützt diese Wirkung, wie beim folgenden Figurengedicht »Die Sanduhr« von Theodor Kornfelds (zit. nach Kullmer, 2008, S. 11):

Jugendliche Sicht auf das Leben
Die Zeit, sie vergeht so geschwind,
eben war man noch ein Kind.
Dann ist man Pennäler,
die Freiheit schmäler.
Dann lernt man nur,
Endspurt: Abitur.
Man fühlt
sich frei
weil
man denkt,
es sei vorbei
mit den Sorgen.
Der Uni-Alltag, der
Beginnt erst morgen.
Möglich: man schließt
Studium und Traumjob
mit summa cum laude ab,
und liegt dann befriedigt im Grab.
(Theodor Kornfelds, »Eine Sanduhr«, zit. nach Kullmer, 2008, S. 12)

Der Schreibimpuls 17 erklärt, was ein Figurengedicht ist, und gibt Ihnen die Möglichkeit, diese Textform einmal auszuprobieren.

> **Schreibimpuls 17: Figurengedicht**
> Bei Figurengedichten ergänzen sich die Form des Textes und sein Inhalt. Das heißt: Die Form spiegelt das, was mit Worten ausgedrückt wird wider, zeigt das Thema des Gedichts auf bildliche Weise.
> Experimentieren Sie mit einem entsprechend angeordneten Text zu Haus, Baum, Ball, Pfeil oder einem Begriff Ihrer Wahl.
> *Auswertung:* Welche Erfahrung haben Sie hinsichtlich Ihrer sprachlichen Ausdrucksmöglichkeiten durch die Form gemacht? Was wurde durch den Schreibimpuls befördert? Welche Mühen konnten Sie bewältigen? Was möchten Sie mit dieser Schreiberfahrung tun?

»Schreiben heißt, sich selber lesen« (Max Frisch, zit. nach Gesing, 1994, S. 16). Im menschlichen Erleben bilden Körper und Sprache eine untrennbare Einheit, die sich in Sprachkörper und Körpersprache ausdrückt. Sprache ist Bewegung, innere und in vokaler Gestik nach außen gerichtete. Sie erzeugt körperliche Resonanz, die wiederum mit Emotionen verbunden ist, und verbindet innere Welten mit den sie umgebenden äußeren.

Integrative Poesietherapie spürt dieser erlebten, sinnlichen Sprache nach, denn Sprechen ist als Handeln und Handlung als Sprache zu verstehen, in einem fortlaufenden Prozess der *Sinnbildung, Sinnverwandlung* oder *Sinnverdunkelung* (Merleau-Ponty, 1960, S. 119, zit. nach Petzold u. Orth, 2009, S. 73). Gestaltete Sprache ordnet persönliche Welten neu, persönliche Poesie verleiht der Sprache (wieder) Lebenswärme und gibt den sie Aussprechenden Lebendigkeit zurück (vgl. S. 75). Im poesietherapeutischen Prozess findet das in der *Phase der Produktion* eines Textes ebenso statt wie in der *Phase der Integration* des Vorlesens und in der *Auswertungsphase* mit der Reflexion und den Rückmeldungen anderer.

Auf einen kurzen Nenner gebracht: Integrative Poesietherapie arbeitet mit den Modalitäten der drei S. Das erste S steht für Stil, das heißt für die übungszentrierte Arbeit an literarischen Formen mit ihrer Erweiterung des Sprachstils; das zweite für Spiel, das heißt für die Improvisationen als erlebniszentrierter Vorgang und das dritte S für die Selbstbegegnung, die im Prozess des konfliktzentrierten Vorgehens stattfindet.

Für Peter Härtling (1981) heißt schreiben, der Apokalypse entgegenzuwirken:

»Ich schreibe, weil ich sah, wie die Zeit Figuren und Handlungen in die Sprachlosigkeit reißt, ein rasender Strom, der im Sprachlosen und im Bildlosen mündet: ich sehe mich umgeben von einer Wirklichkeit, die die Apokalypse provoziert, die an den Fesseln der Existenz zerrt und vergisst, dass der einzelne sprechen muss, um in der Zeit zu bleiben.«
(Peter Härtling, zit. nach Thamm, 2009, S. 138 f.)

Empfindungswelten erobern – Bibliotherapie

Leitfrage: Welche therapeutische Wirkung ist von literarischen Texten, philosophischen Zitaten und Ratgebern zu erwarten?
Inhalt: Identifikatorisches Lesen, Ansätze der Bibliotherapie.
Methode: Arbeit mit Texten, Lyrik, Schreib- und Leseimpulsen.

»*EINE FORM von Schrift*
ein Alphabet
verkleidet

nur ein Umriss
eine Ahnung, eine Skizze
von Sprache

undeutlich
an deinem Lager
ergebe ich mich

dem reinen Instinkt«
(Ulrikka S. Gernes, 2011, S. 6)

Begeben wir uns instinkthaft hinein in das diesem Kapitel vorangestellte Gedicht von Ulrikka S. Gernes. Folgen wir seiner Sprachmelodie und tauchen intuitiv in eine eigene Sprachwelt ein. Schon erzeugt das Gedicht Sprachschwingungen in uns, und lesend erfassen wir etwas, zu dem wir vorher noch keinen Zugang hatten, obwohl die ausgelösten Empfindungen, Gedanken oder Anmutungen doch unsere eigenen sind. Im fremden Text begegnen sie uns, wir treffen auf uns selbst, spiegeln uns in den Worten der dänischen Lyrikerin und schon entpuppt sich Literatur als Erkenntnisinstrument.

Verweilen und Innehalten

Die Bibliotherapie, eine in Deutschland noch wenig bekannte Form der Kreativtherapie, arbeitet vorzugsweise mit dem Lesen literarisch gestalteter Sprache. Ob ein Gedicht, Essay, eine Erzählung, ein Manifest, ein philosophischer Text, ein Märchen, ein Ratgeber oder ein Roman zugrunde gelegt wird, ist vorerst nachrangig. Entscheidender ist der Prozess im lesenden oder zuhörenden Menschen, dieses Verweilen, Innehalten, sich Vertiefen und Kreieren eigener Versionen. Welche Bilder zaubert der Text hervor, an welche Erfahrungen knüpft er an, welche Sehnsüchte ruft er wach, womit konfrontiert er? »Die letzte Strophe eines Gedichts entsteht im Kopf des Lesers« (Bertolt Brecht, zit. nach Raddatz, 2006, S. 216).

Literatur vermag uns tief zu berühren und magische Kräfte zu entfalten. Die Schriftstellerin Siri Hustvedt arbeitet poesietherapeutisch in einer psychiatrischen Klinik. Mittels ausgewählter Schreib- und Leseimpulse eröffnen sich Patientinnen ihre eigenen inneren Räume, sind ganz bei sich und doch in einer anderen Welt. In solchen Gegenwelten lässt sich mit der eigenen Identität spielen, wird es möglich, ungelebte Möglichkeiten zu erfahren und Stimmungen zu regulieren. Je nachdem, wie weit ein Mensch sich mit dem Text zu verbinden vermag, erfasst er uns in den entsprechenden Ebenen unseres Menschseins. »Ein Gedicht ist zugleich rational, emotional und gibt eine Lage exemplarisch wieder, es ist ein Erfahrungsmodell«, erklärt Hilde Domin (2007, Film). Literatur verbündet sich mit unserem Möglichkeitssinn.

Beruhigende, bestärkende und aufbauende Literatur regt Problemlösungen an. Schicksalsberichte bieten Identifikationsmöglichkeiten, um eigene Einstellungen und Verhaltensweisen zu reflektieren. Biografien können sich als Mutmacher bewähren, das eigene Leben immer wieder aktiv zu gestalten. Lesend treffen wir auf reale oder fiktive Menschen, die uns einen Erfahrungsvorsprung voraushaben. Damit bieten sie uns Formulierungen für Empfindungen, für die uns bisher die Worte fehlten, und sie haben das uns Quälende bereits überstanden. Vielleicht lässt sich da etwas finden, an dem ich mich ausrichten könnte.

So aktuell diese Erkenntnisse sind, neu sind sie dennoch nicht. Apollo gilt gleichermaßen als Gott der Heilkunst wie der Poesie. Aus der Antike stammt von Aristoteles das Verständnis der Katharsis als einer sowohl medizinisch heilenden Reinigung als auch dem Höhepunkt griechischer Tragödien. Literatur galt als Heilmittel, als »therapeuticon«. Augustinus steigerte in seinen »Confessiones« die griechische Praxis literarischer Selbsterkenntnis zum Geständniszwang, der sich bis heute in der Verpflichtung vieler Berufsgruppen zur Selbstprüfung, wie beispielsweise in Form von Fallbesprechungen oder Supervision, fortsetzt. Die Selbstanalyse spielte auch bei Kant und Hegel eine Rolle. Im Mittelalter verordnete der Arzt Maimonidis Erzählungen für ein ausgeglichenes Gemüt. Benjamin Rush, ein Psychiater des 18. Jahrhunderts entwickelte einen ersten Lesekanon, in dem er den jeweiligen Krankheitsbildern ihnen entsprechende Lektüre zuordnete, Melancholikern empfahl er Novellen, Hypochonder sollten Gedichte lesen. Ende des Ersten Weltkriegs entstanden die ersten Patientenbibliotheken in Militärkrankenhäusern, später in allgemeinen Kliniken der USA, jeweils mit einem auf die Patientinnen und Patienten abgestimmten Sortiment. Deren Nutzung wurde wissenschaftlich nach psychoanalytischen Konzepten ausgewertet und zeigte, dass Lesen eine ästhetische Erfahrung aus Identifikation, Übertragung, Katharsis und Einsicht ist.

Seit Gründung der National Association for Poetry Therapy (NAPT) vor fast dreißig Jahren zählt die Bibliotherapie in den USA zu den anerkannten psychotherapeutischen Verfahren in Praxis und Wissenschaft. Studien zur Bibliotherapie weisen Steigerungen im subjektiven Wohlbefinden und immunologische Funktionen nach (Vollmer u. Wibmer, 2002). Von der Neurobiologie wissen wir, dass die beim Lesen imaginär auffächernden Innenwelten Regionen unseres Gehirns in einer Weise stimulieren, als würden diese Welten real erlebt.

Sobald wir mit dem Lesen beginnen, wachsen wir ein Stückchen über uns hinaus und in neue Welten hinein, und zwar in: »imaginary gardens with real toads in them« (Marianne Moor, zit. nach Nooteboom, 1993, S. 67). Wir haben es dann, wie das englische Zitat deutlich macht, also sozusagen mit wirklichen Fröschen in imaginären Gärten zu tun. Und versuchen Sie die mal zu fangen! Dass sich das auf das Leistungsvermögen des Hirns auswirkt, ist nachgewiesen: Bereits wenn ein Kind lesen lernt, strukturiert sich sein Gehirn um, wächst über sich hinaus und in neue Erfahrungsbereiche hinein.

Bibliotherapeutische Angebote breiten sich inzwischen auch in Deutschland aus und werden heute unter anderem in Kinderkliniken, Krankenhäusern, Altersheimen, Jugendgefängnissen und im Strafvollzug wie auch als Begleitmaßnahme medizinischer und psychotherapeutischer Behandlung eingesetzt. Studien belegen, dass Angstpatienten schnellere Fortschritte zeigen, wenn sie parallel zur Behandlung eine Broschüre über Angstmanagement lesen. Die Leser können so mit Hilfe von Ratgebern ihre Probleme besser akzeptieren, Ursachen bzw. Auslöser verstehen und fühlen sich beim Erlernen neuer Strategien bestätigt. In der Hospizarbeit werden poesie- und bibliotherapeutische Ansätze zur aktiven Auseinandersetzung mit Erfahrungen eingesetzt, für die sich nur schwer Worte finden (Liepelt, 2013). Im Zuhören vorgelesener Texte lassen sich belastende und freudige Szenen miterleben, innerlich gewichten und mit eigenen Erfahrungen abgleichen. In der Psychoonkologie angewendet, richtet sich die Bibliotherapie »speziell an chronisch Kranke – so auch Krebspatienten – bei denen enorme Einschränkungen im täglichen Leben, Neugestaltung in nahezu allen Lebensbereichen sowie Rekonstruktionen und Restabilisierungen psychologischer und sozialer Größen für die Krankheitsverarbeitung und -bewältigung eine entscheidende Rolle spielen« (Vollmer u. Wibmer, 2002, S. 68).

Leseimpuls 1: »Ich muss dich loslassen«,
ein Gedicht von Ulrikka S. Gernes
Nehmen Sie sich zunächst die Zeit und den Ort, um das folgende Gedicht von der dänischen Lyrikern Ulrikka S. Gernes in aller Ruhe zu lesen. Wenden Sie sich im Anschluss den Fragen unter dem Gedicht zu.

»Ich muss dich loslassen
muss alleine bleiben
wider das Vergessen mich wehren
und vergessen

mein Leben
setzt deine
Zukunft fort
in meinem Herzen

der verdichtete Himmel deiner Augen
deine Stimme, die Vogelfluglinien der Lippen
wo wir gespielt haben, oder die Spiele
die Pfade, die wir betreten haben, oder
wo wir hinkamen

was werde ich zuerst vergessen
wozu wird das Vergessen mich formen
ohne den Halt in dir
mit allem, was ich bin, werde ich mich dagegenstemmen
▶

> ich werde das Werk der Erinnerung sein
> dich wie eine Geisel halten
> und du wirst mir entfliehen
> und ich spüre es schon
> in der offenen Ader des Lichts«
> (Ulrikka S. Gernes, 2011, S. 6)
>
> Welche persönlichen Erfahrungen tauchen in Ihnen auf, während Sie dieses Gedicht lesen? Was hatten Sie bereits vergessen? Sind aktuelle Themen berührt? Welche Stimmung löst es aus? Zu was animiert Sie dieses Gedicht?

Märchenwelt

Lesen ist identifikatorisch und wirkt auf den lesenden Menschen zurück. Es regt an, die eigene Welt aus anderer Perspektive zu betrachten und den eigenen Blickwinkel entsprechend zu erweitern. Marcel Proust fasste diesen Prozess des Lesens in folgende Worte: »In Wirklichkeit ist jeder Leser, wenn er liest, ein Leser nur seiner selbst. Das Werk des Schriftstellers ist dabei lediglich eine Art von optischem Instrument, das der Autor dem Leser reicht, damit er erkennen möge, was er sich selbst vielleicht sonst nicht hätte erschauen können« (2000, S. 46).

Lesend strukturieren wir unsere Welt und schreiben ihr unsere Bedeutungen zu. Märchen sind beispielsweise komplexe Geschichten, Erfahrungsberichte allgemeiner Lebensprobleme, Vermittler verdichteter Menschheitserfahrungen, tradierter Lebensweisheiten und symbolischer Lösungen. Der Held/die Heldin oder die Prinzessin/der Prinz sind vor schier unlösbare Aufgaben gestellt, doch sie geben nicht auf, vielmehr verbünden sie sich mit elementaren Kräften, nutzen List, wo es ihnen an Kraft fehlt, verhalten sich kreativ, wenn es aussichtslos erscheint, und bestehen am Ende alle Widrigkeiten. Im Grenzbereich realer und phantastischer Welten ereignen sich diese Wandlungsgeschichten. Sie berichten von Hoffnung, Zuversicht sowie Mut und regen an, sich aktiv den Herausforderungen zu stellen, allen Gefahren, Risiken und Hindernissen zum Trotz. Damit bieten sie Identifikationsmöglichkeiten.

Die Bremer Stadtmusikanten sind als Ausgestoßene in einer bedrohlichen Lage. Doch sie solidarisieren sich, und unter dem Motto: »Etwas Besseres als den Tod findest du überall«, nehmen sie ihr Schicksal in die Hand. Das Märchen von Aschenputtel kann Gefühle des Alleinseins mildern, denn hier begegnet uns ein junges Mädchen, das *mutterseelenallein* in ihrer verzweifelten Verlassenheit ist. Ihre Herausforderung besteht darin, dreimal die Kraft aufzubringen, sich beim Fest im Schloss der Öffentlichkeit zu zeigen und mit dem Prinzen in Kontakt zu kommen. Sie muss ihren Rückzugsort hinter dem Ofen verlassen, beziehungsfähig werden, sich ins Leben stellen und wird mit liebevoller Zugehörigkeit belohnt.

Literatur setzt aufs Erleben und spricht unsere Selbstheilungskräfte an. In ihrem Buch, »Die Romantherapie« (2014), empfehlen Ella Berthoud und Susan Elderkin Bücher für alle misslichen Lebenslagen und Leiden von A wie Abschied bis Z wie Zurückweisung: Virginia Woolfs »Wellen« (1931/1997) bei Bluthochdruck, Jules Vernes »20.000 Meilen unter dem Meer« (1869–70/1987) bei Heuschnupfen, Siri Hustvedts »Der Sommer ohne Männer« (2011) bei Ehebruch oder Emily Brontës »Sturmhöhe« (1847/2011) bei Rachegelüsten. Hans Fallada für Hoffnungslose, Patricia Highsmith gegen Übelkeit beim Autofahren, Leo Tolstoi bei Zahnweh und Ehebruch. Die beiden Engländerinnen betreiben ihr Empfehlen von Romanen als Lebenshilfe unter anderem professionell in Bibliotherapieangeboten der London School of Life und beziehen sich dabei auf D. H. Lawrence: »In Büchern stößt man seine Krankheit ab – wiederholt Gemütsbewegungen, sie aufs neue darstellend, um sie zu meistern« (Berthoud u. Elderkin, 2014, S. 12).

Schreibimpuls 18: Unverleihbar

»Ich hatte fünf Bücher dabei, doch die zwei, die ich verschwieg, gehörten zu der Sorte Buch, die man nur ungern mit anderen Menschen teilt. Manche Bücher sind schon nach einmaligem Lesen unbrauchbar für ein zweites Leseerlebnis. Wenn man mit Bleistift Sätze unterstreicht, wenn man Worte mit Ornamenten verziert, ganze Passagen herausstellt, die einem einprägsam, wichtig und schön erscheinen. Wenn die Zettel, Stichworte und Randbemerkungen zu einem heimlichen Register herangewachsen sind und eine eigene, ganz andere Geschichte erzählen. Sie verraten, welche Themen uns beschäftigen, welche Fragen wir uns stellen, und sind wie eigene Ansichten und Gedanken, die jemand anders eindrücklicher und treffender formuliert hat.« (Iris Wolff, 2012, S. 12)

Welche Bücher sind Sie nicht bereit, zu teilen? Erstellen Sie eine Liste und notieren Sie dort zu den einzelnen Büchern einige persönliche Kernsätze, die diese Bücher so persönlich und damit unverleihbar machen.

»Worte sind Energie, die auf alle Dinge und Aktivitäten ihr Licht werfen« (Meutes-Wilsing u. Bossert, 1999, S. 24). Sprache ist wirkmächtig, da spüren wir körperlich, wie *scharfer Regen peitscht* oder *ein milder Sommerwind zärtlich durchs Haar streicht*. Wörter werden wirklich, weil sie körperlich und emotional wirken, in ihren Bildern und mit ihrem Klang. Neurowissenschaftliche Untersuchungen belegen die phonetische Wirkung von Sprache. So empfinden wir Wörter mit langen, gedehnten Vokalen eher als angenehm und beruhigend, kurze dagegen als aktivierend oder alarmierend. Der Satz: »Alles wird gut«, entspannt, das Wort: »Blitzgewitter« lässt aufhorchen. Viele Wörter klingen so, wie das, was sie bezeichnen und auf diese Weise zudem emotional bewerten, ob wir dies nun bewusst wahrnehmen oder unbewusst beeinflusst werden. Unterstützt von ihrer Klangfärbung wecken Wortmelodien Emotionen und vermögen uns zu verführen. »Wir kraulen uns verbal«, beschreibt der Lyriker Dirk von Petersdorff (zit. nach Devillard, 2015, S. 21) dieses »Vocal Grooming«, mit dem wir als Kinder im Sinne von: »heile heile Segen«, getröstet und in unseren Bindungen: »Hier bin ich sicher«, bestätigt wurden. Der Gestaltpsychologe Wolfgang Köhler fand Anfang des zwanzigsten Jahrhunderts heraus, dass Kunstworten wie »Takete« eher Bilder mit zackigen Konturen zugeordnet wurden, dem Wort »Maluma« dagegen weiche Formen und sanfte Kurven. Die Werbepsychologie macht sich diese Erkenntnisse längst zunutze und aktiviert mit Wortschöpfungen assoziative Empfindungen: Unsere Kanzlerin »spannt Rettungsschirme auf« und wandert so auf »leisen Sohlen ins Gehirn« (Lakoff u. Wehling, 2008).

Neben ihrer Klangwirkung zaubern Wörter mittels der Sprachbilder, die in ihnen enthalten sind. Fast alle knüpfen an Erfahrungen an: Da hat mich jemand fallen gelassen, ich bin nicht mehr bei Sinnen, liege am Boden, bin erschüttert. Derartige Beschreibungen lösen Empfindungen aus. Denn sie sind aus einer bestimmten Perspektive gewählt. Damit lässt sich spielen, um das Ganze einmal im anderen Licht zu betrachten.

Aus den systemischen Beratungsbereichen ist der Einsatz von Metaphern nicht mehr wegzudenken. In der Therapie ebenso wie in Coaching, Supervision, Organisations- und Teamentwicklung wird mit diesen Bilderwelten gearbeitet, um *Durchblick zu gewinnen* oder *den Zug auf ein anderes Gleis zu setzen*.

Unsere Formulierungen sind bildhaft bzw. metaphorisch, weil sie sich in ihrem Wortsinn auf einen anderen Bereich als auf den angewendeten beziehen. Schon *bin ich im anderen Film*. »Metaphora« (griech.) bedeutet Übertragung und »metá phérein« woandershin getragen werden (Lindemann, 2014, S. 11). Es lohnt sich, die Bildersprache aufzugreifen, ihrem Ebenenwechsel zu folgen und deren Perspektive einzunehmen – was *erschließt* sich nun?

Worte lassen Welten entstehen, in unserem Kopf und in unseren Empfindungen. Die Schweizer Historikerin und Philosophin Marianne Hänseler (2009) hat die bildhafte Sprache des Mediziners Robert Kochs untersucht und dabei seine Kriegsszenarien herausgearbeitet. Bis dahin war eine derartige Metaphorik in der Wissenschaft ungewöhnlich, doch im Deutschland des späten 19. Jahrhunderts konnte Robert Koch damit erfolgreich für sein neues Forschungsfeld werben. Er führte Krieg gegen diese »Eindringlinge«, warnte vor deren »Invasion« und forderte »schlagkräftige Waffen«. »Der Geist des Militarismus förderte Kochs Forschung« (Wüstenhagen, 2014).

Metaphern bieten in ihrem übertragenen Sinn auch Lösungsbilder an. Wer *überflutet* wird, *baut Dämme*. Wenn meine *Welt in Trümmern liegt,* sehe ich meine Großmutter vor mir, die mir eindrücklich erzählte, wie sie als Trümmerfrau auf Dresdens zerbombten Grundstücken Steine klopfte und so mühevoll zum Wiederaufbau Deutschlands beitrug. Angesichts dieses Bildes weiß ich doch gleich, was zu tun ist und wende mich aufmerksam meinen *Trümmern* zu, nachdenklich, wie ich sie wohl für meine neue Welt *einsetze*.

Einsatzbereiche der Bibliotherapie

Bibliotherapie unterscheidet ihrem Einsatz gemäß drei Verfahren, die rezeptive oder preskriptive Bibliotherapie, die adjuvant symbolische oder induktive Bibliotherapie und die expressive oder kreative Bibliotherapie. Alle drei Formen sind in der Einzelarbeit ebenso möglich wie in der Gruppe, in der Familientherapie und im Coaching. Gruppe und Familiensystem bieten eine soziale Einbindung und haben dadurch den Vorteil, dass sie es den Teilnehmenden erleichtern, ihre Kontaktscheu zu überwinden, Schamgefühle zu akzeptieren und Regressionstendenzen eher zu widerstehen.

Alle drei Zugänge nutzen die Fähigkeit der Intuition, die es uns ermöglicht, resonant angeregte Empfindungen und Stimmungen innerlich als Spiegelungen der beschriebenen Situation zu erleben. Beziehungsübergreifend entstehen intuitive Phantasien als schöpferische Eigenleistungen, einerseits in mitfühlender Identifikation und andererseits persönlich ausgestaltet. Diese Prozesse verlaufen bildhaft und narrativ fern vom Grübeln über Ursachen bzw. fern einer Begründungssuche. Damit schaffen sie Gedankenschutzräume für den Selbstausdruck, stimulieren Verstand sowie Gefühle und regen dazu an, die angebotene Metaphorik zu reflektieren.

Alle drei Zugänge verfolgen als zentrale Ziele:
- eine Senkung der inneren Belastung,
- Autonomieerfahrungen und Symptomreduktion,
- den Umgang mit Ambivalenzen zwischen Erregung und Entspannung,

- den Ausdruck von Unsagbarem,
- eine Förderung von Kreativität und allgemeiner Schaffenskraft,
- die Rekonstruktion von Selbstwert und Selbstkonzepten,
- eine langfristige Verfahrensautonomie und Übernahme ins eigene Handlungsrepertoire.

Rezeptive oder angeleitete Bibliotherapie:
In entspannter Atmosphäre werden von der Therapeutin ausgewählte literarische Texte, Märchen oder Lyrik vorgelesen. Sie sollen der Situation und den Themen der Klientinnen angepasst sein, die dann im weiteren Verlauf auch ihnen bedeutungsvolle Texte beisteuern. Auf diesem Weg werden Ablenkung, Träume, Unterhaltung und Entspannung angeboten. Es wird darüber hinaus dazu ermutigt, innerpsychische Ressourcen ebenso wie Gefühle und Affekte zu aktivieren. Vorlesen kann auch Konzentration und Gedächtnisleistungen fördern. Und in irgendeiner Weise konfrontieren Geschichten immer mit der eigenen Situation, mit anderen Sichtweisen und oftmals mit neuen Lösungsansätzen.

> **Leseimpuls 2: Ein Zitat von W. Somerset Maugham**
> *Einzelarbeit:* Bis zu unserer nächsten Sitzung möchte ich Ihnen ein Zitat mitgeben und Sie dazu anregen, darauf zu achten, wie es Sie begleitet.
> *Eingesetzt in Gruppen-, Team- oder Familientherapie:* Bis zu unserer nächsten Sitzung möchte ich Ihnen ein Zitat mitgeben und Sie dazu anregen, darauf zu achten, wie es Sie begleitet. Bitte tauschen Sie sich nicht darüber aus, sondern bringen Sie Ihre Erfahrungen zum nächsten Treffen mit. Das Zitat stammt von W. Somerset Maugham und lautet folgendermaßen: »Manchmal blicke ich ratlos auf die verschiedenen Seiten meines Wesens. Ich erkenne, daß ich aus mehreren Personen zusammengesetzt bin. [...] Aber was ist mein wahres Selbst? Sämtliche dieser Charaktere oder keiner?« (Zit. nach Stölzel, 2014, S. 55).

Adjuvant symbolische oder induktive Bibliotherapie:
Auch hier werden Textvorlagen eingesetzt, jedoch in Anbindung an eine Psychotherapie oder ein kreativtherapeutisches Verfahren. Das beim (Vor-)Lesen bildsprachlich Wahrgenommene wird in dem ergänzenden Zugang assoziativ weiter bearbeitet und reflektiert, um in der intermedialen Kombination Ent-

wicklungsprozesse zu befördern. In der systemischen Arbeit ist der Zugang auf verschiedensten Erfahrungswegen längst eingeführt.

> **Leseimpuls 3: Die Angst vor den Pausen**
> Lassen Sie in der Einzel-, Gruppen-, Team- oder Familientherapie den Text, der unter den Anleitungen folgt, in Stillarbeit lesen.
> *Einzelarbeit:* Wenn Sie den Text lesen, achten Sie bitte auf Ihre körperlichen Empfindungen, auftauchende und eventuell sich verändernde Gefühle, Gedanken und Impulse. Wir werden anschließend damit weiterarbeiten.
> *Eingesetzt in Gruppen-, Team- oder Familientherapie:* Nachdem Sie den Text gelesen haben, tauschen Sie sich über Ihre Leseerfahrungen aus. Was bedeuten Ihnen Pausen? Betrachten Sie Übereinstimmungen und Unterschiede.
>
> »›Ich denke, dass wir unseren Ängsten Ausdruck verleihen müssen, damit sie ihre Kraft freisetzen können. Sei es, dass man künstlerisch tätig ist oder sich anderen oder einer Sache in den Dienst stellt. […]‹
> Ich nahm mir ein Herz und fragte: ›Was würdest du zu jemandem sagen, der Angst vor den Pausen hat, die es immer wieder im Leben gibt […]‹
> ›Welche Angst würde denn mit diesen Pausen einhergehen?‹, fragte er, und ich konnte sehen, dass es um seine Augenfältchen herum ruhig geworden war.
> ›Ein Fallen, es wäre wie ein Fallen.‹
> Er sah mich prüfend an.
> ›Und was wäre dabei die Sehnsucht, der Wunsch, der hinter der Angst liegt?‹
> ›Irgendwo anzukommen.‹
> Das Ticken der Pendeluhr aus der Küche schien anzuschwellen. Die Kastanienbäume reichten ihre Schatten übers Haus und verdunkelten den Hof.
> ›Könnte es nicht sein‹, sagte Balduin, ›dass die Pausen, die Stille, notwendig ist, damit überhaupt etwas entstehen kann?‹
> Ich wiegte unentschlossen den Kopf.
> ›Denk an die Stille zwischen den Wörtern‹, sagte er ›oder an die Pausen zwischen den Kapiteln in einem Buch. Der Leser kann die Lücken mit seiner Phantasie füllen.‹ Er sah mir eindringlich in die Augen, als wolle er sich versichern, dass ich ihn verstanden hatte. ›Gleichzeitig deuten die Unterbrechungen in einem Buch darauf hin, dass das Leben aus einer zu großen Fülle besteht, als das man es erzählen könnte«« (Iris Wolff, 2012, S. 212 f.).

Expressive oder kreative Bibliotherapie:
Dieser Zugang ist in drei Schritten prozessorientiert strukturiert und geht von einem mindestens dreiwöchigen Setting aus. Die Klientinnen erstellen ihre eigenen Texte zu den Bereichen »*Ich*«, »*Stress*« und »*Traum*« (Bolton, 1999), angeleitet von festen Instruktionen, die sich zunächst am Anliegen der Klientinnen orientieren, dann deren Situation thematisieren und schließlich freie Assoziationen induzieren, um Phantasie und Erfahrungen zu verknüpfen.

Als grundlegende Arbeitsanweisungen gelten:
- Was immer Sie schreiben ist *richtig* und *gut*.
- Verwenden Sie Grammatik, Form und Orthografie nach Ihren eigenen Kriterien wie in der Dichtkunst völlig frei.
- Denken Sie nicht, Sie könnten nicht schreiben. Ihr Stift hat viel Erfahrung damit.
- Fürchten Sie nicht, mit Ihren Gedanken allein zu sein, diese werden über den Stift auf das Papier abfließen und dort gebunden.
- Schreiben Sie, wo immer Sie wollen, im Bett, im Café, am Tisch …
- Beginnen Sie zunächst mit ein paar Zeilen zur jeweiligen Übung.
- Wichtig: Nehmen Sie sich in einer für Sie gemütlich entspannten Atmosphäre Zeit für sich.
- Lassen Sie sich sechs Minuten Zeit, über die Aufgabe bzw. das Thema nachzudenken, Träume oder Erlebnisse zu erinnern oder Ihre Gedanken frei fließen zu lassen, je nachdem in welcher Übung und Stimmung Sie sich befinden (nach Vollmer, 2004).

Der erste personale Schritt »*Ich*« zielt auf Selbstwahrnehmung, Selbstverständnis und Beziehungsbewusstsein. Im Zentrum steht der kreative Selbstausdruck. Hier eignen sich alle *Schreibimpulse*, die *biografisches Material in einen konkreten Ausdruck bringen, das Zu-sich-Stehen befördern und ein Standpunkt-Beziehen legitimieren* (z. B. Haltung, siehe Methodenpapier im »Fabulatorium«, S. 218).

Im zweiten situativen Abschnitt »*Stress*« wird ein Ventil für erschütternde Erfahrungen und starke Emotionen angeboten, um entspannter nach Lösungsmöglichkeiten Ausschau zu halten. Diese sollten nicht zu schnell auf ihre korrekte Umsetzung hin überprüft werden, sondern auch das als unmöglich Erscheinende spielerisch einbeziehen. Oftmals finden sich gerade dort neue Schlüsselgedanken und hilfreiche Ansätze.

Schreibimpuls 19: Cluster zu einem zentralen Stress-Aspekt
Erstellen Sie zu dem für Sie zentralen Stress-Aspekt ein Cluster (zur Clustertechnik siehe Methodenblatt im »Fabulatorium«, S. 210), legen Sie dann Ihr Bedeutungsnetz darüber, das heißt, markieren Sie die Begriffe, die Sie besonders ansprechen. Nutzen Sie schließlich diese Materialsammlung für einen persönlichen Text.
Auswertung: Wenn Sie Ihrem Text nun lesend in der Zwischenwelt des Papiers begegnen, was verändert sich? Und was noch? Was wird besonders deutlich? Wie haben Sie es bis heute geschafft, in diesen Herausforderungen zu bestehen? Wer und was ist Ihnen besonders hilfreich? Was hindert oder beschwert Sie? Was möchten Sie mit dieser Schreiberfahrung jetzt tun?

Anschließend geht es perspektivisch mit dem Schritt »*Traum*« weiter, um neue Welten zu schaffen, Werte sinnstiftend zu erweitern und hoffnungssteigernde Ansichten zu entwickeln.

Schreibimpuls 20: Vom Papier zur Lebenslandschaft
Bitte nehmen Sie ein Blatt Papier mit beiden Händen, so dass es gespannt ist. Halten Sie mit Ihren Armen diese Spannung und gehen dabei folgenden, die Vergangenheit ins Auge fassenden Fragen nach: Wo komme ich her; wie ist es mir (in letzter Zeit) ergangen etc.? Wenden Sie sich nun der Zukunft zu und fragen Sie sich: Wie geht es mir mit meiner Zukunft; welche Erwartungen, Hoffnungen, Wünsche habe ich etc.? Betrachten Sie schließlich bitte die Gegenwart, indem Sie folgende Fragen stellen: Wie geht es mir hier/heute/in diesem Kontext etc.?
Nach diesen Betrachtungen bitte ich Sie, auf Ihre Impulse zu achten und deren Energie an das Papier weiterzugeben, das heißt das Papier zu zerknittern und zu falten. Ziehen Sie dann das Papier so auseinander, dass eine Art (Lebens-, Berufs-)Landschaft entsteht und markieren Sie farbig Ihren derzeitigen Standort. Von dort aus wählen Sie einen Papiersektor für Ihre Vergangenheit aus. Finden Sie mit dem Stift Ihren Weg durch Ihre Geschichte. Dann drehen Sie die Landschaft in Ihre Zukunftsrichtung, um dort Ihren vermuteten/gewünschten Weg zu malen. ▶

> *Auswertung* (nach Richter, 2010):
> - Betrachten und beschreiben Sie Ihren Standpunkt: Sind Sie dort angekommen, wo Sie es wollten? Welche Umwege haben Sie gemacht? Haben Sie sich verirrt? Welche Belastungen, Kompetenzen, Ressourcen haben Sie im Gepäck?
> - Möchten Sie in Regionen Ihrer (Lebens-, Berufs-)Landschaft zurück? Welche halten Sie (noch) besetzt?
> - Wenn Sie ins Zukunftsareal schauen: Welche Höhen/Tiefen/Klippen erwarten Sie?
> - Welche Wegetappe möchten Sie sich genauer ansehen?
> - Erstellen Sie Ihren Wanderplan.

Im Schreibprozess der drei Schritte »Ich«, »Stress« und »Traum« sind viele Texte entstanden. Wir Autorinnen regen an, abschließend daraus eine eigene Kraftgeschichte zu schreiben, einen persönlichen Leitfaden, ein mutmachendes Märchen oder sie in lyrischer Form zu verdichten. Das erhöht die persönliche Verankerung.

»In Ihrem Roman spielt eine ›literarische Apotheke‹ eine zentrale Rolle. Glauben Sie, dass Bücher Menschen emotional ›heilen‹ können?« Diese Frage wurde Nina George zu ihrem Buch »Das Lavendelzimmer« (2013) gestellt. Ihre Antwort lautete: »Ich glaube durch und durch daran, dass Wörter, Geschichten, gute Erzählungen in uns widerhallen und dort Entwicklungen auslösen. Und das können auch heilende Effekte sein. Bücher ersetzen all das, was das Leben uns zu oft vergisst zu geben: Trost, Heimat, Sicherheit, Aufregung, Wissen, Kritikfähigkeit, Mitgefühl und sehr viel Menschenfreundlichkeit« (hinteres Cover).

Eine Verbindung von Psychologie und Literatur findet sich beispielsweise auch bei der österreichischen Schriftstellerin und Individualpsychologin Gina Kaus (1893–1985), die im von den Nationalsozialisten erzwungenen Exil in Frankreich und den USA lebte. Sie wurde bekannt mit Novellen wie »Der Aufstieg« (1920), einem individualpsychologischen Lehrstück, mit Theaterstücken (z. B. »Toni«, 1927), Romanen (z. B. »Die Schwestern Kleh«, 1933) und individualpsychologischen Fachartikeln (sie war ab 1924 Mitherausgeberin der Zeitschrift »Die Mutter – Halbmonatsschrift für alle Fragen zu Schwangerschaft, Säuglingshygiene und Kindererziehung«). Gina Kaus stand in der Tradition des literarischen psychologischen Realismus der 1920er bis 1940er Jahre und bezog individualpsychologische Konzepte in ihre literarischen Werke ein. Als Adlerianerin interessierte sie sich für die Wechselwirkungen von Kunst und Psyche. Ihr Roman »Der Teufel nebenan« (1939) wurde mit Lilli Palmer und Curd Jürgens verfilmt und als »Teufel in Seide« (1956) ein großer Erfolg (Wahl, 2015).

Ein literarisches Beispiel systemischer Familiendynamik findet sich bei dem schwedischen Schriftsteller Per Olov Enquist. Im transgenerationalen Blick bezieht er die Großelternebene ein und beschreibt in seinem Roman, »Großvater und die Wölfe« (2003), die wechselseitigen existenziellen Resonanzen eines Großvaters und seiner Enkeltochter. Der Alte unternimmt mit vier Kindern und Hund eine Expedition, die sich zur märchenhaften Entwicklungsgeschichte seiner sechsjährigen Enkeltochter entwickelt. Auch in Astrid Lindgrens »Wir Kinder aus Bullerbü« (1947/2005) gibt es einen liebevoll-verbündeten Großvater. In seinem Roman, »Das etruskische Lächeln« (1985/1989), erzählt José Luis Sampedro, wie ein schwerkranker, alter Widerstandskämpfer durch die Liebe zu seinem Enkel sich den Schönheiten des Lebens öffnet und noch einmal die Liebe zu einer Frau erlebt.

Victor Hugo soll gesagt haben, Enkelkinder seien die Morgenröte des Alters. James Krüss (2013) schrieb: »Du schenkst mir eine kleine Art Unsterblichkeit. Du machst mich lange leben!« (S. 287 f.). Umgekehrt werden Großeltern oft über den Tod hinaus zum inneren Begleiter ihrer Enkelkinder, wie in Jutta Bauers Bilderbuch »Opas Engel« (2003). So wird Belletristik zur Fundgrube systemischer Betrachtung!

Text wird Stimme – lautes Lesen

Leitfrage: Was bewirkt das Vorlesen eigener Texte?
Inhalt: Dialog mit sich selbst, lautes Lesen zur Selbstvergewisserung, Scham.
Methode: Lesung und spielerische Varianten, Leseimpulse, Praxisbeispiel.

Schreiben ist Rückzug in eigene Welten, private Räume und intime Winkel. Das wird oft als eine Art Expedition durch unwegsames Gelände oder Neuland erlebt, die diverse Überraschungen und persönliche Abenteuer bereithält. Der Text ist (vorerst) für niemand anders geschrieben.

Im Hinblick auf die Frage: »Und das soll ich vorlesen?«, sind erschreckte Gesten und abwehrende Reaktionen nur zu verständlich. Schon spielen sich bangende Erfahrungen in den Vordergrund, bauen sich zum Fürchten auf und mobilisieren Fluchtimpulse. »Wie komme ich hier raus? Nix wie weg!«, denkt sich die Teilnehmerin in der ersten Sitzung ihrer Schreibgruppe.

Im Dialog mit dem eigenen Text

Laut zu lesen ist und bleibt eine aufregende Sache. In unserem Kulturraum haben sich einerseits ans Schreiben tiefe Ängste gehängt. Vorstellungen von richtig und falsch, von miserabel bis grandios haben sich tief in uns eingenistet, jederzeit sind sie sprungbereit. Das macht scheu.

Andererseits lässt sich feststellen: »Jenseits von Richtig und Falsch gibt es einen Ort, dort treffen wir uns« (Rumi, zit. nach Platsch, 2010, S. 16), und in dieser Begegnung wartet ein verborgener Gewinn. Texte miteinander zu teilen, hält viele Gewinne bereit, dazu gehört, dass man sich gegenseitig (an-)vertraut und neue Facetten aneinander wahrnimmt, sich neu begegnet, gehört und gesehen wird, sich mutig weiß und sich in diesem Mut bestätigt sieht, sich neuartig miteinander verbindet.

Wie das Schreiben ist auch das laute Lesen des Selbstgeschriebenen ein eigendynamischer Prozess, an dessen Anfang verborgen ist, was sich entfalten will und am Ende sein wird. Es ist ein Prozess der Selbstermächtigung, des Zu-sich-Stehens und ein Experimentieren mit eigenen Möglichkeiten. Gleichzeitig bietet das Lesen eigener Texte den Zuhörenden einen Spiegel zum Inneren, das man im üblichen Gespräch nur selten erreicht und berührt. Man schreibt nur den halben Text, die andere Hälfte übernimmt, wer ihn liest bzw. hört. Im Gesamten treffen wir uns.

»Durch das laute Lesen eines Gedichtes können die Patienten direkter auf Rhythmus und Form reagieren. Das Zuhören dagegen hat eine heilende Wirkung« (Leedy, 2009, S. 243). Das laute Lesen von intuitiv geschriebenen Texten ist eine umfassend sinnliche, mentale, körperliche und emotionale Erfahrung des Sich-Riskierens, Hörens und Gehört-Werdens. Lesende und Hörende teilen eine gemeinsame Resonanzerfahrung intuitiven Verstehens bzw. es findet im Moment des lauten Lesens ein »Sharing« statt (Elbow, 1999). Über die Stimme wird erfahrbar, was sich bereits im Schreiben gezeigt hat, und die Lesende erlebt einen weiteren Moment der Selbstvergewisserung: »Das bin ich!« Im Sich-Zuhören liegt ein ganz eigenes Korrektiv, indem unmittelbar im erweiterten Hörraum mit anderen (Therapeutin, Partnerin, Familie oder Gruppe) fühlbar ist, ob sich zum Gelesenen persönliche Zustimmung, Erschrecken oder Widerspruch einstellt (Baumgarten, 2013, S. 220). Um diesen Schritt, bei dem es zu einer Begegnung mit der inneren Schreiberin kommt, mit Text, Atem, Stimme und Spannungszustand nach außen wagen zu können, bedarf es eines verlässlichen, schützenden Rahmens, der Sicherheit, Wertschätzung und Interesse garantiert.

In diese Situationen bringen alle Beteiligten ihre persönlichen Schamerfahrungen samt notwendigen Schutzstrategien mit. Und genau hier wartet beim lauten Lesen ein weiterer Gewinn. Um die Würde-behütende Funktion der Scham

(Marks, 2007) fruchtbar werden zu lassen, ist es notwendig, sie zu einem Thema zu machen, das heißt: sie wahrzunehmen, zu verstehen und in konstruktiver Weise mit ihr umzugehen. Das poesietherapeutische Setting ermöglicht solche Erfahrungen, indem den früheren Erlebnissen von Missachtung nun die Anerkennung der Hörenden entgegengesetzt wird, und die Furcht vor erneuter Grenzverletzung mit Intimität, Schutz und zugesicherter Selbstbestimmung beantwortet wird. Das Erleben, unabhängig vom Text, von Erröten, versagender Stimme oder Weinen weiterhin dazuzugehören, nimmt die Angst vor erneuter Ausgrenzung. Sich in der eigenen Integrität anerkannt und in der persönlichen Würde unterstützt zu erleben, zeigt, dass eine Verletzung eigener Werte und andere Arten von Beschämung in diesem therapeutischen Rahmen nicht gestattet sind.

Und noch ein weiterer Gewinn ist zu nennen. Die meisten Menschen kennen Lampenfieber, wenn sie im Mittelpunkt stehen. Lautes Lesen trainiert den Umgang damit: »Wie kann ich mich beruhigen?« »Wie spreche ich verständlich?« »Nehme ich Blickkontakt auf?« Das führt zu der Erkenntnis: »Hallo, ich kann das hier überleben!«

Lesechoreografie bei mehreren Beteiligten

Die Gestaltung des Lesevorgangs sollte vorab geklärt sein. Wird reihum gelesen, im selbstgewählten Moment oder in Resonanz auf den Text eines anderen? Lesen die Autorinnen ihren eigenen Text ganz oder wählen sie Passagen daraus aus? Lesen sie ihn selbst, oder vertrauen sie das Lesen einer anderen an, weil sie die Distanz zum selbst Geschriebenen vergrößern möchten? Wie wäre es mit einem verschachtelten Lesen mehrerer Textabschnitte?

Leseimpuls 4: Lautes Lesen mit Mimikwürfel
nach Katrin Girgensohn
Als Material benötigen Sie einen Mimikwürfel mit sechs Piktogrammen für sechs verschiedene Gefühle. Nacheinander lesen die Beteiligten jeweils einen Absatz eines eigenen Textes. Vor Beginn würfeln sie mit dem Mimikwürfel die Stimmung, in der sie ihren Absatz vorlesen. Eine gemeinsame Geschichte entsteht. Wie verändert sie sich, wenn in der nächsten Runde dieselben Passagen in einer anderen erwürfelten Stimmung vorgetragen werden?
Zum Abschluss kann die Textsammlung von den Einzelnen möglichst neutral und ohne besondere Betonung vorgetragen werden, um die Aufmerksamkeit verstärkt auf Inhalt und sprachliche Gestaltung des Textes zu lenken.

Laut zu lesen vom eigenen Stuhl aus, erscheint nicht ganz so gefährlich, stehend ist es schon herausfordernder, und noch mehr, wenn ein exklusiver Lesethron eingerichtet wird. Je nach Setting lässt sich der Erfahrungsraum noch um interessante Varianten erweitern, wie Lesen außerhalb, beispielsweise im Park, im Café oder auf einer Verkehrsinsel gegen den umgebenden Lärm an. Das folgende Praxisbeispiel aus dem Gruppensetting zeigt, dass sich auch gut mit der Variante des Rollenspiels arbeiten lässt:

> In einer poesietherapeutischen Jahresgruppe fanden die Teilnehmerinnen in der zweiten Hälfte zunehmend Gefallen am bibliotherapeutischen *Rollenspiel* mit Texten aus der Literatur. Die Teilnehmenden übernahmen verschiedene Rollen, wie die der Autorin, einer begeisterten Lektorin, eines sparsamen Verlegers, eines jungen Kritikers, einer Buchverkäuferin und mehrerer interessierter Kunden. Der Text wurde vorgelesen und dann aus den jeweiligen Rollen kommentiert und diskutiert. Der anschließende Erfahrungsaustausch diente der Reflexion des eigenen Erlebens aus der jeweiligen Rolle heraus. Zum Schluss las ein Gruppenmitglied die Geschichte bzw. das Gedicht nochmals vor.

»There's a novel inside« – das Bergen von Narrativen

Leitfrage: Wie lassen sich systemische Interventionen poesieorientiert erweitern?
Inhalt: Ausgewählte methodische Zugänge werden in nachvollziehbaren Schritten mit Schreibimpulsen intermedial verbunden.
Methode: Landschaftsgenogramm, Ressourcogramm, Wendepunktanalyse, Mein Körper.

Mit dem Aufdruck »*There's a novel inside this pencil*« warb ein Bleistift für den internationalen Schreibmarathon »National Novel Writing Month« (NaNoWriMo) 2013, dem seit 1999 jährlich stattfindenden kreativen Schreibprojekt, das fachlich und animierend online von der Non-Profit-Organisation »The Office of Letters and Light« begleitet wird und den November zum Schreibmonat erklärt. An einem Roman soll bei diesem Marathon täglich fleißig geschrieben werden, bis Ende November stolze 50.000 Worte verfasst sind. Eine sportliche Einladung, die auch dazu dient, den inneren Lektor für diese Zeit in Urlaub zu schicken! Denn bei täglich 1.700 Worten entsteht kein fertiger Roman. Anspruch und Kritik sind deshalb zwecklos. Diese enge Zeitvorgabe bewirkt, innere Hemmungen zu überwinden und spontan loszuschreiben. Überarbeitet wird später, vielleicht.

Was der Bleistift an Texten freigibt, steckt in dem Menschen, der ihn in der Hand hält. Der Schreibende setzt dank des Stifts die Texte in Bewegung. Diese Vorstellung lässt sich gut mit der systemischen Arbeitsweise verbinden, die dem Erzählen, Darstellen, Erleben und Nachspüren per se viel Raum gibt.

Da unterschiedliche Formen des Darstellens systemisch eine besondere Rolle spielen, nehmen wir in den nächsten Kapiteln noch entsprechende Ausdrucksmedien, und zwar das Psychodramatische und das Grafische hinzu, um Eindrückliches poesietherapeutisch anzureichern.

Landschaftsgenogramm

Die Methode des Landschaftsgenogramms wurde von Chantal Nève-Hanquet und Jacques Pluymaekers entwickelt und im Workshop beim Internationalen Familientherapiekongress in Berlin im Jahr 2000 vorgestellt. Bei dieser Gruppen-Intervention stehen die Aktualisierung bedeutsamer Elemente der (Familien-)Geschichte und tradierter familiärer Empfindungen mit dem Ziel im Mittelpunkt, die zugehörige Systemgeschichte neuerlich zu kreieren und auf bestimmte Funktionen innerhalb der Systemstruktur zu fokussieren, beispielsweise auf Rollen und Funktionen. Es handelt sich um eine *Gruppenarbeit* in psychodramatischer und grafischer Darstellung, die wir Autorinnen um den poetischen Teil ergänzt haben.

Im Raum wird der aktuelle geografische Ort (zum Beispiel ein Therapieraum in Hamburg) festgelegt. Die Himmelsrichtungen bestimmen die Koordinaten des Landschaftsgenogramms. Die Klientinnen stellen sich im Raum auf den Platz ihres aktuellen Arbeitsorts, sie nennen dessen Namen, treten innerlich in Kontakt mit dem Ort, nehmen ihre Erfahrungen auf körperlicher, emotionaler, gedanklicher Ebene wahr und achten auf Impulse. Dann verabschieden sie sich von dem Ort, treten bewusst einen symbolischen Schritt fort vom Ort und gehen durch den Raum.

Anschließend stellen sie sich auf den Platz ihres aktuellen Lebensorts. Daran schließen sich der Platz des Geburtsorts, des Vaterorts und des Mutterorts an. Bei jedem neuen Ort wird auf die gleiche Weise wie beim ersten Ort, dem Arbeitsort, vorgegangen und Kontakt mit dem Ort aufgenommen. Das heißt: Die Klientinnen lassen sich jeweils wieder von den mit dem Ort verbundenen Erfahrungen und Impulsen *beeindrucken,* geben auf die Eindrücke, die in ihr Bewusstsein kommen, acht. Zuletzt wird der Sehnsuchtsort aufgesucht und mit ihm ebenso wie mit den vorherigen Orten verfahren.

Anschließend malen alle in circa zwanzig Minuten ihr Landschaftsgenogramm auf ein Blatt der Größe DIN-A3 oder auch auf ein noch größeres Blatt, wobei sie ihrem Bild folgende Frage zugrunde legen: »Was möchte ich heute kreativ über mich und meine Familiengeschichte/Kleinfamilie darstellen?« Alle gemalten Landschaftsgenogramme werden in der Mitte ausgelegt, so dass jede Klientin um die kleine Ausstellung herumgehen kann. Auch hierbei lautet die Anweisung wieder: *beeindrucken lassen und darauf achten, was sich innerlich bewegt.*

Es schließt sich eine Kleingruppenarbeit in der Dyade zum Erfahrungsaustausch und gegenseitigen Coaching an, eventuell anhand des Bildes oder als Prozessbeschreibung:
- Orte/Regionen meiner Biografie,
- (tradierte) Erfahrungen,
- meine Haltung,
- Auswirkungen auf und Kapital für mein aktuelles Thema: Möglichkeiten, Unmöglichkeiten,
- mein persönlicher Entwicklungswunsch.

In einer das Ganze abschließenden Einzelarbeit wird das persönliche Resümee dieses Prozesses in einem (kurzen) Brief an sich selbst geschrieben, als Prosa oder Lyrik. Diesen Brief sammelt die Therapeutin im geschlossenen Kuvert ein, um den Brief zu einem vereinbarten Zeitraum an die Klientinnen zu senden.

Hans Magnus Enzensberger beschreibt in seinen Markierungen »Die große Wanderung« (1992) an eindrücklichen Beispielen, dass wir Menschen nomadisch angelegt sind und dass dies damit auch im Hinblick auf die Auseinandersetzung mit dem Fremden (in uns) gilt. Das Landschaftsgenogramm lässt das auf besondere Art erfahrbar werden. Das nachfolgende Gedicht von Alev Tekinay bietet ebenfalls einen eindrücklichen Impuls, um sich mit dem Thema Landschaftsgenogramm zu beschäftigen.

»*Dazwischen*
Jeden Tag packe ich den Koffer
ein und doch wieder aus

Morgens, wenn ich aufwache
plane ich die Rückkehr
aber bis Mittag gewöhne ich mich mehr
an Deutschland

Ich ändere mich
Und bleibe doch gleich
Und weiß nicht mehr

Wer ich bin
Jeden Tag ist das Heimweh
Unwiderstehlich
Aber die neue Heimat hält mich fest
Tag für Tag noch stärker

Und jeden Tag fahre ich
Zweitausend Kilometer
In einem imaginären Zug
Hin und her
Unentschlossen zwischen
Dem Kleiderschrank
Und dem Koffer
Und dazwischen ist meine Welt.«
(Alev Tekinay, 1990, S. 7)

Ressourcogramm

Die Methode des Ressourcogramms wurde 2006 von Wolfgang Polt und Markus Rimser beschrieben. Es handelt sich um eine Aufstellungsarbeit persönlicher und sozialer Ressourcen, abgeleitet aus Genogramm und Netzwerkkarte. Das Ressourcogramm ist ebenso in der Einzelarbeit mit einer Klientin, wie wir nachfolgend noch näher ausführen, wie auch mit Systemen, das heißt also als Systemarbeit einsetzbar.

Es werden relevante *Heimatsysteme* auf einem Systembrett figürlich oder mit Platzhaltern wie Klötzchen, Steinen oder Muscheln dargestellt. Ebenso ist es möglich, die Heimatsysteme im Raum anzuordnen und mittels Bodenankern, das heißt von Gegenständen darzustellen. Die Klientin wählt abgegrenzte Lebensbereiche, die sich durch spezielle Beziehungen, Bezugspersonen, Rollen, Aufgaben, Fähigkeiten etc. auszeichnen. Das können Systeme aus Familie, Freundeskreis, Arbeit bzw. Ausbildung sein, professionelle Helfersysteme, Freizeitgruppen oder Bereiche des bürgerschaftlich-ehrenamtlichen Engagements. Nachdem diese ermittelt sind, werden sie jeweils mit entsprechend großen Feldern als Ressourcogramm dargestellt, die Klientin erhält ihren Platz in der Mitte am Schnittpunkt der einzelnen Felder. Die bedeutsamen Personen oder Aspekte erhalten ihren Platz entsprechend ihrer Wichtigkeit und emotionalen Nähe. Dabei ist deren Blickrichtung anzugeben als Zeichen der Verbundenheit unter den einzelnen Systemakteuren. Haben alle ihren Platz gefunden, überprüft die Klientin aus wechselnder Betrachtungsperspektive die Anordnung und korrigiert gegebenenfalls. Anschließend stellt sie jedem der Repräsentanten eine ressourcenorientierte Interviewfrage, die auf Moderationskarten festgehalten wird. Sind viele Bezugspersonen dargestellt, werden aktuell besonders bedeutsame ausgewählt und mit ihnen weiter gearbeitet.

Im sich anschließenden Schreibteil wechselt die Klientin ihren Platz, indem sie sich entweder an die betreffende Seite des Systembretts setzt oder den entsprechenden Ankerplatz im Raum einnimmt, um von dort aus Wissen, Kräfte, Fähigkeiten, Fertigkeiten und Zuspruch der einzelnen Ressourcenträger in deren Ich-Form zu benennen: »Ich bin … und ich stelle dir … zur Verfügung. Ich tue dies real, wenn du mich darum bittest oder als ein Leitbild, das dich zu deinen Ressourcen führt.« Jede Stimme wird auf einem andersfarbigen Papier eventuell auch mit anderer Stiftfarbe oder Stiftdicke notiert.

In der abschließenden Auswertung liest die Klientin die einzelnen Ressourcen-Aussagen laut vor, und es werden im Alltagstransfer nächste kleine, machbare Schritte besprochen.

Eine mögliche systemisch-interaktive Ergänzung könnte ein kurzer Text zu einer Person und deren Herausforderung sein, die sie mit ihren Ressourcen zu bewältigen hat und für die die Schreiberin einen Wunsch formuliert. Hier ein Beispiel für solch einen Wunschtext für eine andere Person aus unserer poesietherapeutischen Praxis:

»*Ein Mensch, den ich mag: Annie*
Ein Stern meines Lebens seit mehr als 10 Jahren: Glücksleuchten, das mich aufs Wesentliche im Leben mit ihrer unbefangenen Existenz hinweist.
Kleiner Körper, großes Herz und alte Seele, ein Mädchen, das sich aufmerksam müht, ihr Leben und das ihrer Mutter zu hüten. Tiefe Empfindungen, freudvolles Wesen, mitunter zu sehr darauf bedacht, es den anderen Recht zu machen.
Doch nun ist sie herausgefordert, ihren Platz im (Schul-)Leben zu behaupten. Ihre selbstverständliche Position attackieren ihre Mitschüler/-innen und treffen sie damit in ihr Allerheiligstes. Mögen alle guten Geister ihr beistehen, dass sie dort so wenig wie nur möglich verletzt wird. Ich möchte sie in Segen einpacken.«
(P. R.)

Wendepunktanalyse

Wenn sich Menschen in Beratungssituationen begeben oder einen Therapieplatz suchen, ist in ihrem Leben etwas Bedeutsames durcheinandergeraten, sie fühlen sich unüberschaubaren Situationen ausgeliefert, ins Chaos gestürzt oder vielleicht vom Schicksal aus der Balance gebracht und in die Knie gezwungen. Das bisherige Leben trägt nicht mehr, erweist sich als unzuverlässig, wird umgewälzt, und ein ehemals als Gleichgewicht erlebter Lebensentwurf wendet sich nachhaltig. Es dauert, bis ein neues tragfähiges Gleichgewicht entwickelt worden ist.

Ein detaillierter Vogelblick aus betrachtend-distanzierter Entfernung auf derartige Situationen, die als Wendezeiten angesehen werden können, verhilft zum Überblick. Die folgende erste einordnende Fragestellung dazu, worum es hierbei eigentlich geht, hat sich bewährt: »Handelt es sich um einen regulären, schicksalshaften oder gewählten Wendepunkt?«

Der folgende kurze Überblick über die drei Arten von Wendepunkten erleichtert die Zuordnung:

- *Reguläre Wendepunkte* sind Geburt, Einschulung, Berufsbeginn, Partnerschaft, Krankheit, Ende der Berufstätigkeit, Tod.
- *Schicksalhafte Wendepunkte* kommen nicht in jeder Biografie vor. Es handelt sich bei ihnen um Ereignisse wie etwa Arbeitslosigkeit, Unfall, Behinderung, der Verlust von Heimat oder Suizid.
- *Gewählte Wendepunkten* sind beispielsweise das Coming-out oder eine berufliche Neuorientierung.

Wendepunkte werden von den unmittelbar und mittelbar Betroffenen häufig als Krise erlebt. Systemisch betrachtet, fordern Wendezeiten zu Entwicklungsprozessen heraus, deren Bewältigung maßgeblich von biografischen Erfahrungen, dem kulturellen Hintergrund und relevanten sozialen Kontexten beeinflusst wird.

Die schriftlich zu den nachfolgenden Fragen von einer Klientin vorgelegten Antworten bieten einen Leitfaden durch das verstörend erlebte Geschehen der Klientin. Ein erster Block von Fragen bezieht sich auf Vergangenheit und Gegenwart. Ein zweiter lässt die Klientin in die Zukunft blicken:

- Was ist geschehen?
- Was/wer hat *bis heute* geholfen/unterstützt/getragen?
- Wer gehört zum aktuellen sozialen Netz?
- Gab es *früher* auch schon einen (ähnlichen) Wendepunkt?
- Wie wurde er seinerzeit bewältigt?
- Welche Unterstützung wurde erfahren?
- Was wurde ergänzend gewünscht/erwartet?
- Welche Chancen können retrospektiv gesehen werden?
- Welche Unterstützungsangebote werden *heute* gewünscht?
- Wer könnte um Hilfe gebeten werden?
- Welcher nächste Schritt ist *jetzt* notwendig?

»Angenommen Sie betrachten Ihre aktuelle Situation von der *Zukunft* (zum Beispiel in fünf Jahren) aus:
- Was sehen Sie, wie Sie die jetzige Situation bewältigt haben?
- Was/wer war für Ihre Bewältigung förderlich/hinderlich?
- Was/welche Fähigkeiten werden Sie gelernt/entwickelt haben?
- Welchen Gewinn, den Ihre jetzige Situation zur Folge hatte, könnten Sie entdecken?«

Hat eine Klientin ihre Antworten vorgelegt, wird in einer Schreibanleitung dazu angeregt, diejenigen Fragen zu markieren, die die Klientin besonders ansprechen und auf die sich somatische Marker melden. Diese Fragen werden zuerst beantwortet, später werden dann die anderen ergänzt.

Je nach Erregungszustand sind außerdem entweder distanzierende Schreibimpulse einzusetzen, wie das Telegramm, oder aktivierende, wie Freewriting (siehe im »Fabulatorium«, S. 214). Entsprechend der gewählten Schreibimpulse ist die aktuelle Wendepunktsituation weiter zu bearbeiten.

Das nachfolgende Praxisbeispiel bietet eine der Erkenntnisperlen der Wendepunktanalyse, die nach drei poesietherapeutischen Sitzungen geschrieben wurde.

»*Atem*
Im Rhythmus des Lebens
atmet es mich.

Lebendigkeit strömt ein
erfüllt mich
für diesen Moment.
Kurzes Geschenk,
das sich sogleich wieder entzieht
und mich ins Große Ganze einbindet.

Ausatmend füge ich mich
in tiefe Lebenszusammenhänge,
vertraue mich an
getragen vom Rhythmus des Lebens.«
(W. A.)

Mein Körper

Schreibend lässt sich die Körperwahrnehmung aktivieren und zusammen mit den mit ihr verbundenen Emotionen erleben bzw. intensivieren. In einer anschließenden Dezentrierung können Körper und Emotionen aus (historischer) Distanz betrachtet werden.

Die Methode »Mein Körper« eignet sich für die Einzelarbeit und kann bei entsprechendem Vertrauen auch als Gruppenübung eingesetzt werden. Da komplexe Erfahrungen angesprochen sind, empfiehlt sich eine schriftliche Anleitung, zum Beispiel (siehe auch Methodenpapier »Mein Körper« im »Fabulatorium«, S. 257):

»Unser Erleben, unsere Empfindungen sind im Körpergedächtnis gespeichert. Alle Gefühle nehmen wir körperlich wahr, Grund genug also, um unserem Körper aufmerksam zu begegnen.

Bitte nehmen Sie Kontakt mit Ihrem Körper auf. Er ist Ihr ureigener Lebensraum. Welche Metaphern aus der Natur, der Musik, der Kunst, der Wissenschaft, der Technik etc. können Sie für ihn entwickeln? Skizzieren Sie diese Bilder kurz, um dann noch ein paar weitere zu suchen.

Stellen Sie sich im Anschluss vor, eine Schriftstellerin des frühen 20. Jahrhunderts zu sein, die über ihren Körper einen lyrischen Text schreibt. Wie könnte er lauten?«

Das nachfolgende Beispiel aus unserer Praxis wurde nach solch einer Anleitung zu aus den Bereichen Natur, Kunst, Wissenschaft und Technik inspirierten Metaphern geschrieben:

»Es fällt mir schwer, etwas über meinen Körper zu schreiben. Ich habe weniger Zugang zu ihm, als zu meiner Seele.
Wenn mein Körper ein Bild wäre, hätte dieses Bild einen ovalen Rahmen. Goldfarben. Das Bild ist abstrakt. Es sind warme Farben. Nicht kitschig. Klare Pastelltöne. Nicht zart. Und die Farben laufen nur ein ganz klein wenig ineinander über. Es ist so etwa 1,50 × 2,80 [Meter] groß. Acrylfarbe, nicht Öl. Es ist ein warmes Bild.
Wähle ich eine Metapher aus der Natur, so wäre mein Körper ein Fluss. Er fließt nicht sehr schnell. Aber auch nicht zu langsam. Manchmal eine Stromschnelle. Dann fängt er sich wieder. Nicht zu schnell. Nicht zu langsam. Manchmal verengt er sich, dann muss er schneller fließen. An den Ufern meist klares Gras.
Mein Körper könnte allerdings auch ein Obstbaum sein. In die Jahre gekommen. Die Borke ist rissig und ein wenig uneben. Der Baum trägt Früchte.

»There's a novel inside«

Jedes Jahr. Manchmal mehr. Manchmal weniger. Im Frühjahr trägt er Blüten. Dann strahlt er und ist wirklich schön.
Wäre mein Körper ein Musikstück, wäre es ein klassisches. Nicht in Moll. Doch eher Dur. Vielleicht Vivaldis ›Vier Jahreszeiten‹. An manchen Stellen schnell, an manchen behäbig, schwerfällig. Aber im Wechsel. Von allem etwas.
Wäre mein Körper ein Möbelstück dann wäre er ein Sessel. Bequem. Kein Ohrensessel. Kein Sessel zum Liegen. Einer in den man sich gerne setzt. Zum Lesen. Zum Entspannen. Zum Nachdenken. Zum Loslassen. Er wäre aus rotem Samt.

Brief einer Schriftstellerin »An meinen Körper«
Wenn ich an deinen Körper denke, denke ich an roten Samt. Er ist weich und weiblich. Man kann sich in ihm, mit ihm und an ihm wohlfühlen.
Und er ist schön. In die Jahre gekommen. Hier und dort ist die Borke rissig, die Rinde zeigt Ausbuchtungen. Es gibt Unebenheiten. Sie sind sichtbar. Doch die Früchte, die er trägt, sind schön. Eine alte Apfelsorte. Süßlich. Aber nicht zu süß. Eine reife Sorte. Und im Frühjahr blüht der Baum. Dann zeigt er sich von einer schönen Seite, muss sich anschließend erholen, Kraft tanken. Gesund und kraftvoll bleiben. Bis zur nächsten Blüte.
Und wenn ich deinen Körper so betrachte, denke ich an einen Fluss, der sich gleichförmig durch eine Landschaft zieht. Ein wenig behäbig an der einen oder anderen Stelle. Dennoch gleichmäßig im Fluss. Nur manchmal muss er ein wenig schneller werden. Anschließend braucht er wieder eine Weile, bis er in Ruhe in seinem Bett zum Fließen kommt.
Und ich schaue deinen weiblichen Körper an und es erklingt Musik in mir. Manche Abschnitte mag ich lieber als andere. Manche höre ich wieder und wieder. Dein Körper ist ein Cuvée aus den ›Vier Jahreszeiten‹.«
(R. A.)

Ego-States

Leitfrage: Wer übernimmt die Regie in meinem Leben?
Inhalt: Modelle von Ego-State und Innerem Team in Verbindung mit Systemik und Poesietherapie.
Methoden: Schreibimpulse.

Der innere Familientisch

Das Leben könnte so einfach sein. Müssten wir uns nicht ständig mit unseren inneren Ambivalenzen auseinandersetzen, wären wir uns selbst stets innerlich einig, hätten wir nur eine verlässliche Stimme, die sagen würde, was richtig oder falsch, gut oder böse ist, so könnten wir stets einstimmig und im Ein-Klang mit uns selbst durchs Leben gehen. Ein einziger innerer Anteil würde anstehende Entscheidungen fällen. Das Leben könnte so einfach sein.

Doch so einfach, wie unser Leben sein könnte, sind wir – leider oder glücklicherweise – nicht strukturiert. Unsere Psyche muss sich demokratischen Regeln unterwerfen. So finden minütlich, stündlich und täglich innere Diskussionen und Abstimmungen statt. Dabei erscheinen manche Teile oftmals nicht zu wichtigen Debatten. Manche Teile sind vorlaut und erheben ständig das Wort. Manche sind mächtiger und stimmgewaltiger als andere. Manche der inneren Beschlüsse dauern oft Tage, manchmal Monate. Nur selten sind sich alle inneren Anteile auf Anhieb wirklich einig. Ist das der Fall, herrscht endlich einmal Ruhe an der inneren Tafel und im Kopf – zumindest für einen Augenblick und bis zur nächsten Ambivalenz, zur nächsten Konferenz am inneren *Familientisch*.

Die Stimmen, die wir alle innerlich permanent hören, sind Persönlichkeitsanteile, Selbstaspekte bzw. Ich-Zustände. Wir Autorinnen übernehmen an dieser Stelle und im Zusammenhang mit unserer systemischen und poesietherapeutischen Praxis für diese den inzwischen gebräuchlichen Begriff der *Ego-States* (engl. der Anteil, der Zustand). Man könnte also sagen, dass wir aus einer Familie von Ego-States bestehen. Und wie es in lebendigen Familien üblich ist, wird permanent geredet, gestritten und sich versöhnt. Man liegt sich in den Armen, geht wieder auseinander, redet übereinander, geht Allianzen und Koalitionen ein. Der eine hat mehr Raum als der andere. Grenzen werden geachtet oder auch nicht. Es handelt sich bei unseren Ego-States um ein lebendiges Familienleben in unserer Psyche. Wir können froh sein, dass vieles, was das Miteinander unserer Ego-State-Familienmitglieder ausmacht, im Unbewussten stattfindet. Wir wären nicht mehr alltagstauglich, müssten wir all ihre Diskussionen mit bewusstem Verstand verfolgen.

Schreibimpuls 21: Brief an mein Leben

»Sei achtsam, Liebster, wenn du mir nah sein willst.
Ich erscheine dir stark und klar, begegne dir sorglos und freundlich, als ruhte ich in mir,
Als stünde ich allein und bräuchte niemand.
Meine Unabhängigkeit erscheint dir anziehend.
Aber sei schlau, Liebster.
Versuche mich zu ergründen.
Denn ich habe viele Gesichter
Und in Wahrheit bin ich verstört und furchtsam.
Ich bin jemand, den du nicht kennenlernen sollst.
Deshalb sehe ich dir nie lange in die Augen,
Auch wenn ich mich danach sehne.
Mich quält die Frage, ob du mich lieben könntest, mich nehmen, wie ich bin,
Mir zeigen, was ich wert bin,
Mich auffangen, wenn ich falle.
Aber nichts von alledem sage ich dir,
Vor lauter Angst, dass du mich auslachst,
Bin ich wie erstarrt.
Dann stoß ich dich zurück,
Je näher du mir kommst,
Sage dir, dass ich dich nicht brauche.
Aber, um Gottes Willen, glaub mir nicht.
Sei geduldig, Liebster, wenn du mir nahe sein willst.«
(Aus dem Film »Brief an mein Leben«, 2015, Regie: Urs Egger)

Lesen Sie sich den Text aus dem Film »Brief an mein Leben« durch und nehmen Sie ihn sich als Vorlage für einen persönlichen Brief, den Sie an Ihr Leben oder an einen ausgewählten Lebensaspekt schreiben.
Lesen Sie sich Ihren Text im Anschluss laut vor und fragen Sie sich: »Was begegnet mir? Was bestätigt mich? Was überrascht mich? Wer der mir vertrauten Menschen wäre noch überrascht? Wer wäre nicht erstaunt?«

Vom Gretchen zu den Ego-States

Die Idee der inneren Teile und ihrer Vielfalt ist nicht ganz neu. Die Vorannahme, dass unsere Psyche nicht nur aus einem kompakten Teil bestehe, ahnte schon Goethe, als er sein Gretchen sagen ließ: »Zwei Seelen wohnen, ach!, in meiner Brust« (Goethe, 1808, Faust I, Vers 1112 f.). Freud festigte diesen Gedanken aus wissenschaftlicher Sicht, indem er das Konzept vom *Es, Ich* und *Über-Ich* entwickelte. Sein Schüler C. G. Jung beschrieb wenig später die *Archetypen*.

Der eigentliche Ansatz der Ego-State-Therapie wurde von dem Ehepaar Helen H. Watkins und John G. Watkins erforscht. Sie verknüpften psychoanalytische Überlegungen und hypnotherapeutische Ideen mit Konzepten zur Dissoziation. Damit führten sie die Arbeit von Paul Federn (1952) weiter. Er hatte sich aus psychoanalytischer Sicht den unterscheidbaren Ich-Zuständen genähert. Watkins und Watkins verknüpften seine Ansätze mit denen von Milton Erikson aus der Hypnotherapie. Erikssons Fokus lag dabei auf der Aktivierung von Selbstheilungskräften. Wichtig ist in diesem Zusammenhang auch die Weiterentwicklung der inneren Anteile durch Friedemann Schulz von Thun. Sein Persönlichkeitsmodell des *Inneren Teams* verdeutlicht anschaulich und metaphorisch die Pluralität unseres Innenlebens. Auch der systemische Therapieansatz beschäftigte sich bereits früh mit dem Konzept der inneren Anteile. Virginia Satir, eine der Mütter der Familientherapie, befasste sich Mitte der 1970er Jahre mit inneren Anteilen. 1978 veröffentlichte sie ihr Buch »Meine vielen Gesichter«. Die Arbeit mit Persönlichkeitsanteilen setzte sie noch weiter fort, indem sie ihre legendären *Parts-Partys* veranstaltete. Sie erweckte im Rahmen dieser Methode innere Anteile zum Leben, ließ sie aufstellen und miteinander in Kontakt treten – ganz ähnlich den Familienaufstellungen.

Das gemeinsame und integrative Element der beschriebenen Therapieansätze ist die kontinuierliche Weiterentwicklung von Modellen, die sich mit inneren Anteilen und Ich-Zuständen beschäftigen. Gunter Schmidt spricht heute von der »*Konferenz der inneren Familie*«. Sein Kollege Jochen Peichl nennt die inneren Anteile in seinem Buch »*Selbste*«. Alle zusammen sind demzufolge die Selbst-Familie (Peichl, 2010, S. 27).

Ebenso wie der systemische Gedanke, lenkt auch der Ego-State-Ansatz seinen inhaltlichen Fokus auf die Ressourcen, die innere Stärkung und die wertschätzende Haltung sich selbst gegenüber. Bei allem geht es um Selbstwert und Kongruenz, um inneren Ausgleich und darum, erwachsen und eigenverantwortlich handeln zu können und damit die Regie im eigenen Leben zu übernehmen. Im Sinne von Virginia Satir bedeutet das nichts anderes als: »so wie ich bin, bin ich ganz in Ordnung«, wie sie es in folgendem Gedicht ausführt:

»*Ich bin ich*
Auf der ganzen Welt gibt es niemanden wie mich.
Es gibt Menschen, die mir in vielem gleichen,
aber niemand gleicht mir aufs Haar.
Deshalb ist alles, was von mir kommt,
mein Eigenes,
weil ich mich dazu entschlossen habe.
Alles, was mit mir zu tun hat, gehört zu mir.
Mein Körper, mit allem was er tut,
mein Kopf, mit allen Gedanken und Ideen,
meine Augen, mit allen Bildern, die sie erblicken,
meine Gefühle, gleich welcher Art –
Ärger, Freude, Frustration, Liebe, Enttäuschung, Begeisterung.
Mein Mund und alle Worte, die aus ihm kommen,
höflich, lieb oder schroff, richtig oder falsch.
Meine Stimme, laut oder leise,
und alles, was ich mir selbst oder anderen tue.
Mir gehören meine Phantasien,
meine Träume, meine Hoffnungen, meine Befürchtungen,
mir gehören all meine Siege und Erfolge
und all meine Niederlagen und Fehler.
Weil ich mir ganz gehöre,
kann ich mich näher mit mir vertraut machen.
Dadurch kann ich mich lieben
und alles, was zu mir gehört, freundlich betrachten.
Damit ist es mir möglich,
mich voll zu entfalten.
Ich weiß, dass es einiges an mir gibt,
das mich verwirrt, und manches,
das ich noch gar nicht kenne.
Aber solange ich freundlich und liebevoll mit mir umgehe,
kann ich mutig und hoffnungsvoll
nach Lösungen für Unklarheiten schauen
und Wege suchen,
mehr über mich selbst zu erfahren.
Wie auch immer ich aussehe und mich anhöre,
was ich sage und tue,
was ich denke und fühle,
immer bin ich es.

Es hat seine Berechtigung,
weil es ein Ausdruck dessen ist,
wie es mir im Moment gerade geht.
Wenn ich später zurückschaue,
wie ich ausgesehen und mich angehört habe,
was ich gesagt und getan habe,
wie ich gedacht und gefühlt habe,
kann es sein,
dass sich einiges davon als unpassend herausstellt.
Ich kann das, was unpassend ist, ablegen
und das, was sich als passend erwiesen hat, beibehalten
und etwas Neues erfinden für das,
was ich abgelegt habe.
Ich kann sehen, hören, fühlen, denken, sprechen und handeln.
Ich besitze die Werkzeuge, die ich zum Überleben
brauche,
mit denen ich Nähe zu anderen herstellen
und mich schöpferisch ausdrücken kann,
und die mir helfen,
einen Sinn und eine Ordnung
in der Welt der Menschen und der Dinge
um mich herum zu finden.
Ich gehöre mir
und deshalb kann ich aus mir etwas machen.
Ich bin ich
und so, wie ich bin, bin ich ganz in Ordnung.«
(Virginia Satir, 2001, S. 22)

Was genau ist ein Ego-State?

Die wohl allumfassendste Definition für »Ego-States« stammt von Claire Frederick: Ego-States sind »Energien der Persönlichkeit, die aus der Interaktion mit der Umwelt entstanden sind und oft der Notwendigkeit entspringen, Probleme zu lösen oder Konflikte zu bewältigen. Sie sind kreative Ausgestaltungen des Gehirns als auch der Persönlichkeit im Bemühen des menschlichen Organismus, durch die Welt zu kommen, in der er lebt. Jeder Ich-Zustand besitzt seine eigenen, relativ überdauernden Affekte, Körperempfindungen, Erinnerungen, Fantasien und Verhaltensweisen, und er hat auch seine eigenen Wünsche, Träume und Bedürfnisse. Ich-Zustände stehen in ähnlicher Beziehung zueinander wie

Familienmitglieder. Obgleich sie voneinander getrennt sind, tauschen sie doch Informationen aus, stehen in ständiger Kommunikation, weisen sich Rollen zu, verfolgen gemeinsame Projekte, Zwecke und Ziele. Wie in Familien kann es auch hier Grüppchen und Allianzen geben und ebenso Feindseligkeiten und Konflikte« (zit. nach Fritzsche, 2013, S. 34).

Folgt man dieser Definition, so wird deutlich, dass unsere Selbst-Anteile ganz eigenständige, eigenwillige und individuelle Teil-Persönlichkeiten sind. Jeder Ego-State hat seine eigene Geschichte, seine ganz eigene Aufgabe im inneren Gesamtsystem und hat damit eine einzigartige Bedeutung. Und ein jeder von ihnen braucht eine ganz individuelle Beachtung, genau wie in einem Familiensystem. Seine ihm auferlegte Aufgabe ist es, das Überleben zu sichern. Diese Kompetenz baut er mehr und mehr aus. Der Erwachsene kann sich bedingungslos auf ihn verlassen. In Situationen, die ähnlich bedrohlich wie in der Kindheit erscheinen, ist er zur Stelle, unverändert in seinen Strategien, nicht in der Lage, sein Verhalten zu verändern. Egal wie alt das Individuum ist, der Ego-State bleibt sich treu, dem Überlebensmotto gemäß: Sicher ist sicher. Ego-States sind treue Gefährten auf der Reise durch das Leben.

Woran sind Ego-States erkennbar?

Typische Merkmale für Ego States sind nach Fritzsche und Hartmann (2014) die folgenden:
- eine eigene Geschichte,
- ein eigenes Alter,
- ein eigener Charakter,
- eigene Bedürfnisse,
- eine eigene Wahrnehmung,
- eigene Affekte,
- eine eigene Funktion,
- eigene Fähigkeiten,
- eigene Symptome.

Ego-States sind entstanden, um unsere und damit ihre Existenz zu sichern, zu helfen und unsere Anpassungsfähigkeit zu erhöhen. Sie sind zu einem festen Bestandteil der Persönlichkeit geworden, tief verankert, und entsprechend lassen sie sich nicht eliminieren. Doch sie können durchaus wachsen, lernen und sich lebenslang entwickeln. Mitunter haben sie sich zurückgezogen, dann wieder treten sie auf unterschiedlichste Weise mit anderen Teilen in Austausch: friedfertig, kooperativ oder konflikthaft. Ein Fallbeispiel aus unserer Praxis illustriert das:

> Herr M. ist ein erfolgreicher Unternehmensberater. Täglich arbeitet er bis zu 16 Stunden. Er verhandelt, trifft blitzschnelle Entscheidungen, ist ein eloquenter Gesprächs- und ein knallharter Verhandlungspartner. Die Wochenenden gehören seiner Familie. Mit seinen drei Kindern lacht er, kann vergnügt und albern sein. Seine Frau hat an diesen Tagen noch ein Kind zusätzlich zu versorgen, sagt er. Herr M. kann seinen kindlichen Emotionen freien Lauf lassen. Gleichzeitig gebe es Situationen in seinem Leben, in denen er sich wie ein dreizehnjähriger Pubertierender fühle. Sein Nachbar ist ein streitbarer, autoritärer und jähzorniger Mann. Sobald die Kinder von Familie M. im Garten spielen, steht er am Zaun und schimpft. In diesen Situationen verliert Herr M. den Zugang zu seinem kompetenten Erwachsenen-Teil. Stattdessen übernimmt der Dreizehnjährige die innere Bühne. Seine Stimme wird brüchig, er wirkt alles andere als souverän und versucht seine Aggression in den Griff zu bekommen. Ebenso gut könnte er auf der Stelle in Wuttränen ausbrechen. Stattdessen erstarrt Herr M. innerlich. Dem Nachbarn kann er nicht auf Augenhöhe begegnen. Wie schon so oft hofft er nur, dass die Situation bald vorbei sein möge.
>
> Herr M. konnte als Junge psychisch mit seinem jähzornigen Vater nur überleben, indem er in die Anpassung ging. Der Ego-State hatte sich in dieser Form ausgebildet, um mit dem spezifischen Problem gut fertig zu werden. Alles andere wäre zu gefährlich gewesen.

Wenn die Anteile, wie im Fallbeispiel von Herrn M. beschrieben, *eingefroren* sind, können sie sich nicht der Gegenwart anpassen. Sie reagieren durch die Zeiten hindurch auf die immer gleiche erlernte Weise. Das führt im Erwachsenenleben oft zu unangemessenem und unangepasstem Verhalten. Die kindlichen und jugendlichen Ego-States kommen zwar mit der Stimme des Erwachsenen daher, tragen meist auch seine Kleider – doch innerlich mitwachsen konnten sie nicht. Dementsprechend merkwürdig erscheint es, wenn die kindlichen Ego-States zum Beispiel mit dem jähzornigen Nachbarn ein Konfliktgespräch führen sollen oder der jugendliche Ego-State in die Vertragsverhandlungen mit dem Chef gehen muss. Dies sind Überforderungen für frühe innere Anteile.

Ego-States: ihre Entstehung und Bedeutung

Ego-State ist nicht gleich Ego-State. Die Persönlichkeitsanteile sind unterschiedlicher Herkunft, haben verschiedene Geschichten, Verletzungen und Aufgaben. Es stellt sich also die Frage, unter welchen Umständen sie *geboren* werden. Watkins und Watkins unterscheiden drei Prozesse, die für die Entstehung der Anteile verantwortlich sind:

 Ego-States

- die normale Differenzierung unserer Persönlichkeit,
- die Verinnerlichung wichtiger prägender Bezugspersonen in der Kindheit,
- und Reaktionen auf ein erlebtes Trauma.

Die erste Kategorie, die Ausbildung eines Ego-States als *normale Differenzierung unserer Persönlichkeit,* vollzieht sich in der Kindheit, in einem Entwicklungszeitraum, in dem das Kind lernt, zu unterscheiden, was ihm gut tut und was nicht, was ihm schmeckt, was nicht, wen es mag und wen nicht. Es lernt, sich an unterschiedliche Menschen anzupassen, und es erlernt Muster und Verhaltensweisen, die ihm Rüstzeug für die kommenden Jahre und Jahrzehnte sein werden. Diesen Prozess betrachten wir entwicklungspsychologisch als normal und existenziell.

Das Kind lernt auf natürliche Art zu unterscheiden, wie es sich bei den Eltern oder den Großeltern verhält. Es lernt, sich auf dem Spielplatz zu bewegen oder in der Schule. Das Ehepaar Watkins (2012, S. 51) spricht von Verhaltens- und Erfahrungssyndromen, die sich um ein zentrales Motiv herum ausgeformt haben. Diese Syndrome bezeichnen wir als Ego-States.

Das Kind weiß um die Grenzen seiner jeweiligen Ego-States und kann auf natürliche Art zwischen ihnen hin- und hergehen. Die Ego-States ermöglichen es ihm, seine Grundbedürfnisse zu befriedigen und seine Anpassungs- und Bewältigungsfertigkeiten zu steigern.

Ego-States, die durch eine normale Differenzierung entstanden sind, verfügen häufig über eine Vielzahl von Ressourcen. Je nachdem, welcher Kultur, welchem Ort auf der Welt, welcher Familienstruktur, welcher religiösen Gemeinschaft, welchem sozialen Status, welcher sozialen Umgebung und welcher Herkunft ein Mensch entstammt, bilden sich unterschiedliche Ego-States aus und damit auch unterschiedliche Fähigkeiten, Kompetenzen und Stärken. Ego-States sichern auf diese Weise unser Überleben und sind beim Wachstum der Persönlichkeit unterstützend wirksam.

Im Verlauf der persönlichen Entwicklung eines Menschen kann es geschehen, dass Ego-States in ihrem Fühlen und Denken auf der gleichen Entwicklungsstufe bleiben. Sie sind dann sozusagen in der Zeit ihrer Entstehung eingefroren. Wir können sie uns als Lebewesen vorstellen, die in unterschiedlichen Entwicklungsphasen stecken. Unsere Psyche stellt sich somit als eine Ansammlung unterschiedlicher Teile dar, die verschiedenen Alters sind, und die Ego States erweisen sich als Teile unseres autobiografischen Gedächtnisses. In der Zeit ihrer Entstehung haben sie meist eine überaus erfolgreiche Anpassungsleistung erbracht.

Damit Ego-States nicht einfrieren, sondern sich in jungen Jahren gut weiterentwickeln und wachsen können, brauchen sie eine gute, behütete und geschützte Umgebung. Wächst ein Kind in einer sicheren Bindung auf, fühlt es sich nicht bedroht. Wird es auf allen Ebenen gut genährt und werden seine Grundbedürfnisse befriedigt, so reifen die Ego-States mit heran und dürfen sich altersgemäß entwickeln. Sind die Bedingungen im Aufwachsen jedoch nicht nährend, so kann sich auch der Ego-State nicht entwickeln. »In einer restriktiven, verwahrlosten oder traumatisierenden Umgebung sind Ego-States voll damit beschäftigt, die jeweils gegenwärtige und oft unberechenbare Situation zu bewältigen« (Fritzsche, 2013, S. 50). Der Schreibimpuls 22 bietet die Möglichkeit, sich in eine andere Kindheit als die eigene hineinzudenken: »Was wäre gewesen, wenn ich …«

Schreibimpuls 22: Was wäre, wenn …
Dieser Schreibimpuls lehnt sich an Gerald Hüther (2016, S. 89) an. Nehmen Sie sich für jede Frage 15 Minuten Zeit und notieren Sie sich Ihre Antworten:
- Was wäre, wenn ich in der Nachbarsfamilie aufgewachsen wäre?
- Was wäre, wenn ich in einer anderen Stadt aufgewachsen wäre?
- Was wäre, wenn ich auf einem anderen Kontinent aufgewachsen wäre?
- Was wäre, wenn ich als Kind einer nepalesischen Familie im Himalaja-Gebirge aufgewachsen wäre?

Über die zweite Kategorie von Ego-States, die *Verinnerlichung wichtiger prägender Bezugspersonen in der Kindheit,* schreiben Watkins und Watkins: »Aufgrund der Introjektion bedeutsamer anderer errichtet das Kind Verhaltensmuster, die, sobald sie eine Ich-Besetzung erfahren, zu Rollen werden, die es selbst erfährt, und sobald sie eine Objektbesetzung erfahren, innere Objekte repräsentieren, mit denen es in Beziehung treten und interagieren muss« (2012, S. 52). Das bedeutet zunächst einmal, dass das Kind sich mit der Botschaft einer für ihn bedeutsamen Bezugsperson identifiziert. Introjekt heißt gemäß seinem lateinischen Ursprung hinein(intro)-werfen(iacere). Eine Botschaft, Werte, Normen werden in das Kind *hineingeworfen.* Es übernimmt sie, und zwar unkritisch. Das Hineingeworfene wird zu etwas Eigenem. Um dieses Introjekt herum bilden sich die Ego-States. Diese sorgen dafür, dass wir als Erwachsene in manchen Situationen mit uns selbst so umgehen, wie es damals unsere Eltern taten, als wir ein Kind waren. Das nachfolgende Fallbeispiel aus unserer Praxis veranschaulicht dies.

Für Herrn K. war klar: »Keiner mag mich, wenn ich traurig, schwach und hilflos bin.« Als richtiger Mann werde er nur angesehen, wenn er erfolgreich, souverän und stark sei und alle Hürden des Lebens mühelos meistern könne. Zunehmend litt der äußerlich stattliche und scheinbar kräftige 48-jährige Mann darunter, seine sensiblen Anteile nicht zeigen zu können. Traten sie auf die innere Bühne, so trat auch zeitgleich ein mächtiger innerer Kritiker auf. Der rügte und tadelte, ermahnte und entwertete. Sobald sich Herr K. traurig und instabil zeigte, fing er zu sprechen an. Herr K. kannte es nicht anders. Der Kritiker, so schien es ihm, war ein einflussreicher Teil seiner selbst.

Herr K. erzählte von seinem Vater, einem Mann, der stets distanziert mit seinem Sohn umging, keine körperliche Nähe zuließ und den Jungen mit abwertenden Bemerkungen beschämte, wenn dieser körperlichen oder seelischen Schmerz ausdrückte. Herr K. hat diesen abweisenden, missbilligenden Vater introjiziert. Er hat diesen Elternteil sozusagen *geschluckt*. Der väterliche Blick, das Zucken der Augenbraue, der abwertende Tonfall, die distanzierte Körperhaltung wurden zu seinen eigenen. Herr K. begann ab Kindertagen auf sich selbst mit den Augen des Vaters zu schauen. Die Geburtsstunde des inneren Kritikers! Als Junge lernte Herr K: »So wie du bist, liebe ich dich nicht.«

Er strengte sich infolgedessen ein Leben lang an, die Liebe seines Vaters zu erringen und von dem Vater anerkannt und gewertschätzt zu werden. Sich selbst gegenüber war er daher streng und maßregelnd, sobald seine *weiche Seite* auftauchte. Ein Teil in ihm verachtete sie. Es war ihm nicht möglich, zärtlich, offen und empathisch mit seiner Frau zu sein. Die Erziehung seines Sohnes war geprägt von Rationalität und Strenge. Somit gab er unbewusst weiter, was er selbst erlebt hatte.

Seine tägliche Erfahrung war inzwischen, dass er Bindungen nicht halten konnte und Beziehungen zu nahestehenden Menschen für ihn schwer lebbar waren. Er fühlte sich allein. Aus dem Introjekt: »Mein Vater liebt mich nicht«, war ein generalisierter Glaubenssatz geworden: »Ich bin nicht liebenswert.«

Beim Introjekt handelt es sich um einen Fremdkörper in unserem Selbst. Da dieses Fremde schon immer in uns zu leben scheint, können wir es nicht mehr losgelöst von uns sehen. Doch nicht immer fallen ausschließlich kritische, lähmende, defizitäre und wachstumshemmende Introjekte, wie im Fallbeispiel von Herrn K., in uns hinein. Oft genug gibt es auch Introjekte, die uns ein Leben lang auf stärkende und unterstützende Weise begleiten. Menschen, die einen positiven Einfluss auf uns hatten, Menschen, die mit einem wohlwollenden, liebenden, wissenden Blick auf uns geschaut haben, wurden ebenso verinnerlicht: eine gutmütige Großmutter, eine vergnügliche Tante, ein unterstützender

Lehrer, ein motivierender Trainer, eine Beraterin, die für ein Stück des Weges *nachbeeltern* durfte. Auch von diesen Menschen übernehmen wir Werte und Normen, die uns in den verschiedenen Situationen unseres Alltagslebens hilfreich begleiten. Diese Ego-States sind uns so etwas wie innere Mentoren.

Schreibimpuls 23 setzt über das Assoziieren von geflügelten Worten eine Auseinandersetzung mit Werten in Gang.

> **Schreibimpuls 23: Geflügelte Worte**
> Notieren Sie bitte spontan auftauchende Redewendungen, Ermahnungen, Lebensweisheiten, die Sie aus der Zeit Ihrer Kindheit erinnern. Assoziieren Sie frei und schreiben Sie untereinander in jeweils eine neue Zeile, bis Ihnen nichts mehr einfällt.
> Mit einer neuen Stiftfarbe markieren Sie nun die Werte, die Sie heute ablehnen. Dann mit einer anderen Farbe all diejenigen, die sich bisher in Ihrem Leben bewährt haben und schreiben Sie stichwortartig eine exemplarische Situation dazu.
> Mit einer dritten Farbe kennzeichnen Sie all die Aussagen, die Sie gerne der nächsten Generation weitergeben würden und formulieren Sie diese in Ihrer heutigen Sprache.

Die dritte Kategorie beinhaltet Ego-States, die in *Reaktion auf ein erlebtes Trauma* entstehen. Sie hat die Aufgabe der Trauma-Bewältigung. Die ihr zugehörigen Ego-States sichern somit das seelische Überleben. Das ist eine ziemlich anspruchsvolle Aufgabe für einen Ego-State, eine wirkliche Herausforderung. Und meist erweist sich der Anteil bei dieser Aufgabe als ausgesprochen kreativ und mächtig. Hat er sich einmal etabliert und für die Wundheilung gesorgt, ist er ein zuverlässiger und treuer Persönlichkeitsanteil, der am liebsten bis zum Lebensende seine Daseinsberechtigung hätte. Entsteht das Trauma in frühen Kindheitsjahren so wird die Situation meist durch eine Aufspaltung des Ich, eine Dissoziation, versucht zu lösen: »Dissoziation wird als Bewältigungsmechanismus verstanden, bei dem die Entstehung von Persönlichkeitsanteilen als eine funktionale Anpassungsleistung hinsichtlich einer massiven Bedrohung angesehen werden kann« (Fritzsche, 2013, S. 49).

Im Gedicht »Dornen« von Rose Ausländer lassen sich die Dornen als ein Bild für Traumata verstehen:

»Dornen
Wir haben Rosen
Gepflanzt
Es wurden Dornen
Der Gärtner
Tröstet uns
Die Rosen schlafen
Man muss auch
Seine
Dornenzeit lieben«
(Rose Ausländer, zit. nach Reddemann, 2010, S. 56)

Ego-States haben eine gute Absicht. Sie wollen das Beste für uns. Sie betreiben somit neben allem anderen so etwas wie eine psychische Wundheilung. Sie sind in einem solchen Fall mehr als nur Pflaster und Verband, die weitere Verschlimmerungen, Vereiterungen und Verschmutzungen verhindern sollen. Ego-States bilden einen Schutz um seelische Wunden herum. Sie versuchen dafür Sorge zu tragen, dass die Wunde nicht mehr aufreißt und nicht noch größer wird. Der Mensch soll trotz seines Traumes lebenstüchtig bleiben. Die Wunde ist zu einem Teil von ihm geworden und will gut versorgt werden.

Wir alle kennen Dissoziation als ganz normales Alltagsphänomen: Wir fahren auf der Autobahn und sind scheinbar plötzlich am Zielort angekommen, ohne die Fahrt bewusst erlebt zu haben. Wir waren sozusagen in einer Autobahntrance. In einer Runde von Freunden verfällt einer, wie so häufig, ins Dozieren und wir langweilen uns nach kurzer Zeit und träumen uns weg, irgendwohin, wo es schön und interessant ist. Ein Marathonläufer blendet seine Schmerzen aus, indem er sich in einen Trancezustand versetzt. Er dissoziiert.

Dissoziation infolge eines Traumas ist hingegen eine existenzielle Konsequenz unserer Psyche. »Wenn Kinder schweren traumatischen Situationen ausgesetzt sind, kommt es zur Dissoziation. Sie verarbeiten die traumatische Situation dann dadurch, dass sie ihr Ich aufspalten und einen Teil zum Beispiel auf einen imaginären Spielgefährten lenken, mit dem sie in Interaktion treten« (Hanswille u. Kissenbeck, 2014, S. 57). Die Ausbildung eines Ego-States rund um das Trauma sichert das psychische Überleben. Ein Kind, das ohnmächtig, hilflos, verlassen, ausgeliefert ist, rettet sich in die Phantasie. Zusammen ist man weniger allein.

Oftmals werden die Ego-State-Anteile, die sich einem Trauma verdanken, bei Kindern, ist die seelische Wunde einigermaßen verheilt, zunächst einmal in die Verdrängung geschickt. Jedoch verschwinden sie nie ganz, sondern können im Erwachsenenalter jederzeit reaktiviert werden. Das Parfüm der Nachbarin, die Farbe der Tischdecke im Restaurant, die Tonlage des Chefs, die Mimik des geliebten Mannes, wenn er genervt ist, die Körperhaltung der Ehefrau, wenn sie im Konflikt eine aggressive Haltung einnimmt: In solchen Auslöser-Situationen weiß der Ego-State, dass er jetzt seine Rolle wieder einnehmen muss. Wie in Kindertagen tritt er auf die innere Bühne und sorgt dafür, dass sich der Mensch in einen Totstellreflex begibt und so wie damals nach dem erlebten Trauma innerlich einfriert. »So überdauern traumatisierte Selbst-Anteile, schwer misshandelte Kind-Zustände, verlassene, gedemütigte und übererregte innere Kinder in einem erwachsenen Menschen und stürmen auf die innere Bühne, so sich etwas Unvorhergesehenes, nicht gänzlich Kontrollierbares ereignet« (Peichl, 2010, S. 58).

Ziel und Motivation der Ego-States sind stets, das Überleben der Person zu sichern. Zu dem Zeitpunkt ihrer Entstehung wählen sie dementsprechend ein Verhalten, das über Anpassungsleistung die Existenz gewährleistet.

Im Schreibimpuls 24 bieten Stein und Anker Anhaltspunkte, um sich mit einem schwierigen Ego-State aus der Kindheit auseinanderzusetzen.

Schreibimpuls 24: Das

»Das, was so lastet,
und abwärts treibt,
das, was weh tut wie ein Schmerz
und brennt wie die Wange,
das kann ein Stein sein
oder ein Anker.«
(Adam Zagajewski, 2010, S. 23)

Nehmen Sie das Gedicht von Zagajewski als Ausgangspunkt zur Suche nach einem frühen *Stein* Ihrer Kindheit, den Sie beschreiben. Anschließend schreiben Sie aus der Perspektive des Steins, wo er Ihnen *Anker*, Hilfe und Schutz war.

Eine lebendige Allianz

Zwei methodische Ansätze, die sich kreativ miteinander verbinden lassen, können eine Quelle vielfacher praktischer Methoden sein. Wenn wir das Schreiben mit den Ego-States kombinieren, ergeben sich unterschiedlichste Schreibimpulse. Was für eine reichhaltige Sammlung an schriftlicher Unterhaltung! Die inneren Anteile können in verschiedenen Textformen miteinander kommunizieren. Sie können auf diese Weise Ambivalenzen aushandeln. Das Selbst darf mitschreiben, kann entscheiden, welchem Anteil es Stift und Papier gibt und wie viel Raum und Zeit jeder Anteil zum Schreiben bekommt. Ego-States können ihrem Alter entsprechend schreiben. Manche sind noch unbeholfen, andere schon im Erwachsenen-Schreibalter. Durch die Methode des Schreibens dürfen auch Ego-States zu Wort kommen, die für gewöhnlich eher schüchtern und schweigsam sind. Das Selbst kann sich über das Schreiben mehr und mehr kennenlernen. Die Selbst-Familie kann über das Schreiben zur Integration der Ego-States beitragen. Einige Möglichkeiten der schriftlichen Verständigung untereinander stellen wir in diesem Kapitel vor und verknüpfen sie mit Schreibübungen der Poesietherapie.

Götteransichten

Die Götteransichten als Impuls für eine Aufstellung von Selbstanteilen im Raum verdanken sich einem Fallbeispiel. Wir stellen diese Möglichkeit, die verschiedenen Selbstanteile ins Gespräch miteinander zu bringen, daher hier anhand des zugehörigen Fallbeispiels von Herrn A. vor.

> »Ich weiß einfach nicht weiter. Ein Teil von mir will sich trennen. Ein anderer will bleiben. Ich fühle mich zerrissen. Eigentlich weiß ich immer, wo es langgeht. Diese Situation passt nicht zu meiner Persönlichkeit.« Mit diesen Sätzen eröffnete Herr A. die Sitzung. Er wirkte zerstreut und innerlich unsortiert. Es ging – unüberhörbar – um seine Ehe. Die befand sich anscheinend in einer Krise. Für den Mann – Führungskraft eines Unternehmens – eine seltene Situation. Hatte er doch sonst alles im Griff. Wären da nur nicht diese Ambivalenzen! Diese vielen inneren Stimmen! Alle redeten durcheinander. Manche stritten sich. So gegen Mittag schienen sie sich immer einig zu sein. Doch dann in den frühen Abendstunden ging das innere Diskutieren wieder von vorne los. Das Schlimmste dabei war: Es gab niemanden, der bei diesen Tumulten die Regie bzw. das Steuer übernahm. Alle redeten wirr durcheinander. Alle hatten Recht.
>
> Das ganze innere Theater spielte jetzt schon seit sechs Wochen immer dieselbe Vorstellung: Der Vorhang ging auf, das Spektakel ging bis zum vierten Akt,

der Vorhang fiel bis zur nächsten Vorstellung zu. Die Premiere war an einem Abend vor etwa eineinhalb Monaten gewesen, als seine Frau ihm gestand, dass sie sich in der Beziehung unglücklich fühle.

Auf die Frage, was ihm zurzeit innere Kraft und Stärke gebe, antwortete Herr A: »Die Götter.« Jeden Abend las er die griechischen Mythologien. Er fühlte sich von ihnen verstanden und gestärkt und wünschte sich von Herzen, dass die Götter seine eheliche Krise doch bitte richten mögen. Herr A. war daher einverstanden, die Götter in der Sitzung um Hilfe zu bitten. Er traf eine Auswahl und ordnete den relevanten inneren Anteilen jeweils eine Gottheit zu.

Dem Göttervater Zeus gab er das Zepter und damit die Entscheidungsfähigkeit. Dessen Frau Hera stand für Sexualität. Apollon, Gott der Poesie, nahm den inneren Anteil der Heilung ein. Athena stand für die innere Weisheit und Aphrodite für die Liebe in Herrn A. Als weiteren Stellvertreter wählte Herr A. Herakles, den größten Helden der Antike. Er durfte den Mann in ihm repräsentieren.

Herr A. gab allen einen Platz im Raum und ging nach und nach alle Gottheiten – und damit alle inneren Anteile – durch. Jede hatte etwas zu sagen. Alles war wichtig. Und dann sprach und entschied schlussendlich Zeus. Über die stellvertretende Gottheit hatte Herr A. wieder Zugang zu seinem inneren Regisseur gefunden. Seine Ressourcen waren wieder präsent. Er spürte Kraft und innere Stärke. Seine innere Bühne hatte sich sortiert. Die Ego-States standen ihm unterstützend zur Seite. Er wusste, was als Nächstes zu tun war. Die einstündige Götterdämmerung hatte ihm geholfen.

Walt-Disney-Strategie

Er mache keine Filme nur für Kinder. Er mache sie für das Kind in jedem von uns, sei es sechs oder sechzig Jahre alt, beschrieb Walt Disney seine Arbeit. Sein Team bestand nicht nur aus einem Pool von überaus kreativen Mitarbeitern, sondern zudem aus einer Ansammlung von Träumern, Realisten und Kritikern. Disney machte sich deren innere Anteile für seine Arbeit zunutze. Er verstand es, sie für seine Ideen und Projekte einzusetzen – und war damit überaus erfolgreich. »Das Dschungelbuch« und viele andere bis heute bei Kindern und Erwachsenen beliebte Filme hätte es ohne Träumer sicherlich niemals gegeben.

Hatte Disney die Idee für ein neues Projekt im Kopf, so schickte er sein Team für einige Tage an einen Ort zum Träumen. Ihre Aufgabe war, ausschließlich Ideen aus dem Träumer-Anteil zu generieren, so groß und grenzenlos wie ein Kind zu träumen, wenn es in die Wolken schaut und von keinem Erwachsenen reglementiert wird. Das Träumen erwies sich jedes Mal als ein gewaltiger Ideenlieferant.

Das Team kam zurück, sammelte Erfahrungen und wurde für weitere Tage an einen anderen Ort geschickt. Diesmal bestand seine Aufgabe darin, mit dem realistischen Anteil in Kontakt zu treten. Der pragmatische, handelnde Anteil erhielt nun die Hauptrolle auf der inneren Bühne.

In der dritten Phase beschäftigte sich das Team mit dem Kritiker. Der kritische Anteil hatte nun das Qualitätsmanagement zu leiten und prüfte die Vorgaben der anderen.

Am Ende des Prozesses wurde die neutrale Position eingenommen. Die unterschiedlichen Aspekte wurden besprochen und diskutiert, bis eine konstruktive Lösung gefunden worden war.

Unsere Grundannahme ist, dass in jedem von uns ein Träumer, ein Realist und ein Kritiker schlummern. Die drei warten nur darauf, auf die innere Bühne zu treten. Nehmen wir uns also ein Vorbild an der Vorgehensweise von Walt Disney und geben ihnen nacheinander die Möglichkeit, die Hauptrolle zu übernehmen, erst dem Träumer, dann dem Realisten und schließlich dem Kritiker. Am Ende nehmen wir dann die neutrale Position ein. Der ganze Prozess kann bei Bedarf mehrfach wiederholt werden.

Zum Träumen gehört das Wünschen. Schreibimpuls 25 gibt diesem Raum.

Schreibimpuls 25: Wünsche zaubern
Stellen Sie sich vor, eine Fee befragt sie nach Ihren Wünschen und bittet Sie, einen Wunschzettel aufzuschreiben. Was sollte dort aufgeführt sein? Geheime Wünsche, verwegene, nie ausgesprochene, Lebenswünsche? Welchem dieser Wünsche haben Sie sich bisher angenommen? Welcher Wunsch spricht Sie heute derart an, dass Sie sich dafür einsetzen möchten, und wäre es auch nur im kleinen Rahmen? Wer könnte Sie dabei unterstützen, Ihren Wunsch ernst zu nehmen?

Sechs-Hut-Modell

Der Ursprung der Walt-Disney-Strategie findet sich in dem Sechs-Hut-Modell von Eduard de Bono. Auch in dieser Intervention werden unterschiedliche Ego-States auf die innere Bühne gerufen. Das Ziel ist die Findung einer konstruktiven Lösung für eine Problemstellung.

Das folgende Fallbeispiel aus unserer Praxis verdeutlicht dies:

> Die sechs Mitarbeiterinnen einer sozialen Einrichtung hatten darüber zu entscheiden, ob sie möchten, dass ihr Klientel ab dem kommenden Jahr nicht mehr wie bisher ausschließlich weiblich, sondern auch männlich sein würde. Innerhalb des Teams gab es darüber große Differenzen.
>
> In der Supervision arbeiteten wir mit den *sechs Hüten*. Jede Teilnehmerin setzte sich einen andersfarbigen Papierhut auf und symbolisierte damit einen inneren Anteil:
> - Der graue Hut stand für Daten, Fakten, Rahmenbedingungen,
> - der rote Hut für emotionale Befindlichkeit,
> - der schwarze Hut für Befürchtungen, Gefahren, Risiken,
> - der gelbe Hut für Chancen, Gewinn, Erwartungen,
> - der grüne Hut für kreative, innovative Ideen, Vorgehensweisen,
> - der blaue Hut für Metapositionen und eine Zusammenfassung der Positionen.
>
> Die einzelnen Hüte suchten sich eine Position im Raum und begannen aus ihrer jeweiligen Perspektive auf den in der Mitte visualisierten Konflikt zu schauen. Anschließend rotierten die Hüte, indem die Trägerinnen sie tauschten. Das taten sie so lange, bis am Ende jede Teilnehmerin jede Position eingenommen hatte.
>
> Deutlich wurde: Die Perspektiven hatten sich erweitert. Der Horizont war größer geworden und damit hatten die Lösungsoptionen zugenommen. Die Diskussion um die Aufnahme einer männlichen Klientel war verflüssigt worden. Die Frauen konnten konstruktiv miteinander diskutieren.
>
> Da es sich um eine weitreichende Entscheidung handelte, wurden die Hüte auch in der folgenden Supervision aufgesetzt. Erst dann wurde die Entscheidung gefällt. Seit diesem Jahr dürfen auch Männer die Unterstützung der Einrichtung in Anspruch nehmen.

Schreibimpuls 26 bietet eine Schreibübung zu den sechs Hüten.

> **Schreibimpuls 26: Bunte Perspektiven**
>
> Nutzen Sie ein großes Blatt Papier. In die Mitte zeichnen Sie einen Kreis, in den Sie Ihr Thema schreiben. Rundherum ordnen Sie sechs gleich große Kreise in den Farben der Hüte an und bezeichnen diese mit der jeweiligen Bedeutung, die diesen Farben zugeordnet ist.
>
> Setzen Sie sich nun vor die Farbe, die Sie spontan besonders anspricht und schreiben aus dieser Position (tun Sie dies, sofern vorhanden, auf einem gleichfarbigem Papier) im Dialog mit Ihrem Thema die entsprechenden Gedanken.
>
> Dann wechseln Sie zur nächsten Farbe, um aus der dortigen Sicht zu Ihrem Thema zu schreiben. Das setzen Sie entsprechend fort, bis Sie alle Perspektiven einmal eingenommen und aus jeder auf einem eigenen Papier zu Ihrem Thema geschrieben haben. Legen Sie die Blätter auf den entsprechenden farbigen Kreis. Dann suchen Sie sich bitte einen entfernteren Platz, von dem aus Sie das Ganze übersehen können, stellen Sie sich eventuell auf einen Stuhl oder Tisch für die Metaperspektive.
>
> Was wird deutlich? Welche Gedanken, Ideen, Hinweise entdecken Sie? Mit welchen Aspekten möchten Sie sich nun weiter beschäftigen?

Six-Step-Reframing

Diese Methode hat ihren Ursprung in der Hypnotherapie. Sie arbeitet mit Ego-States im Rahmen eines inneren Dialogs. Anwendbar ist sie vor allem, wenn eine Veränderung auf der Verhaltensebene erwünscht ist. Das nachfolgende Fallbeispiel aus unserer Praxis illustriert dies.

> Frau M., 32 Jahre alt, ist verzweifelt und ratlos. Immer wieder – in ganz unterschiedlichen Situationen ihres Alltags – kommt ihr die Wut in die Quere. Meist trifft es ihren Lebensgefährten. Sie schreit ihn aus heiterem Himmel an, schmeißt in solchen Situationen gerne auch mit Gegenständen um sich, wählt ein Vokabular, das sie selber erschreckt, und bezeichnet sich in solchen Momenten als Rumpelstilzchen. Frau M. leidet unter ihrem Verhalten. Ihr Lebensgefährte hat bereits mehrmals angekündigt, dass er sich trennen werde, sollten sich die Wutausbrüche nicht verändern.
>
> Ich bitte Frau M. in unserer Sitzung, es sich bequem zu machen, die Augen zu schließen und ihre Aufmerksamkeit nach innen zu richten. Innerlich solle

sie nun Kontakt mit der Wut – dem identifizierten Symptom – aufnehmen: Wo im Körper wohnt die Wut? Wie sieht sie aus? Welche Gestalt hat sie? Welche Farbe und welche Größe?

Die Vorannahme ist, dass der innere Anteil – der Ego-State – sich die Symptomatik der Wutausbrüche zu einer Zeit ihres Lebens gewählt hat, in der er keine andere Wahl hatte. Die Wut schien zu dem Zeitpunkt die einzig mögliche und richtige Lösung zu sein.

Frau M. nimmt Kontakt zum inneren Anteil auf und fragt ihn: »Was ist deine positive Absicht? Wann trittst du auf die innere Bühne? Was möchtest du für das gesamte System sicherstellen?« Mit einem leichten Kopfnicken zeigt Frau M., dass sie eine Antwort erhalten hat. Wir können noch einen Schritt weitergehen.

Ich lade sie ein, Kontakt mit ihrem kreativen Teil aufzunehmen: »Wie sieht er aus? Welche Gestalt hat er? Wo im Körper wohnt er?« Frau M. begrüßt ihn freundlich und wertschätzend in ihrer Weise und bittet ihn drei neue Wahlmöglichkeiten für das unerwünschte Verhalten der Wutausbrüche anzubieten. Aufgrund ihres Kopfnickens weiß ich, dass Frau M. eine bereichernde Antwort erhalten hat.

Im nächsten Schritt wird erst der Ego-State um sein Einverständnis gebeten und im Anschluss daran alle anderen Anteile ebenfalls. Erhebt keiner der Anteile Widerspruch, so können die drei neuen Wahlmöglichkeiten im Leben erprobt werden.

Das Rumpelstilzchen von Frau M. hat sich seitdem nur noch ganz selten gezeigt.

Die Vorgehensweise des Six-Step-Reframings erfolgt, wie das Beispiel von Frau M. verdeutlicht hat, in sechs Schritten:
- Im ersten Schritt wird das Problem, der Konflikt, das Symptom identifiziert: Wie zeigt es sich? Wo im Körper wohnt es? Wann zeigt es sich? Wie heißt es? Welche Gestalt hat es? Ist es männlich oder weiblich? Welcher Name ist der erste, der Ihnen vom Unbewussten geschickt wird?
- Im zweiten Schritt wird der Teil begrüßt, und zwar wohlwollend und freundlich.
- Der dritte Schritt beschäftigt sich mit der positiven Absicht des inneren Teils. Die Klientin geht mit dem inzwischen namentlich bekannten Teil in Kontakt und erforscht seine Beweggründe, ihre innere Bühne wieder und wieder zu betreten. Der Teil wird gefragt, ob es eine Bereitschaft in ihm gibt, für eine begrenzte Zeit seinen Platz zu räumen. Falls er sich einverstanden erklärt, wird die Kreativität auf die innere Bühne gerufen.
- Im vierten Schritt verhandeln die beiden Anteile über mögliche Lösungswege: Was genau muss sichergestellt sein, damit das Symptom die Bühne

verlassen kann? Was muss stattdessen gelebt werden? Welche Anteile wollen vielleicht wachgeküsst werden?
- Der fünfte Schritt beinhaltet die Frage, ob alle Teile einverstanden sind. Sollte der eine oder andere einen Einspruch erheben, wird auch er gehört. Die ganze Verhandlung dauert so lange, bis alle Anteile ihr Einverständnis geben.
- Im sechsten und letzten Schritt wird sichergestellt, dass es sich um eine Erprobungsphase handelt. Sollte etwas dagegen sprechen oder sich andere Symptome bemerkbar machen, wird eine neue Konferenz einberufen.

Schreibimpuls 27 bringt Ihr Problem und Ihren kreativen Teil in einen Dialog.

> **Schreibimpuls 27: Im inneren Dialog mit meinem Problem**
> Wenden Sie sich wohlwollend Ihrem Symptom, Problem, Konflikt zu. Gehen Sie in Kontakt mit ihm. Geben Sie ihm einen Namen. Und gehen Sie dann mit Ihrem kreativen Teil in Kontakt. Auch er bekommt einen Namen. Lassen Sie die beiden in einen Dialog treten. Hören Sie aufmerksam zu. Schreiben Sie jeweils fünf Minuten darüber, was der jeweilige Teil sagt. Schlafen Sie mindestens drei Nächte über diesen inneren Dialog.
> Eventuell zeigen sich in den Träumen neue Lösungsansätze.

Systemische Poesietherapie im Kontext intermedialer Kunsttherapie

Leitfrage: Was macht Kunsttherapie systemisch?
Inhalt: Systemische Ansätze: intermedialer Ansatz künstlerischer Therapien (Silke Heimes), Expressive Arts Therapy (Paolo Knill et al.), Life/Art Process (Anna Halprim), Systemisches Schreibwirkmodell, Imagination.
Methode: Systemisch-intermediales Vorgehen an drei Beispielen.

Im systemischen Beratungskontext sind kreative Zugänge längst bedeutsame Interventionen, die systemische mit kunsttherapeutischen Ansätzen verbinden. Systemische Beraterinnen, Therapeutinnen, Coaches und Supervisorinnen wissen um die Wirkkraft erlebnisorientierter Methoden und deren nachhaltiger Wirkung, besonders dann, wenn Worte fehlen. Aktuelle Forschungsergebnisse belegen, dass diejenigen Bereiche des Gehirns, die für Stimmungen entscheidend sind, eher in Bildern denken.

Unsere Klientel ist zunehmend mit privaten wie beruflichen Herausforderungen konfrontiert, die ungewöhnliche und innovative Handlungen erfordern, das heißt mitunter enorme kreative Leistungen verlangen. Um sie in diesen Prozessen konstruktiv zu unterstützen und ermutigend zu befördern, bieten sich vielfältige bewährte künstlerische Zugänge an.

Intermedial eingesetzt lassen sich die einzelnen künstlerischen Verfahren systemisch wirksam verzahnen. Nicht eine kunsttherapeutische Richtung allein wird eingesetzt, sondern mehrere werden in ihren jeweiligen Möglichkeiten und dem Potenzial ihres wechselwirksamen Einsatzes miteinander kombiniert.

Systemische Ansätze

Ob es sich um Fusionsprozesse von Unternehmen mit Restrukturierungen von Organisationseinheiten handelt, um persönliche Veränderungen Einzelner nach einem Verlust oder um psychotherapeutische Prozesse zur Veränderung belastender Symptomatik, immer erleben die betroffenen Menschen diese Zeit als tiefe, meist existenzielle Wende ihres Lebens, für die ihre gewohnten und bisher zur Verfügung stehenden Lösungsstrategien nicht ausreichen. Das heißt: Sie erfahren diese Wende als eine Krisensituation, die dadurch gekennzeichnet ist, dass subjektiv ein Problem vorliegt, das die Lebenslage derart zuspitzt oder einengt, dass dies als eine Bedrohung empfunden wird, weil sich die Einzelnen nicht dazu in der Lage fühlen, das Problem durch die gewohnten Verhaltensweisen und Bewältigungsstrategien zu lösen. Sie schätzen ihre Handlungsmöglichkeiten und deren Erfolge als gering ein.

In der Krise liegen gleichermaßen Gefahren, daran zu zerbrechen, wie auch Chancen, neue Perspektiven und Lösungsmöglichkeiten zu entwickeln. Das Schriftzeichen der chinesischen Bilderschrift, das für Krise steht, verdeutlicht ein solches Verständnis, indem es die beiden Bilder für Gefahr und Chance/gute Möglichkeit gleichberechtigt Seite an Seite stellt (siehe Abbildung 1).

Kombination von

  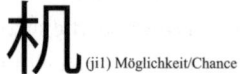

Abbildung 1: Das chinesische Schriftzeichen für Krise

Verbinden wir uns mit der Chance, die in der persönlich rekonstruierenden Auseinandersetzung mit dem Verlorenen liegt! Verena Kast (2012) zieht eine enge Verbindung zwischen dem schöpferischen Prozess und dem Verlauf einer Krise, da es beim schöpferischen Prozess, genau wie in einer Krisensituation, darum geht, eine Blockierung aus Angst dadurch aufzulösen, dass man von dem Alten Abstand nimmt, um neue Wege und Möglichkeiten finden zu können.

Gisela Schmeer (2006) setzt in ihrer psychoanalytisch-systemischen Kunsttherapie auf die Erweiterung kreativen Potenzials in der Krise. In Gruppensitzungen arbeitet sie mit kunsttherapeutischen Feldern als *schwingende Systeme* und nutzt diese für die Resonanz und die kunsttherapeutischen Möglichkeiten in Form von Resonanzbildern. Beispielsweise können diese Resonanzbilder Gruppendynamisches aufhellen, verdeutlichen, wie Ressourcen innerhalb der Gruppe weitergegeben werden, oder verborgen schlafende Themen für die Gruppe sichtbar werden lassen.

Die Mehrzahl künstlerischer Therapien nutzt kunsttherapeutische Ansätze der Tiefenpsychologie, Psychoanalyse, Pädagogik, Heilpädagogik, Anthroposophie, Sozialwissenschaften, Philosophie und Kognitionspsychologie, deren Basen aus der Kunstwissenschaft, der Kunstpraxis und der Systemtheorie stammen.

»Eine mögliche Antwort auf die medialen und intermedialen Herausforderungen liegen auf derselben Ebene, auf der die Forderungen an den Menschen herangetragen werden: Sie finden in einer intermedialen Kunsttherapie ihre Entsprechung. Nicht dadurch, dass der Mensch die Lebensrealität verneint oder verleugnet oder sich zurückzieht, ist er in der Lage, eine gesunde Form der Bewältigung zu finden, sondern nur, indem er sich in einem geschützten Raum mit den Gegebenheiten aktiv und interaktiv auseinandersetzt, wird er Lösungsstrategien erarbeiten, die sich im Alltag als tragfähig erweisen müssen« (Heimes, 2010, S. 14). *Künstlerische Therapien* bieten solch einen Raum, in dem der Mensch sich eigenverantwortlich an seiner Therapie beteiligt und sie in Form künstlerischer Prozesse mitgestaltet. Als zwei Expertinnen begeben sich Therapeutin und Klientin auf eine Art Expedition zum gemeinsam vereinbarten Entwicklungsziel, ausgestattet mit den Ressourcen von Therapeutin und Klientin und unter Einbeziehung der Lebensrealitäten. Im intermedialen Ansatz kombinieren sie mehrere künstlerische Ausdrucksformen wie Sprache, Bewegung, Gestaltung, Musik und Malen so miteinander, dass die einzelnen Medien in ihrem Zusammenspiel vielfältiger visueller, auditiver, somatosensorischer und motorischer Sinneseindrücke neuronal stimulierend wirken.

Auch hier steht nicht das Ergebnis im Blickpunkt, sondern der adäquate Ausdruck des Erlebten und ein stimmiger Umgang mit Gefühlen und Gedanken. So können im alternativen Erfahrungsraum Wahrnehmungen erweitert, kognitive Beurteilungen verändert und alternative Verhaltensweisen erprobt werden, bis die persönliche Kreativität eine weiterführende Idee freigibt und der Mensch sich in schöpferischer Teilhabe an seinen identitätsstiftenden Gestaltungsvorgängen erlebt.

Im poetischen Bereich waren auch Friedrich Schlegel und Novalis am Verhältnis von Kunst und Leben interessiert und sahen »jede Lebenstätigkeit mit poetischer Bedeutsamkeit aufgeladen« (S. 28). Für sie war Kunst weniger Produkt als vielmehr ein überall stattfindendes Ereignis. Eine progressive Universalpoesie solle das Leben und sämtliche Wissenschaften und Künste durchdringen, damit sie die Grenzen der Spezialisierungen überwinde. 1798 schrieb Friedrich Schlegel im berühmten 116. Fragment der Zeitschrift Athenäum: »Die romantische Poesie ist eine progressive Universalpoesie. Ihre Bestimmung ist nicht bloß, alle getrennten Gattungen der Poesie wieder zu vereinigen und die Poesie mit der Philosophie und Rhetorik in Berührung zu setzen. Sie will und soll auch Poesie und Prosa, Genialität und Kritik, Kunstpoesie und Naturpoesie bald mischen, bald verschmelzen, die Poesie lebendig und gesellig und das Leben und die Gesellschaft poetisch machen, den Witz poetisieren und die Formen der Kunst mit gediegenem Bildungsstoff jeder Art anfüllen und sättigen und durch die Schwingungen des Humors beseelen. Sie umfaßt alles, was nur poetisch ist, vom größten wieder mehrere Systeme in sich enthaltenden Systeme der Kunst bis zu dem Seufzer, dem Kuß, den das dichtende Kind aushaucht in kunstlosem Gesang« (1798/1967, S. 182 f.).

Leben, Kunst und Therapie im gestaltenden Zusammenspiel: Systemtherapeutinnen berufen sich dabei unter anderem auf den intermodalen Ansatz *Expressive Arts* bzw. *Expressive Arts Therapy* als verbindende Form diverser künstlerischer Therapien. Unter dem Stichwort *kunstorientiertes Handeln in der Begleitung von Veränderungsprozessen* wurde diese Form der Therapie in den 1970er Jahren von Shaun McNiff, Paolo Knill und Norma Canner in den USA als eine intermediale Variante der Kunsttherapie entwickelt. Im deutschen Sprachraum ist sie auch unter der Bezeichnung intermediale bzw. intermodale Kunsttherapie bekannt.

In die therapeutische Praxis und inzwischen auch in Coaching- und andere Beratungsformate sind künstlerische Disziplinen wie bildende Kunst, Tanz, Schauspiel, Musik oder Poesie wechselwirksam einbezogen. Kunstorientierte Begleitung basiert auf der produktiven Synergie von Sprache und künstlerischem Tun als einem *Prozess von der Festschreibung zur Spielraumerweiterung.* Das gründet wesentlich auf der Methode der sogenannten intermodalen Dezentrierung, das heißt auf einer Distanzierung vom eigentlichen Problem und damit vom Anliegen der Klientin. Das Loslassen des Problems geschieht in der zeitlich begrenzten Hinwendung zu einer anderen, gestalterisch-künstlerischen Tätigkeit als eine neuartige Erfahrung in Bezug auf das eigene Denken, Handeln, Erleben und *kunstvolle* Leben. Es besteht die Möglichkeit, von einer gewählten künstlerischen Form (zum Beispiel vom Arbeiten mit Farbe) im Verlauf der Therapie oder Beratung in eine andere Kunstform (zum Beispiel zur Arbeit mit poetischen Texten) zu wechseln. Die künstlerischen Erfahrungen werden strukturiert ausgewertet und im Hinblick auf das ursprüngliche Anliegen der Klientin besprochen.

Kennzeichnend für all diese künstlerischen Zugänge ist die Niederschwelligkeit der Angebote: Die eingesetzten Mittel und Medien sollen einfach in der Anwendung und attraktiv im gestalterischen Potenzial sein – orientiert am Prinzip »*low Skills, high Sensitivity*«. Der Realitätsbezug wird im Setting hergestellt, indem Beratungsraum, Studio und Alltagswelt differenziert voneinander unterschieden werden. Die professionelle Haltung ist getragen von Begegnungsmut, Nichtwissen, wertschätzender Neugier, einer kunstanalogen Einstellung (vgl. Eberhardt u. Knill, 2009, S. 29), dem Prinzip der Selbstorganisation, der Werk- und Prozess-Orientierung und der Ressourcenbetonung. Kunst wird verstanden als ein Subkommunikationssystem (Krieger, 1997), dessen Aufmerksamkeit dem Unvorhergesehenen und Überraschenden gilt. Typische Begrifflichkeiten sind beispielsweise *Notenge* oder *Gebiet der Sorge,* um den *Mangel an Spielraum* anstelle eines *Problems* zu fokussieren und mittels einer Befähigungserfahrung im geschützten Raum zu *entgrenzen,* das heißt, entwicklungsförderliche Rekonstruktionen zu erarbeiten.

Schreibend Spielräume zu eröffnen, ermöglicht, den an sich *toten Zeichen* (Wittgenstein) der Buchstaben eine Bedeutung zu verleihen und sie zum persönlich bedeutsamen Leben zu erwecken. Nur indem man Sprache gebraucht, lebt sie, besagt Wittgensteins pragmatische Sprachidee. In *Sprachspielen* Geschichten zu erfinden, Gedichte zu schreiben und sie im Rollenspiel darzustellen oder zu malen, hält uns lebendig, vorausgesetzt, dass wir unsere (stereotype Alltags-)Sprache mit Erlebtem und Gemeintem couragiert verlebendigen (vgl. Wittgenstein, 1977, S. 85) und dabei den Sinn des Wortes mit Sinnlichem verbinden.

Life/Art Process ist ein systemischer Ansatz, den die US-amerikanische Tänzerin und Choreografin Anna Halprin, beeinflusst von Gestalttherapie und humanistischer Psychologie entwickelte. Ihr methodisches Konzept integriert Kunst in Alltag und Gesellschaft, nachdem sie in den 1970er Jahren die transformative Kraft des Tanzes für den individuellen Körper, das Gruppengeschehen und die gesellschaftlichen Prozesse untersucht hatte. Ihre zentrale Frage lautet: Wie funktioniert Bewegung – die innere und die soziale?

Sie formulierte drei zentrale Aspekte: die »three levels of awareness«, die sie als »*sensing, feeling, thinking*« bezeichnete. Für ihr darauf aufbauendes Konzept übernahm sie die Bauhaus-Ideen der kollektiven Kreativität ungeteilter Künste und verband unterschiedliche künstlerische Zugänge miteinander: das Tanzen mit dem Malen, das Schreiben mit dem Tanzen und Malen, das Schreiben und Tanzen zu alltäglichen Verrichtungen (»Task-orientes movement«). »Frühstücken, Gehen, Stehen, Kochen, das Aufstellen eines Baugerüsts – jede alltägliche Handlung konnte Ausgangspunkt für die künstlerische Erkundung einer Bewegung werden« (Wittmann, 2013, S. 24). Dabei vermeidet es Anna Halprin bis heute, sichtbare Grenzen zwischen dem Gewöhnlichen und Ungewöhnlichen, dem Heilenden und Ästhetischen, dem Spirituellen und Alltäglichen, dem individuellen und kollektiven Körper zu ziehen.

Bei Life/Art Process steht, wie es der Name bereits verrät, der Prozess des Selbstausdrucks im Mittelpunkt und wird als wichtiger angesehen als das Produkt. In der Gruppenarbeit, die zum Teil bewusst ohne Anweisung von außen stattfand, führte das mitunter zu chaotischen Prozessen der sich dann letztlich doch selbst ordnenden und regulierenden Gruppen.

Der Ansatz versteht sich als Training kreativer Prozesse. Damit verbinden sich Bewegungsexploration, Improvisation, Performance, Kreatives Schreiben, Visualisieren, Malen – in wechselnder Kommunikation mit sich selbst, einer Partnerin und der Gruppe. »Es geht darum, Prinzipien kreativer Prozesse zu erlernen, um sie dann anzuwenden auf andere Prozesse – künstlerische, therapeutische, medizinische, soziale« (S. 41). Dabei geht es um die »Gestaltung einer wahrnehmbaren Differenziertheit wie auch Gleichzeitigkeit von Körper, Psyche und Geist – an den drei Stufen der Wahrnehmung, Spüren (Bewegung), Fühlen (Emotionen), Denken (Bilder und Gedanken)« (S. 47). Im intermedialen Zusammenspiel verstärken sich die Wirkungen der einzelnen künstlerischen Zugänge. »Durch die Einbeziehung des Malens und kreativen Schreibens erweitert und vertieft sich der Erfahrungsraum des Tanzes und verdichtet sich in der künstlerischen Gestaltung zum Prozess der Erkenntnis von Lebenszusammenhängen« (Schorn, 2013, S. 50).

Anna Halprin verbindet Zugangswege, die körperliche, emotionale und mentale Barrieren auflösen, um das Zusammenspiel von persönlichem Ausdrucksprofil und Beziehungsgefüge zwischen den Polen von Eindruck und Ausdruck in einen kreativen Fluss stetiger Wandlungsprozesse zu bringen. Jedes Ausdrucksmedium aktiviert und differenziert die jeweilig angesprochenen Sinne. So öffnen sich Wahrnehmungskanäle und erfassen ein erweitertes Spektrum emotionalen Erlebens.

In-die-Welt-Gehen und Zu-sich-Zurückkehren, mit jedem Schritt, den wir tun, bildet sich unsere leiblich-subjektive Spürfähigkeit weiter aus, und das Ich wird kontaktsensibler und resonanzfähiger gegenüber dem Du und Wir. Dabei wird das Gesehene, Gefühlte und Assoziierte aus dem zweidimensionalen Raum des Papiers beim Malen oder Schreiben übersetzt in einen dreidimensionalen Raum der Bewegung, der nun wiederum in den Erfahrungsraum der Beteiligten zurückwirkt.

In der Zusammenarbeit mit ihrem Mann, dem Landschaftsarchitekten Laurence Halprin, begann Anna Halprin früh, die Natur in ihre Bewegungsprojekte einzubeziehen: »Kontakt mit den Elementen ist zugleich Kontakt mit den im Körper ausgelösten inneren Resonanzen, die im gemalten Bild und in bildhaften Worten Ausdruck finden« (Schorn, 2013, S. 83). Die leibliche Identifikation mit den dynamischen Prozessen der Elemente kann kreativ neue und bisher ungeahnte Antworten und Erkenntnisse in der interaktiven Begegnung mit der Natur anregen. Öffnen sich die Sinne, so öffnen sich innere Resonanzräume. Resonanzen werden zu Ressourcen kreativer Antworten auf Gespürtes, Gefühltes und Erlebtes (S. 84).

Anna Halprin erweiterte ihre Arbeit mit Einzelnen und kleinen Gruppen zu organisch wachsender, künstlerisch-politischer Arbeit. Beispielsweise ist das von ihr mit ihrem Mann gemeinsam entwickelte Ritual »Earth Run« ein Workshop für Großgruppen, in den Aktive und Zuschauende gleichermaßen einbezogen sind, um sich gemeinsam für den Frieden verantwortlich zu fühlen und einzusetzen. Mit ihren persönlichen Interessen und Fragestellungen setzt sich die Großgruppe mit einem aktuellen gesellschaftspolitischen Thema auseinander. In Gesprächen, Bildern, Texten und Bewegungssequenzen erarbeiten sie, was sich später in Performances verbindet. Seit vielen Jahren wird »Earth Run« an vielen Orten der Erde durchgeführt.

Im Grenzbereich künstlerischer und therapeutischer Arbeit verbinden sich heilende Potenziale des Tanzes mit Selbststeuerungsprozessen in einem beständigen Wechselspiel zwischen Körper, Bewusstsein und Umwelt. Auf individueller wie kollektiver Ebene sowie in der Aufmerksamkeit auf das Gegenwärtige liegt eine kreative Kraft für das Umlernen alter Muster.

Hier zum Abschluss ein kurzes Textbeispiel zum Thema Tanz aus unserer Praxis:

»*Mein Tanz*
Ich tanzte mich besinnungslos – bis der ganze Schwindel aufflog.«
(A. N.)

Systemwirkungen des Kreativen therapeutischen Schreibens – das Systemische Schreibwirkmodell

Angeregt von diesen kreativ-künstlerischen Zugängen, Erkenntnissen der Kreativitätsforschung und dem integrativen Ansatz des Kreativen biografischen Schreibens entwickelten Petra Rechenberg-Winter und Renate Haußmann das Systemische Schreibwirkmodell®. Dies wurde bereits ausführlich beschrieben (Haußmann u. Rechenberg-Winter, 2013; Rechenberg-Winter u. Haußmann, 2015), weshalb es an dieser Stelle nur kurz dargestellt wird.

Abbildung 2 (S. 131) skizziert das zirkuläre Wirkspektrum des Kreativen therapeutischen Schreibens:
- Kreativität[2]: Kreatives Schreiben *kann* analysieren (Inkubation), rekonstruieren (Inspiration), erkennen (Illumination) und erfüllt damit alle Elemente, die in der Forschung zur Entwicklung von Kreativität beschrieben werden (Wallas, 1926). Dabei greift der kreative Prozess des Schreibens in der Verwandtschaft zum therapeutischen Prozess auf Erinnerungen und Erfahrungen zurück, die im Unterbewusstsein abgelegt sind.
- Interaktion[3]: Kreatives therapeutisches Schreiben *ist* Kommunikation. Die interaktive Auseinandersetzung mit sich selbst, mit den Akteuren im System (Familie, Institut, Unternehmen) und im Zusammenhang mit den Herausforderungen (Probleme, Konflikte, Krisen) erzeugt im Prozess der Entwicklung die systemische Wechselwirkung. Keiner der Beteiligten kann sich den veränderten Bedingungen entziehen, auch deshalb nicht, weil sich in der Folge auch die Herausforderungen (Themen, Aufgaben) verändern.
- Ressource[4]: Kreatives therapeutisches Schreiben *bewirkt* Wandlung, die direkt von der Person ausgeht. Die nachgewiesene therapeutische und ressourcenstärkende Wirkung (Heimes, 2012) auf die Menschen, die das kreativ-biografische und kreativ-therapeutische Schreiben zur Entwicklung nutzen, erzeugt eine achtsame und selbstwertige Haltung, die sich positiv auf die Gestaltung des täglichen Lebens auswirkt. Das bedeutet in der Rekonstruktion von gesellschaftlichen Einflüssen auf Mensch und Institution, dass die Entwicklung der Akteure im veränderten Umgang mit Belastungen und Krisen im Ergebnis nicht nur Konsequenzen für das eigene Bezugssystem hat, sondern auch in die Gesellschaft zurückwirkt.

Im Wechselspiel von Kreativität, Interaktion und Ressourcen verbindet das Systemische Schreibwirkmodell den Ansatz der systemischen Lehre mit dem des Kreativen therapeutischen Schreibens und nutzt die nachgewiesene individuelle Wirkung an der Schnittstelle zu personalen und organisationalen Beratungspro-

Systemische Poesietherapie im Kontext intermedialer Kunsttherapie 131

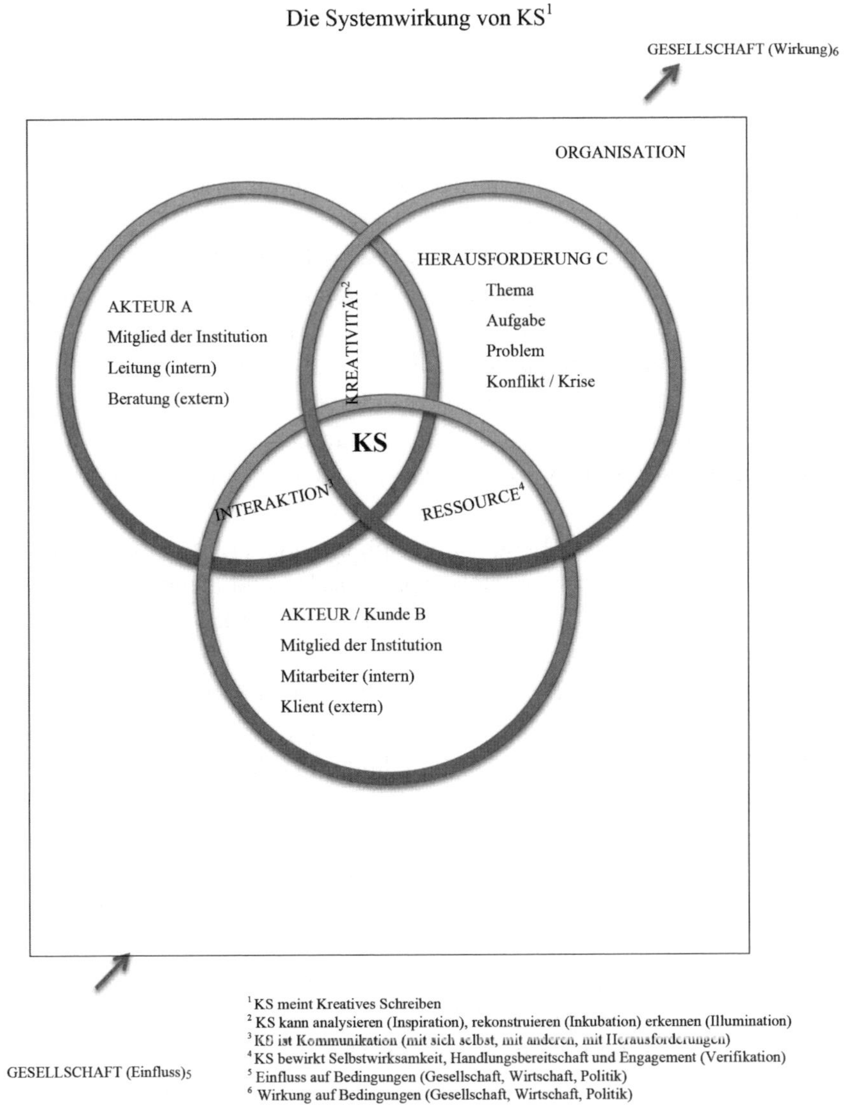

Die Systemwirkung von KS[1]

GESELLSCHAFT (Wirkung)[6]

ORGANISATION

HERAUSFORDERUNG C
Thema
Aufgabe
Problem
Konflikt / Krise

AKTEUR A
Mitglied der Institution
Leitung (intern)
Beratung (extern)

KREATIVITÄT[2]

KS

INTERAKTION[3]   RESSOURCE[4]

AKTEUR / Kunde B
Mitglied der Institution
Mitarbeiter (intern)
Klient (extern)

GESELLSCHAFT (Einfluss)[5]

[1] KS meint Kreatives Schreiben
[2] KS kann analysieren (Inspiration), rekonstruieren (Inkubation) erkennen (Illumination)
[3] KS ist Kommunikation (mit sich selbst, mit anderen, mit Herausforderungen)
[4] KS bewirkt Selbstwirksamkeit, Handlungsbereitschaft und Engagement (Verifikation)
[5] Einfluss auf Bedingungen (Gesellschaft, Wirtschaft, Politik)
[6] Wirkung auf Bedingungen (Gesellschaft, Wirtschaft, Politik)

Abbildung 2: Das Systemische Schreibwirkmodell®

zessen. Kreatives Schreiben wirkt im Mittelpunkt dieses Geschehens über die Akteure und deren Herausforderungen direkt in die relevanten Bezugssysteme, die ihrerseits auf Forderungen oder Auswirkungen von gesellschaftlichen Veränderungen reagieren. Damit wird interaktiv auf komplexe Systemzusammenhänge Einfluss genommen.

Systemisch-intermediales Vorgehen

Wie lassen sich schreibend im therapeutischen Setting sinnvolle Wirklichkeitskonstruktionen erzeugen, fragt sich die Therapeutin und erfährt: Therapeutinnen sind »weniger Experten für die ›Sache‹ – niemand kennt die Situation besser als die Klienten selbst –, sondern eher Experten für die Instandsetzung hilfreicher Prozesse, sie sind diejenigen, die Dialoge ermöglichen, in denen unterschiedliche Wirklichkeitskonstruktionen beschrieben werden und in denen mit alternativen Konstruktionen gespielt werden kann« (von Schippe u. Schweitzer, 2012, S. 52). Im Begegnungskontext der Therapie ist die Therapeutin also eine Hüterin des Dialogs der Klientinnen mit sich und anderen.

Schreibend gestalten sich die Auseinandersetzungen grundsätzlich imaginativ. Daher sei an dieser Stelle auf die Wirkung imaginativer Verfahren eingegangen, wie sie beispielsweise die Teilearbeit und andere hypnosystemische Ansätze nutzen.

Wir leben mit inneren Bildern im Kopf, orientieren uns an unseren Vorstellungen und lassen uns von Hoffnungsszenarien und Erinnerungen leiten. Alles beruht somit auf Imaginationen, die uns mit Emotionen, Kognitionen und Impulsen verbinden, uns zu Handlungen antreiben und im fortwährenden Entwickeln begleiten. Das geschieht permanent und automatisch, lässt sich aber auch gezielt einsetzen und aktiv schulen.

Imagination bedeutet übersetzt Einbildung (lat. Imago, Bild) und meint das Sich-ein-Bild-Machen, in das wir Gegebenheiten einzuordnen versuchen. In solchen bildhaft anschaulichen Vorstellungen und Phantasien können sich Räume eröffnen, zum Beispiel Möglichkeitsräume, in denen sich konkrete Grenzen imaginativ erlebbar in ein ersehntes Ganz-Anderes hinein überschreiten lassen.

Imaginationen bieten auch Räume für Erinnerungen oder Räume für eine in die Gegenwart hineingeholte Zukunft. Vieles ist hier möglich und oftmals mehr als das bisher Gedachte, Geglaubte und Angenommene. So können wir uns imaginativ in andere einfühlen und uns bisher Fremdem annähern. Und nicht nur bildhaft, sondern auch mit Geruchserinnerungen, Berührungsphantasien, akustischen Erwartungen oder Körperbewegungen (visuell, auditiv, kinästhetisch, olfaktorisch und gustatorisch, dem VAKOG-Modell entsprechend, das alle fünf Sinneskanäle beinhaltet).

Schreibimpuls 28 spürt Ihren Imaginationen nach.

Systemische Poesietherapie im Kontext intermedialer Kunsttherapie

Schreibimpuls 28: Mit allen fünf Sinnen
Nehmen Sie bitte eine entspannte Körperhaltung ein, verbinden Sie sich mit beiden Füßen mit dem Boden und spüren Sie die Berührungspunkte Ihres Körpers mit dem Stuhl, auf dem Sie sitzen. Dann beobachten Sie Ihren Atem, ohne ihn beeinflussen zu wollen, denn so wie Sie ihn jetzt im Moment wahrnehmen, ist er richtig und genau passend. Dann stellen Sie sich vor, unter einem Blechdach zu stehen, auf das heftiger Regen prasselt, der allmählich zu Hagelkörnern wird. Was hören Sie?
Als Nächstes stellen Sie sich eine leuchtend gelbe Zitrone vor. Sehen Sie sich dieses Prachtexemplar genau an, genießen Sie den Anblick. Dann beißen Sie herzhaft hinein. Was schmecken Sie?
Nun befinden Sie sich an einem sehr schönen Ort, dort streift sanfter Sommerwind über Ihre Haut. Was fühlen Sie? Sie tanzen froh verbunden mit dem Wind. Wie spüren Sie Ihre vorgestellten Bewegungen?
Kommen Sie langsam mit der Aufmerksamkeit auf Ihren Stuhl zurück und in den Raum.
Schreiben Sie nun so detailliert wie möglich die Erlebnisse Ihres inneren Ausflugs. Lassen Sie sich dafür ausreichend Zeit.
Lesen Sie Ihren Text, ergänzen oder korrigieren Sie bei Bedarf, um ihn dann laut sich selbst oder im Fall, dass Sie mit anderen gemeinsam schreiben, der Gruppe vorzulesen. Wie wirken die Beschreibungen nun auf Sie, was lösen sie jetzt aus? Schreiben Sie dazu einen verdichteten Abschlusssatz.

»Unsere Vorstellungen können uns helfen, die Welt zu erfassen, zu erschließen, was in bestimmten Situationen geschehen wird, eine Situation durch Einfühlung auch einigermaßen richtig zu erfassen, sie können uns aber auch den Blick verstellen für die Realität. Gerade dann, wenn unsere Vorstellungen mehr von unseren Problemen bestimmt sind« (Kast, 2012, S. 13).

Das Wort *Einbildungskraft* beinhaltet, dass wir es mit etwas Kraftvollem zu tun haben, einer Dynamik, die verändern kann, was eventuell unsere Angst vor ihr mitbegründet. Beispiele von missbräuchlicher Beschwörung leitender Bilder sind uns allen (nicht hur historisch) bekannt, und aus gutem Grund haben wir Respekt davor und sind achtsam kritisch ihrem Gebrauch und Einsatz gegenüber.

Der Kognitionsforscher Francisco J. Varela (2000) sieht Imagination als das eigentliche Leben an und in den bildhaften Vorstellungen die wesentliche Qualität des Lebens. Imagination bildet nicht einfach ab, sondern sie bringt ihrerseits hervor, was uns fehlt, mit Hilfe der Vorstellungskraft nun ergänzt oder gar geschaffen wird. Dieser Vorgang entsteht permanent neu und verläuft angesichts unserer komplexen Erfahrungen und den entsprechend unüberschaubaren Bearbeitungsprozessen selbstorganisatorisch. Wenn es uns allerdings gelingt, Vorstellungen willentlich zu verändern, können wir unsere mit ihnen verbundenen Gefühle beeinflussen und unsere Stimmungen regulieren. Der Neurobiologe Antonio R. Damasio geht davon aus, dass »Vorstellungen die Währung unseres Geistes sind« (2000, S. 383).

Imagination ist als Ressource, Impuls und Resilienzquelle anzusehen. Miteinander geteilte Vorstellungen bewirken Nähe, sind in der Lage, emotionale und soziale Bindungen zu verstärken und gewinnen im Austausch einen gewissen Überzeugungsgehalt. »Erinnert ihr euch, als wir damals … und Anna hatte …« Schon eröffnet sich eine Welt und kreiert eine gemeinsame Geschichte. Diese Erinnerungen sind alles andere als passive Abbildungen einer Wirklichkeit, vielmehr konstruieren sie im scheinbaren Nach-Erleben bereits neue Wirklichkeiten, schaffen hypothesengeleitet und vorstellungsbezogen ein aktuell gültiges und sinnvolles Ganzes, machen die Erzählenden im Moment ihres Austauschs etwas poetischer. »Die Imagination ist die reproduktive oder schöpferische Tätigkeit des Geistes überhaupt, ohne ein besonderes Vermögen zu sein. […] Die Phantasie als imaginative Tätigkeit ist für mich einfach der unmittelbare Ausdruck der psychischen Lebenstätigkeit, der psychischen Energie, die dem Bewusstsein nicht anders als in Form von Bildern oder Inhalten gegeben ist« (C. G. Jung, zit. nach Kast, 2012, S. 29).

Alle Therapierichtungen arbeiten mehr oder weniger mit Imaginationen. Klientinnen und Therapeutinnen setzen sich immer mit Erinnerungen, Erwartungen, Befürchtungen, Sehnsüchten, Hoffnungen, Perspektiven, Möglichkeiten, Emotionen, Handlungsenergien, Selbst- und Welterleben auseinander. Ob das Ängstigende angesehen, der Konfrontation mit Befürchtetem standgehalten oder probegehandelt wird, ob vertrauenserweckende Aspekte geschaffen oder mutig vielversprechende Alternativen entwickelt werden, das alles ist mit der aktuellen Erfahrung verbunden, das eigene Leben schöpferisch mitgestalten zu können. Imaginativ bieten sich Zugänge zu persönlichen Selbstheilungskräften und zu einem hoffenden Vertrauen in eine tragend-schützende Geborgenheit.

Konzentrieren wir uns auf innere Bilder und deren Veränderungen, schalten wir die Außenwelt weitgehend aus. Wir nehmen die Perspektive einer unbeteiligten Person ein, die ein inneres Bühnengeschehen aus schützendem Abstand betrachtet, oder übernehmen als Akteurin ausgewählte Rollen in bedeutsamen Szenen. Die Phantasien entwickeln ihre eigene Realität, eventuell aus einer aktuell emotional belastenden Engesituation hinaus in erweiterte Perspektiven. Ob eindrucksvolle Bilder oder flüchtige, es lohnt sich, diese in Worten zu fassen und ihnen so eine schriftliche Form als ankernde Gestalt zu geben. Der nachfolgende Text ist in unserer Praxis nach einer Imaginationsarbeit über drei Therapiestunden hinweg entstanden.

»Ich bin verloren gegangen, mir verloren gegangen. In einem jahrelangen Prozess schlichen sich Teile meines Selbst davon, verflüchtigten oder versteckten sich, geduckt vor erzieherischen Übergriffen, wohlmeinenden Dressuren und unbedachten Machtforderungen.
So kam ich mir abhanden, entwickelte ein hochkomplexes Abwehrsystem, das sich über die Jahre altersentsprechend ausdifferenzierte zum Typ der *Großen Kühlen aus dem hohen Norden*. Hinter diesem Selbstschutz ließ sich leben, deren trutzige Abwehr flößte meiner Umgebung Respekt, mir jedoch Abgrenzung ein. So kam ich mir abhanden, entwickelte mich von mir fort. Doch so leicht ließen sich die verloren geglaubten Selbstanteile nicht abhängen. Zornig, frech, kühn meldeten sie sich. Nutzten jede vertrauensvolle Gelegenheit dafür, sich ins Licht zu heben. Sie ernteten Erfolg bei mir lieben Menschen und Lebensfreude in mir. Diese Teile sind sehr stark. Kräftig drängen sie gegen Verkrustungen, weichen Verpflichtungen auf, rauben mahnend meinen Schlaf, lassen sich nicht unterkriegen.
Ich lerne mich immer besser kennen […] und schmiede so seit Jahren an einem Bündnis für mein letztes Lebensdrittel.« (A. H.)

Der hypnosystemische Ansatz (Schmidt, 2005) arbeitet mit imaginativen Bildern und metaphorischer Eigensprache. Er lädt die Systembeteiligten zu ungewöhnlichen Betrachtungen ein und wirbt darum, eingespielte Muster zumindest probeweise zu verlassen und in der Vorstellung durch alternative Strategien zu ersetzen. Wenn das keine wirkungsvolle Anregung zum kreativ-therapeutischen Schreiben ist!
Das könnte nun folgendermaßen gestaltet werden:
Beispiel 1, Drehbuch: Den Teilnehmenden einer Schreibgruppe wird eine große Auswahl unterschiedlichster Bilder angeboten, aus der sie ein bis zwei auswählen. Dies ist der Ausgangspunkt eines Drehbuchs, das nun in circa 45 Minuten skizziert bzw. geschrieben wird. In einer kurzen Zusammenfassung werden Protagonisten, Kontext und Geschehnisse der Gruppe vorgestellt und aus den Figuren eine ausgewählt, die ausführlicher als Rolle beschrieben wird. Diese

Rolle wird nun an ein anderes Gruppenmitglied, beispielsweise die rechte Nachbarin, mit der Bitte weitergegeben, diese zu übernehmen. Alle stimmen sich kurz auf die ihnen angetragene Rolle ein, um sie dann als improvisiertes Theaterstück auf eine vorher markierte Bühne zu bringen. Welches Stück entsteht? Wie erleben die Einzelnen sich in ihrer Rolle während des Spielprozesses und wie die anderen? Welche inneren Anteile zeigen sich im Spiel? Sind sie bekannt oder waren sie bisher verborgen? Darüber findet ein Erfahrungsaustausch in der Gruppe statt. Dann scheibt jede für sich »Heute bin ich … begegnet (Rolle)« und charakterisiert dabei das persönlich Erlebte aus der betrachtenden Erzählperspektive einer neutralen Beobachterin.

Beispiel 2, Bilder machen Geschichte(n): Den Teilnehmerinnen wird ein ihnen unbekanntes Bild vorgelegt, das (vorerst) als »untitled« vorgestellt wird. Diesem soll nun ein Titel gegeben werden, und dazu ist von jeder Teilnehmerin die Inhaltsangabe einer möglicherweise im Bild verborgenen Geschichte zu schreiben. Die Ergebnisse werden der Gruppe vorgelesen, die einzelnen Texte sowie Übereinstimmendes und Unterschiedliches werden nicht kommentiert, sondern lediglich registriert.

Dann wird der Titel der Malerin bekannt gegeben. Welche Geschichte entsteht jetzt? Es wird wieder von jeder Teilnehmerin eine neue Geschichte geschrieben, die dann mit der eigenen in einer dritten Version verbunden wird. Diese dritte Erzählung wird der Gruppe vorgelesen.

Eine mögliche Abwandlung könnte sein, dass die Teilnehmenden ein Bild malen, dem sie einen Titel geben, der vorerst nicht veröffentlicht wird. Das eigene Bild wird an eine andere Teilnehmerin weitergegeben, die dazu einen Titel findet. Das weitere Procedere entspricht dem beim unbekannten Bild beschriebenen.

Beispiel 3, Schlafende Bücher aufwecken: Wie viele Bücher stehen in unseren Regalen, die wir vor langer Zeit einmal sehr gerne gelesen haben, die uns in ihrer Aufmachung noch immer ansprechen oder auf andere Weise Erinnerungsträger sind? Statt sie regelmäßig abzustauben, könnten wir sie kreativ verwandeln. Wir könnten das als künstlerische Arbeit allein oder in der Gruppe tun. Buchseiten lassen sich besonders falten, ausschneiden, übermalen, bekleben oder überschreiben.

Am Ende wird in einem kurzen Text über den Arbeitsprozess und dessen persönliche Erfahrungen berichtet. Welcher kreative Zugang passt zum Inhalt des Buches und zu dem, was es mir einmal bedeutet hat?

Dieser persönliche Text ist dann erläuternder Bestandteil einer Ausstellung der bearbeiteten Bücher. Da finden sich nun mit Collage-Techniken, Aquarell, Wachskreiden oder Sand bearbeitete Exemplare. Vielleicht wurde Holz eingefügt, Buchseiten kunstvoll beschnitten, gefaltet oder das ganze Buch in seiner ursprünglichen Form besonders eingeschlagen (nach Capkova, 2015, S. 76 f.).

Zweiter Schritt: Werkstatteinblicke

Leitfrage: Wie kann Poesietherapie Veränderungsimpulse setzen?
Inhalt: Poesietherapeutische Arbeit und der Einsatz poesieorientierter Interventionen im Rahmen von Einzel-, Paar-, Familien- und Gruppentherapie, Coaching und Supervision.
Methode: Praxisbeispiele und Schreibimpulse.

Der zweite Schritt führt in die Praxis hinein. Wir Autorinnen laden Sie ein, uns über die Schulter zu schauen, wenn wir in diversen beraterisch-therapeutischen Settings systemische Arbeit kreativ mit poesieorientierten Interventionen verbinden. Wir möchten Sie anregen, das eine und das andere, das Sie anspricht, selbst zu erproben und in eigener Version in Ihre Arbeitsfelder zu übertragen.

Poesie in der Einzeltherapie

Leitfrage: Systemisch wirksam ohne System?
Inhalt: Systemische Therapie mit Einzelnen – und die wesentlichen anderen sind doch dabei. Schreiben zu inneren Repräsentanten relevanter Bezugssysteme.
Methode: Praxiseinblick. Klage.

Inneren Drachen entgegentreten

> *»Die Geschichte von Milarepa*
> Es lebte einmal vor langer, langer Zeit in einem fernen Land ein großer tibetischer Dichter namens Milarepa, der jahrzehntelang studierte und meditierte. Er zog über das Land und lehrte die Dorfbewohner, denen er begegnete, sich

in Barmherzigkeit und Mitgefühl zu üben. Er musste viele Beschwerlichkeiten, Schwierigkeiten und großes Leid erdulden – all dies verwandelte er in seinen Pfad des Erwachens.

Endlich war die Zeit gekommen, da er zu der kleinen Hütte zurückkehrte, die er sein Heim nannte. Während all der Jahre seiner Reise hatte er die Erinnerung an sie in seinem Herzen getragen. Als er jedoch in die Hütte eintrat, war sie mit Feinden aller Art angefüllt. Mit schrecklichen, furchterregenden, ungeheuerlichen Dämonen, vor denen jedermann schleunigst Reißaus genommen hätte.

Er atmete dreimal langsam ein und aus und wandte sich den Dämonen zu, völlig gegenwärtig und bewusst. Er blickte jedem von ihnen tief in die Augen, verneigte sich respektvoll und sprach: ›Ihr seid jetzt hier in meiner Hütte. Ich erweise euch Ehrerbietung und bin offen für das, was ihr mich zu lehren habt.‹

Kaum hatte er diese Worte ausgesprochen, waren alle Feinde bis auf fünf an der Zahl verschwunden. Diese, die übriggeblieben waren schauerliche, wüste, riesengroße Ungeheuer. Milarepa verneigte sich aufs Neue und begann ihnen ein Lied vorzusingen, eine süße Melodie, in welcher Liebe schwang für die mannigfachen Weisen, in denen diese Ungeheuer Leid erfahren hatten, und Wissbegier in Bezug auf das, was ihnen ermangelte und wie er ihnen helfen könnte. Als die letzten Töne seinen Lippen entwichen, lösten die Dämonen sich in Luft auf.

Nun blieb nur noch eines der garstigen Geschöpfe übrig; seine Reißzähne troffen von Unheil, aus den Nasenlöchern loderten Flammen, und sein aufgerissenes Maul ließ einen in einen dunklen, übelriechenden schwarzen Schlund schauen. Milarepa trat näher an diesen riesigen Dämon heran, atmete tief in den Bauch und sagte mit ruhigem Mitgefühl: ›Ich muss lernen, dein Leid zu verstehen und zu wissen, was du zu deiner Heilung brauchst.‹ Darauf legte er seinen Kopf in das Maul dieses Feindes. In diesem Augenblick verschwand der Dämon, und Milarepa war endlich zu Hause angekommen.«
(Zit. nach Dawna Markowa, 1997, S. 10)

Die vorangestellte »Geschichte von Milarepa«, einem Dichter, macht Mut, sich seinen inneren Dämonen und Drachen zu stellen. Die Dämonen, die Klientinnen innerlich anstrengen und in unsere Praxis führen, können sehr unterschiedlich sein:

»Ich brauche ein Gegenüber, das mir hilft, meine Gedanken zu sortieren«, »Ich brauche einen Spiegel. Ich habe mich in mir selbst verloren«, »Ich habe den roten Faden in meinem Leben verloren. Jetzt brauche ich Unterstützung, um ihn wieder aufzunehmen«, »Ich kann mich nicht entscheiden, welchen Weg ich gehen soll«, »Ich wünsche mir so sehr eine Vision für mein Leben«, »Meine Trauer überflutet mich jeden Tag. Ich weiß nicht, wie ich weiterleben kann«, »Ich wüsste so gerne, was der Sinn meines Lebens ist.« »Hören die Wunden irgendwann zu schmerzen auf?«

Als Beraterin und Therapeutin dürfen wir Menschen oftmals auf ihrem Weg der inneren Forschung begleiten. Wir betreten mit ihnen gemeinsam innere intime Räume. Manchmal sind wir die Ersten, die mit ihnen zusammen ins bislang Verborgene hineinschauen dürfen. Meistens liegen die Räume in einem dunklen oder halbdunklen Licht. Der Schlüssel liegt versteckt und will erst einmal gefunden werden.

Sind wir zu Gast in diesen Räumen, müssen wir manchmal die Spinnweben beiseiteschieben und uns durch den Nebel tasten, um ganz allmählich und behutsam gemeinsam mit der Klientin ein wenig Licht in das Dunkel zu bringen. Dabei begegnen den Klientinnen ihre persönlichen Drachen auf vielfältigste Weise, ebenso wie das bei Milarepa in seiner Entwicklungsgeschichte der Fall ist. Die Ungeheuer zeigen sich in der Gestalt der Angst, der Trauer, der Wut, der Eifersucht, der Verzweiflung. Sie wohnen in den inneren Räumen, halten sie besetzt und warten darauf, in die Freiheit entlassen zu werden. Nicht vor ihnen zurückzuschrecken, ihnen ins Maul zu schauen, ihren stinkenden Atem auszuhalten und ihrem übelriechenden Gestank zu trotzen, scheint unabdingbar, wenn wir bei uns selbst und zu Hause ankommen wollen.

Therapeutinnen dürfen die Klientinnen auf ihrem Weg begleiten. Sie dürfen Beistand leisten, eine Hand reichen, ihr Herz öffnen. Sie können einen Raum zur Verfügung stellen, in dem die Seele sich ausbreiten kann, um zu heilen und zu wachsen. Menschen suchen unsere Professionalität aufgrund unterschiedlichster Motivation und mannigfaltiger Anlässe: Die einen haben körperliche Symptome darauf aufmerksam gemacht, dass im inneren System etwas im Ungleichgewicht ist. Die anderen fühlen sich allein und sehnen sich nach einer festen Beziehung. Vielleicht ist das Zusammenleben als Paar problematisch geworden oder die Beziehung zu den eigenen Kindern gestaltet sich schwierig. Manchmal sind es Konflikte, die sich am Arbeitsplatz häufen, und manchmal diffuse Gefühle inneren Unglücks, die belasten. Bei fast allen Themen geht es um Veränderung. Es besteht ein Wunsch, sich aus alten Mustern zu lösen oder sich aus Abhängigkeiten zu befreien; dem inneren Ruf nach etwas Neuem zu folgen oder die eigene Kraft für etwas zu finden; psychische Gesundheit oder sich selbst zu leben bzw. einem dieser Ziele zumindest einen Schritt entgegenzukommen.

Der unverschleierte, allparteiliche Blick auf das eigene Innenleben ist im Veränderungsprozess kaum möglich. Zu sehr sind wir in unsere individuellen

Blickwinkel und Überzeugungen vom Leben verstrickt. Ein einmal verfasstes Drehbuch lässt sich nur schwer alleine umschreiben. Und dann sitzen auch noch überall die inneren Drachen herum. Auch sie verstellen uns den Weg in das Neue. Alleine sind wir oftmals viel zu ängstlich, um uns an ihnen vorbeizuschleichen. Um all die nötigen Schritte gehen zu können, ist es häufig gut und entlastend eine wertschätzende und allparteiliche beraterische oder therapeutische Begleitung neben sich zu wissen – das heißt: die Gelegenheit beim Schopf zu packen, der Krise eine Chance zu geben, der inneren Stimme Gehör zu verschaffen und sich dem Veränderungsimpuls zu stellen.

Eine Möglichkeit, wie Sie Ihrem inneren Drachen begegnen können, zeigt Schreibimpuls 29.

Schreibimpuls 29: Die Drachenbändigerin Martha
Eine alte Legende berichtet von Martha, einer Frau um Jesus. Sie tötete den Drachen nicht, wie der Heilige Michael, sondern *bändigte ihn*. War es ihr Gesang, wie eine Legendenversion berichtet? Oder verzauberte Martha das Untier mit Kreuzzeichen und Weihwasser? Wie auch immer es dazu kam, es gelang ihr, sich mit der archaischen Drachenkraft zu *verbinden,* denn der Drache legte sich Martha zu Füßen. Sie band ihn an ihren Gürtel und lebte mit ihm *Seite an Seite* (Moltmann-Wendel, 1991).
Drachen gebärden sich lebensbedrohlich und sind doch verwunschene Lebenssehnsüchte. Sich mit ihnen zusammenzutun, kann uns wieder mit tiefen Kräften verbinden.
Schreiben Sie eine Drachengeschichte. Folgen Sie mittels Freewriting (siehe im »Fabulatorium«, dem dritten Schritt dieses Buches, S. 214) Ihren Ideen und Phantasiebildern. Wem begegnen Sie? Was erleben Sie bzw. die Protagonistinnen Ihrer Erzählung? Was entdecken Sie? Formulieren Sie abschließend ein persönliches Motto.

Allein in der Familienberatung

Schaut man auf die Entwicklung der systemischen Familientherapie, so galt es zu Beginn als Kunstfehler (von Schlippe u. Schweitzer, 2012, S. 350), in einem anderen als dem gesamten Familiensetting zu arbeiten. Inzwischen ist die Einzelberatung und -therapie eine ganz übliche Vorgehensweise. Damit ist es auch

Menschen möglich, in den systemischen Kontext eingebunden zu sein, die weit entfernt von ihren Familien leben, die ohne ihre Familie individuelle Themen klären wollen oder deren Familienmitglieder an keinerlei Beratung oder Therapie interessiert sind.

Spätestens seit Erscheinen des Buches »Familientherapie ohne Familie« (Weiss u. Haertel-Weiss, 1995) hat sich die systemische Einzelberatung und -therapie etabliert. Um sich zu verändern, brauchen wir nicht die Präsenz der uns nahestehenden Menschen. Kommunikation, innere Heilung und Systemveränderungen gelingen ebenso in Abwesenheit der anderen. Das Fallbeispiel von Frau S. aus meiner (A. R.-R.) Praxis illustriert das.

> Frau S., 52 Jahre alt, sagt mir im Erstkontakt, sie habe ihr Leuchten verloren. Seit sieben Jahren lebt sie mit einem alkoholkranken Mann zusammen. Als er sich zu einer stationären Behandlung entschied, trank er am Abend vor der dortigen Aufnahme und am nächsten Morgen wurden bei ihm 2,8 Promille festgestellt. Nun fragt sie sich, ob Trennung der passende Weg für sie sei.
>
> Bislang hatte sie die Hoffnung auf Besserung durch Krisenzeiten mit ihrem Partner getragen. Wir arbeiteten mit ihren inneren Anteilen, den Ego-States. Sie gab der Sucht, der Hoffnung, ihrer Ko-Abhängigkeit, der Verzweiflung, der Beziehung, der Erotik und ihrer inneren Regisseurin einen Platz im Raum und übernahm in jeder Position die jeweilige Rolle. Dort erlebte sie deren jeweilige Beziehung zur Regisseurin. Ihr wurde deutlich, dass der Teil der Ko-Abhängigkeit bereits vor vielen Jahren die Regie übernommen hatte. Das erschütterte sie zutiefst, und sie erinnerte sich daran, dass ihr inzwischen verstorbener Vater bereits zum Zeitpunkt ihrer Geburt alkoholkrank war.
>
> Ich empfahl ihr für die Zeit bis zur nächsten Sitzung, jeden Tag in ihrem Studio an ihrem Sekretär ihrem Vater einen fortlaufenden Brief (van der Hart, 1984) zu schreiben. Beim nächsten Treffen brachte sie elf handgeschriebene Seiten mit. Sie suchte sich für ihren Vater einen Ort und den für sich selbst passenden Platz im Raum, um von dort aus mit brüchiger Stimme den gesamten Brief ihrem Vater vorzulesen. Dann legte sie den Brief ihrem Vater vor dessen Stuhl zu Füßen und gab ihm damit seine Verantwortung für ihren frühen Schmerz symbolisch zurück. Dann zerriss sie den Brief und legte die Fragmente in einen marokkanischen Feuertopf, um sie zu verbrennen. Die Asche nahm sie in einer kleinen Schachtel mit, um sie noch am selben Abend in einem ihrer Wohnung nahe gelegenen Fluss zu versenken.

»Wie immer in der systemischen Therapie geht es auch darum, dem Klienten zu vermitteln, dass Probleme aus Verhaltens- und Erlebenswelten und deren

Beschreibungen bestehen und nicht Ausdruck einer tieferen, ›dahinter liegenden‹ individuellen Störung oder Pathologie darstellen. Der Blick ist auf Beziehungen gerichtet, zu bedeutsamen anderen in ihrer Gegenwarts- oder Herkunftsfamilie, zur Gesellschaft, aber auch zu sich selbst oder auf die sich entwickelnde therapeutische Beziehung« (von Schlippe u. Schweitzer, 2012, S. 350). Um sicherzustellen, dass in der systemischen Familientherapie ohne Familie dennoch alle bedeutsamen Personen aus Gegenwarts- und Herkunftsfamilie und anderen wichtigen sozialen Systemen mit einbezogen werden, stehen uns eine Vielzahl von Methoden zur Verfügung. So gewährleistet beispielsweise das zirkuläre Fragen, dass sich die Perspektive auf das Symptom, die Geschichte und das Anliegen erweitert. Das heißt, auch im Einzelsetting stehen uns weit mehr als nur die Erzählungen aus der Sicht einer einzelnen Person zur Verfügung.

Beim zirkulären Fragen werden der Klientin beispielsweise folgende Fragen gestellt: »Was würde Ihr Mann darüber denken, wenn er wüsste, dass Sie eine Beratung in Anspruch nehmen? Wäre er eher erleichtert, verärgert oder traurig, wenn er wüsste, mit welchem Anliegen Sie hier sind? Was glauben Sie, wird Ihre älteste Tochter denken und fühlen, wenn sie wüsste, dass Sie hier sitzen und mir weinend Ihre derzeitige Situation erzählen?« Durch derartige Frage und die daraus resultierenden Informationssammlungen können wir das gesamte relevante Beziehungssystem in die Therapiesituation einladen.

Die Anzahl der systemischen Methoden in der Einzelberatung und -therapie ist groß. Es seien an dieser Stelle einige Beispiele, die an anderer Stelle im Buch beschrieben sind, genannt: die Arbeit mit den Ego-States (siehe S. 104), die Visionsarbeit (siehe S. 40), das Tetralemma (siehe S. 46) und das Entwicklungsflussmodell (siehe S. 37) oder die Genogrammarbeit (siehe S. 39).

Therapeutin, Stift und Papier

Alleine, nur auf uns gestellt, kommen wir in Lebenssituationen, die wir als unüberschaubar erleben, meist nicht weit, zumindest nicht, wenn es sich um Probleme, innere Konflikte, Abhängigkeiten oder Krisen handelt. Wir versuchen es tapfer eine Zeit lang, um dann doch zu merken, dass wir uns im Kreis drehen und sich in unserem Kopf immer die gleichen Gedankenschleifen miteinander verbinden. Eine neue Sichtweise auf das Ganze kommt selten zum Vorschein. Wir brauchen die Auseinandersetzung mit dem Gegenüber. Dabei unterstützt uns das Schreiben, und wir können es in der systemischen Therapie nutzen. Ebenso wie in einem beraterischen oder therapeutischen Kontext können wir uns auch beim Schreiben mit dem *Du* auseinandersetzen. Schreiben

Poesie in der Einzeltherapie

im heilenden Kontext kann als eine Erweiterung und Ergänzung von Beratung und Therapie verstanden werden.

Silke Heimes stellt in ihrem Buch »Warum Schreiben hilft« (2012) fest, dass Poesietherapie vor allem in den folgenden Bereichen positiv wirksam sein kann: Sucht, nahender Tod, lebensbedrohliche Erkrankung, Depression, Essstörungen, Burnout-Prophylaxe und traumatische Erfahrungen. Sie führt Untersuchungen auf, die die Vermutung zuließen, »dass das Schreiben über belastende oder emotional bewegende Themen zur Selbstveröffentlichung und verbesserten Ausdrucksfähigkeit beiträgt, was die Kommunikationsfähigkeit fördert, was sich wiederum positiv auf Beziehungen und Sozialverhalten auswirkt« (S. 112). So können die Wirksamkeit des Schreibens und die Zielsetzung der systemischen Familientherapie eine sich befruchtende Beziehung eingehen. Therapeut, Stift und Papier können Hand in Hand miteinander arbeiten.

Die Selbstveröffentlichung von Gefühlen und Gedanken ist ein zentrales Thema im therapeutischen Kontext. Um sie aus ihren verborgenen Räumen zu locken, Zusammenhänge zu erkennen und innere Muster ans Licht zu holen, kann uns das Schreiben eine hilfreiche Methode sein. Während des Schreibens kann eine Auseinandersetzung mit einem inneren *Du* stattfinden. Gleichzeitig kann ein Prozess entstehen, der uns den Zugang zu längst vergessenen Gefühlen ermöglicht. Wir dürfen dem Papier von uns in unserem ganz eigenen Tempo erzählen. Niemand unterbricht. Niemand stellt Fragen. Niemand missachtet eigene Grenzen und Räume. Niemand stört die Intimität. Schon während des Schreibens darf sich etwas in der schriftlichen Begegnung des *Ich* mit dem *Du* verändern. Eine reale Begegnung braucht es dafür nicht. Das folgende Fallbeispiel und der zu diesem gehörige Schreibimpuls-Text, ein Brief an den Vater, veranschaulichen dies.

> Frau A. ist seit mehreren Wochen in der Einzelberatung. Sie hat das Gefühl, den Tod ihres Vaters noch nicht verarbeitet zu haben. Gleichzeitig leidet sie noch an den Folgen einer Trennung, die vor drei Monaten stattgefunden hat. Frau A. hat das diffuse Gefühl, dass sie in die immer gleichen Beziehungsmuster tappe und es einen Zusammenhang zwischen der Persönlichkeit des Vaters und den Männern in ihrem Leben geben könnte. Ich bitte sie, einen Brief an ihren Vater zu schreiben. In der nächsten Sitzung liest sie ihn mir vor. Der Text trägt den Titel: »*Dein Bild in mir*«:
>
> »Lieber Vater,
> Mehr als ein Jahr ist seit deinem Tod vergangen. Es ist kurz vor Weihnachten. Ich will verstehen. Ich will dich verstehen. Mich verstehen. Unsere Beziehung

verstehen. Ich will verstehen, warum ich mir die immer gleiche Art von Männern an meine Seite wähle. Ich will verzeihen. Gesehen werden. Frieden finden.

Dem Pastor, der damals die Trauerrede gehalten hatte – ein Freund – konnte ich nichts Positives über dich erzählen. Monate später hat mich das beschämt. Wo warst du? Wo warst du als mein Vater? Versteckt hinter all deiner Sprachlosigkeit? Deiner Depression. Deinem Schweigen. Deiner Strenge. Deiner Unfähigkeit, mich in den Arm zu nehmen. Deinem Vermeiden von Gefühlen. Da muss doch etwas gewesen sein.

So kann ich dich nicht gehen lassen. Ich bin auf der Suche. Auf der Suche nach meinem Vater.

Du bist seit 13 Monaten tot. Dein Sterben dauerte nur wenige Wochen. Eine besonders heimtückische Krebsart. Ich war die Einzige, die damals wusste, dass du nur noch wenige Wochen zu leben hattest. Meine Mutter wollte es nicht hören. Nicht wahrhaben. Und ich war damals zu feige, es ihm zu sagen. Meinen Kindern – seinen Enkeln – habe ich es dann erzählt. Wir drei haben Abschied genommen. Heimlich. Ohne ihm etwas zu sagen. Heute erscheint mir das wie ein Verrat.

Ich fange an, zu recherchieren. Meine Mutter – kriegstraumatisiert wie du – kann mir nur wenig helfen, Erinnerungen hervorzukramen, neue Puzzlestücke zu entdecken, ein Gefühl für dein Wesen zu bekommen. Mein Wunsch: Ich will dir näher sein. Wenn schon nicht zu Lebzeiten, so doch wenigstens nach dem Tod.

Deine Ehefrau – meine Mutter – hat das Bild des humorvollen, fürsorglichen, liebenden Ehemannes und Vaters bekräftigt. Alles andere hätte sie zerstört.

Es gab nicht mehr viele, die ich fragen kann. Nur noch die Schwester. Meine Tante. Die einzig noch Lebende aus deiner Herkunftsfamilie. Sie hat mir neue Seiten von dir geschenkt.

Du seist ein liebevoller Bruder gewesen. Ein fürsorglicher Sohn. Die Mutter hast du über alles geliebt. 1928 bist du geboren. Als der Krieg ausbrach, warst du elf. Ein Junge mit großen Träumen. Du hast Musik geliebt. Meiner Großmutter hast du abends auf einer mit Zwirn bespannten Walnusshälfte Lieder gespielt. Du wolltest reisen. Einen Beruf ausüben, bei dem man die Welt erobert.

Meine Tante, deine Schwester, hat es erzählt. Und geweint.

Ganz langsam entsteht ein anderes Bild von dir. Ich habe von all dem nichts gewusst. Ich habe mich auch nie gekümmert. Ich war viel zu gekränkt, um mich noch für dich zu interessieren.

Ich fange ganz sanft an, zu verstehen. Da gab es noch einen anderen Mann. Einen vor der Traumatisierung. Einen, der fühlen konnte. Der Spaß am Leben hatte.

Wir haben uns Fotos von dir angeguckt. Meine Tante weint. Sie hat gemeinsam mit dir die Bombenangriffe auf Hamburg überlebt. Den Hamburger Feuersturm. Sie erzählt von der Narbe an deinem Handgelenk. Ein Bombensplitter war in das Zimmer der Geschwister geschossen. Du hast dich schützend über deine Schwester geworfen. Dabei wurdest du verletzt. Sie blieb unversehrt. Die Narbe hast du nie bewusst gezeigt. Genauso wenig wie deine seelischen Wunden.

Meine Tante erzählt von meinem Großvater, der im Winter 1945/46 auf dem Balkon stand und sich das Leben nehmen wollte. Er wusste nicht mehr, wie er die Familie ernähren sollte. Meine Großmutter ging mit ihren Kindern Kohlen und Kartoffeln klauen. Mein Großvater kam körperlich ohne große Wunden nach Kriegsende in die Stadt zurück. Seine Seele hatte er an der Front gelassen.

Du hast ihn damals vor dem Freitod bewahrt. Auch das wusste ich nicht. Oder wollte es nicht wissen.

Meine Tante weint. Und ich kann mich ganz langsam berühren lassen, von dem neuen Bild eines Vaters. Von einer Seite, die ich bislang nicht kannte. Die mir verschlossen war.

Ich würde sie gerne in mich aufnehmen. Sie spüren. Ich wünschte, sie würde mich innere Vollständigkeit fühlen lassen. Den Vater in mir warm werden lassen.

Schon jetzt hat sich viel verändert. Schon die Spurensuche war eine Annäherung. Die Gespräche. Die Fotos. Die Briefe.

Ich weine viel. Über den Verlust. Endlich darf ich weinen. Ich bin froh über die Trauer, die nun da sein darf. Ich weine über die verpassten Chancen. Über den Vater, den ich nicht wirklich gekannt hatte. Über die Tochter, die ich nicht wirklich sein durfte.

Ich bin offen für den nächsten Schritt. Vulnerabel für das nächste Bild. Gespannt und neugierig. Offen und ängstlich für neue Gefühle. Angst mich alten Verletzungen stellen zu müssen. Alte Wunden wieder aufreißen zu lassen.

Mein Herz ist geöffnet. Ich fange an, zu verstehen. Mehr und mehr. Fange an zu verstehen, was die Sprachlosigkeit verursacht hat. Fange an zu verstehen, welch Schmerz vom Vater zu dem Sohn weitergegeben wurde. Ich sehe und spüre die Hilflosigkeit dieser beiden Männer. Und ich hasse den Krieg, der so viele Träume zerstört und so viele Gefühle in den Untergrund verbannt hat.

Und während ich schreibe, weine ich über diese beiden Männer und über den verlorenen Vater. Ich traue mich, hinzuspüren. Zum ersten Mal in meinem Leben.

In meiner Küche hängt ein Foto von dir und mir. Ich vermisse dich. Ich hätte dich gerne früher verstanden. Ich wäre ihm gerne früher ›wirklich‹ begegnet. Ich glaube, du hast mich geliebt. Heute kann ich es spüren. Es ist warm.

Ich fange an, in Frieden zu sein. Du hast einen Platz in meinem Leben. Und ich bin stolz auf dich. Das Foto in meiner Küche bekommt einen goldenen Rahmen.

Deine Tochter«

Der obige Brief zum Fallbeispiel zeigt, wie das Schreiben hilft, neue Gefühle und Gedanken zu entwickeln. Schreibimpuls 30 bietet Ihnen ebenfalls hierzu die Möglichkeit.

Schreibimpuls 30: Klage
In den meisten Kulturen hat die Klage einen festen Platz in Abschiedsritualen. Laut von Klageweibern rezitiert, miteinander gesungen und getanzt, laut ausgerufen oder als Schrei. Die Klage bezeugt existenziellen Schmerz, würdigt die Dimensionen eines großen Verlustes und ist gemeinschaftlicher Beweis einer tiefen Verstörung: *Ich klage an!*
Jorgos Canacakis fand bei seinen anthropologischen Untersuchungen südgriechischer Klagegesänge deren Achtsilbigkeit als natürlichen Ausdruck heraus, eine entspannte Atmung zu unterstützen. Beim Singen einer achtsilbigen Zeile atmen wir aus, lassen los, so dass neuer Atem von selbst einströmt. Wir erhalten natürliche Entspannung als Geschenk des Atems. Die Achtsilbigkeit fordert eine gewisse Konzentration und zwingt, im Hier-und-Jetzt zu bleiben statt in ein Dort-und-Damals abzugleiten.
Hier ist ein Beispiel von zwei achtsilbigen Zeilen: »Nun hast du mich doch verlassen/stehst mir nicht mehr Seit an Seite.«
Schreiben Sie eine Klage nach diesem Rhythmus. Lesen Sie diese Klage im Stehen laut vor und achten Sie dabei auf Ihren Atem. Welche Erfahrungen sammeln Sie mit Ihrer Klage?

Poesie in der Paartherapie

Leitfrage: Wie gelingt Wörterglitzern in Beziehungen?
Inhalt: Klippen und Gelingen der Liebe, Paarentwicklung.
Methode: Schreibspiele zu zweit.

»*Sachliche Romanze*
Als sie einander acht Jahre kannten
(und man darf sagen: sie kannten sich gut),
kam ihre Liebe plötzlich abhanden.
Wie andern Leuten Stock oder Hut.
Sie waren traurig, betrugen sich heiter,

versuchten Küsse, als ob nichts sei,
und sahen sich an und wussten nicht weiter.
Da weinte sie schließlich. Und er stand dabei.
Vom Fenster aus konnte man Schiffen winken.
Er sagte, es wäre schon Viertel nach Vier
und Zeit, irgendwo Kaffee zu trinken.
Nebenan übte ein Mensch Klavier.
Sie gingen ins kleinste Café am Ort
und rührten in ihren Tassen.
Am Abend saßen sie immer noch dort.
Sie saßen allein und sie sprachen kein Wort
und konnten es einfach nicht fassen.«
(Erich Kästner, 1929/1988, S. 95)

Wenn die Liebe Hilfe braucht

»Es ist was es ist/sagt die Liebe« endet ein Gedicht von Erich Fried mit dem Titel »Was es ist« (1983/1996, S. 43). Wenn die Liebe zu gehen scheint oder nicht mehr so ungestüm und leichtfüßig daherkommt, glauben die meisten, sie wäre vorbei. Dasselbe denken sie, wenn die Liebe fremdgeht; wenn die erwachsene Liebe den kindlichen Mangelgefühlen weichen muss; wenn Neid, Streit und Kränkung die Hauptrollen im Drama der Liebe spielen; wenn statt inniger Zweisamkeit die individuelle Freiheit Einzug in das Paargeschehen hält und dies irrtümlicherweise als ein Verlust von Liebe verstanden wird und wenn das Atmen schwerer wird, die Vergnüglichkeit verschwindet und statt der Wünsche nur noch Vorwürfe zwischen den Partnern stehen. In all diesen Fällen ist genügend Anlass für eine Paarberatung gegeben.

»In der Beschäftigung mit sich, dem Partner und der Partnerschaft geht es darum, zu erkennen, wer man selbst ist, was man sich wünscht und braucht, was man geben kann und bereit ist, zu geben, wer der Partner ist, was man für ihn empfindet und was man sich mit ihm vorstellen kann. Es geht darum, zu verstehen, wie man miteinander umgeht und ob in der Beziehung Veränderungen gewünscht und inwieweit diese möglich sind« (Heimes, 2016, S. 13).

Kurt Ludewig nennt folgende mögliche Motive für den Entschluss, sich in einen beraterischen oder therapeutischen Prozess zu begeben: Beide Partner wollen die Beziehung, aber es gelingt ihnen nicht, sie erfreulich zu gestalten, weil ihnen Kenntnisse und Informationen fehlen und sie nicht vermögen, ihre vorhandenen Ressourcen zu nutzen. Möglicherweise belasten unabwendbare Verhältnisse das gemeinsame Leben und werden nicht als solche anerkannt.

Eventuell möchte eine Partnerin die Beziehung beenden, die andere nicht, oder beide wollen die Trennung. Manchmal weiß das Paar gar nicht genau, was es will (siehe Wirsching u. Scheib, 2002, S. 72). »Paartherapien fangen an, wenn irgendetwas zu Ende geht oder zu Ende gegangen ist: Die Liebe ist zu Ende, der Spaß hat aufgehört oder man ist einfach mit seinem Latein am Ende« (Retzer, 2007, S. 13).

Paare machen sich auf den Weg der Veränderung, wenn es so, wie es ist, nicht bleiben kann. Auf die Frage: »Warum kommen Sie genau jetzt. Zu diesem Zeitpunkt? Nicht vor einem halben Jahr? Nicht in einem Jahr?«, antworten die meisten Paare entweder: »So wie es ist, geht es einfach nicht weiter. Die Leidensgrenze ist erreicht«, oder: »Der jüngste Streit hat die letzten Kraftreserven aufgebraucht«, oder: »Ich habe Angst, mich zu entlieben. Und ich möchte den Weg zurück in die Liebe finden.« Irgendetwas ist anders. Es gibt anscheinend einen Unterschied, der einen Unterschied zu der Zeit und den Erlebnissen zuvor macht.

Der Blick verändert sich

Systemische Paartherapie zeichnet sich vor allem dadurch aus, dass sie nicht ausschließlich auf die beiden Hauptbeteiligten schaut, sondern wie stets in der Systemik das Gesamtsystem mit einbezieht. »Systemische Therapie für Paare heißt also zusammengefasst, mit den Klienten eine Landkarte des Beschreibens und Verstehens ihrer Lebenspraxis zu erschließen, auf der sowohl ihr leidvoller Umgang miteinander als auch unauffällige oder herausragende Ausnahmen dazu, und ganz besonders die Sehnsucht jedes Partners nach Entwicklung und Wandel beschrieben werden« (Wirsching u. Scheib, 2002, S. 202). Für Paare, die sich auf den Weg der Veränderung machen, mit welchem Anliegen auch immer, bedeutet dieses systemische Verständnis zumeist eine bedeutsame Perspektivenerweiterung. Beziehen wir die eigenen inneren Landkarten und die der Partnerin in die Betrachtungsweise ein, so weitet sich der Horizont. Paare haben die Möglichkeit, aus der *Kollusionsfalle* (Willi, 1975) einen Schritt herauszutreten und in die Weite ihrer jeweils eigenen Landschaft und der des anderen zu schauen.

Üblicherweise blicken wir mehr auf die Defizite des anderen als auf unsere eigenen. Und wer eignet sich dafür besser als die eigene Ehe- oder Beziehungspartnerin – scheint es doch so einfach zu sein, die Anteile am konflikthaften Verhalten oder am Misslingen der Paarbeziehung beim anderen zu suchen und vermeintlich auch zu finden:

- »Weil du so bist, wie du bist, muss ich mich wehren.«
- »Weil du so bist, wie du bist, kann ich nicht glücklich sein.«

- »Weil du so bist, wie du bist, muss ich mich immer nur um dich kümmern.«
- »Weil du so bist, wie du bist, haben wir immerzu Geldsorgen.«
- »Weil du so bist, wie du bist, habe ich eine Affäre.«

Die Liste ließe sich beliebig verlängern. Denn die meisten Menschen glauben, dass sich der andere nur zu verändern habe und schon wäre alles paradiesisch und die Liebe könnte in wohlklingender Dur-Melodie fließen.

Die Erklärungen für das Unglück werden also meistens in den Persönlichkeitsanteilen des jeweils anderen gesucht. »In der symmetrischen Eskalation glauben dies beide vom jeweils anderen, in der komplementären sind beide darin einig, dass es nur der eine ist, der sich ändern müsse, doch der ist leider ›behindert‹, es ist ›die Angst‹, ›die Dummheit‹, das ›fehlende Selbstwertgefühl‹, das eine Änderung unmöglich macht« (von Schlippe u. Schweitzer, 2012, S. 356).

Ein Liebesgedicht von Hannah Arendt an ihren Mann, Heinrich Blücher, regt ebenfalls zum Nachdenken über Liebe und Identität an:

»Immer noch scheint es mir unglaubhaft,
dass ich beides habe kriegen können,
die ›große Liebe‹ und die Identität mit der eigenen Person,
und ich habe doch das eine erst,
seit ich auch das andere habe.
Weiß aber nun endlich auch, was Glück eigentlich ist.«
(Hannah Arendt, 1936–1968/2013, S. 97)

Singular und Plural

Fangen wir in der Paararbeit an, die individuellen Landkarten zu erforschen, lenken wir den Blick auf bislang unentdeckte Regionen der jeweiligen Landschaft. Als zentrale Themenbereiche begegnen uns dort:
- Autonomie und Bindung,
- bestimmen und sich bestimmen lassen,
- geben und nehmen,
- unverarbeitete und unerledigte Paarthemen aus der Vergangenheit sowie nicht aufgearbeitete Kränkungen,
- unverarbeitete und unerledigte Themen aus der Herkunftsfamilie: Reinszenierungen von Abläufen, Rollen- und Beziehungsmustern aus der Kindheit, ungelöste Bindungen und Loyalitäten gegenüber den Mitgliedern der Herkunftsfamilie werden deutlich und verhindern eine erwachsene Liebe zur Partnerin,

- Intimität und Sexualität,
- Gendererfahrungen im Rollenverständnis von Mann und Frau mit (a-)symmetrisch erlebten Machtverhältnissen.

Systemische Therapie und Beratung für Paare, das bedeutet also, gemeinsam einen Weg der Forschung, des Verstehens und der Neugier zu gehen sowie die individuelle Lebenslage im Kontext sozialer und historischer Rahmenbedingungen verstehen zu wollen. Es geht darum, zu begreifen, nach welchen inneren Glaubenssätzen man handelt, wie sich die jeweils relevanten Ego-States präsentieren und wann wer von ihnen auf die innere Bühne tritt. Es meint: achtsam das Herz für die eigenen verletzten Kind-Anteile und die des anderen zu öffnen; sich an die Arbeit zu machen; eine erwachsene Liebe leben zu wollen; die Sterne vom Himmel zu holen und die Liebe auf die Erde zu bringen sowie sich damit auseinanderzusetzen, was Liebe ist, wie sie sich zeigt und wie sie ins Leben kommen kann. Systemische Paarberatung und Therapie, das heißt außerdem, verstehen zu wollen und verstanden zu werden. Es bedeutet vor allem, sich einem gemeinsamen Wachstumsprozess mit offenem Ausgang zu stellen und Verantwortung für die eigenen Bedürfnisse und Gefühle zu übernehmen: »Was bedeutet es für mich, geliebt zu werden? Wie fühle ich mich geliebt?«

Das nachfolgende Gedicht von Mascha Kaléko nutzt das Bild von Singular und Plural, um sich dem, was Liebe und Paarbeziehung bedeuten, anzunähern.

> *»Ich und Du*
> Ich und Du wir waren ein Paar
> Jeder ein seliger Singular
> Liebten einander als Ich und als Du
> Jeglicher Morgen ein Rendezvous
> Ich und du wir waren ein Paar
> Glaubt man es wohl an die vierzig Jahr
> Liebten einander in Wohl und in Wehe
> Führten die einzig mögliche Ehe
> Waren so selig wie Wolke und Wind
> Weil zwei Singulare kein Plural sind«
> (Mascha Kaléko, 2014, S. 45)

Ein Fallbeispiel aus unserer Praxis verdeutlicht das systemische, mit einem Schreibimpuls verbundene Vorgehen in der Paartherapie. Der anschließende Schreibimpuls 31 ermöglicht zudem eine Auseinandersetzung mit dem Thema »Glück«.

Jan (43 Jahre) und Ulrike (40 Jahre) leben seit zwei Jahren keine Sexualität mehr miteinander. Die beiden sind seit 15 Jahren ein Paar und seit zwölf Jahren verheiratet. Sie haben zwei gemeinsame Kinder im Alter von zwölf und sechs Jahren.

Vor acht Jahren trennte sich Jan von Ulrike, denn er hatte sich in eine andere Frau verliebt. Die neue Beziehung von Jan hielt jedoch nur ein Jahr und ging dann auseinander. Es gab einen *One-Night-Stand* von Jan und Ulrike, bei dem die zweite Tochter entstand. Die beiden beschlossen, es noch einmal miteinander zu versuchen. Der *zweite Frühling* brachte Schwung in die alte, neue Ehe. Der Neuanfang schien zu gelingen. Doch ganz allmählich schlichen sich wieder alte Beziehungsmuster ein. Die altbekannten Konflikte traten zutage. Jan fühlte sich dominiert. Er »saß wieder im Gefängnis« und trat die Flucht an. Er arbeitete bis zu zwölf Stunden am Tag, baute ein Ferienhaus, kaufte ein Motorrad, gründete eine Band, entfloh auf diese Weise der häuslichen Idylle und Gemeinsamkeit und verweigerte seiner Frau Sexualität. Zu groß wäre der Autonomieverlust für ihn gewesen.

Ulrike litt sowohl auf psychischer als auch auf körperlicher Ebene unter dem Verlust von Intimität. Sie fühlte sich abgelehnt, nicht geliebt und als Frau nicht begehrenswert.

In der Paarberatung wirkte Ulrike zunächst gefasst und distanziert. Erst im Laufe des Prozesses wurde deutlich, wie sehr sie gekränkt war. Unerledigte Themen aus der Vergangenheit des Paares standen zwischen ihnen, verhinderten auch auf emotionaler Ebene die Intimität. Die frühere Trennung war niemals besprochen und verziehen worden. Jans distanziertes Verhalten erlebte Ulrike seit Jahren als Zurückweisung.

Nach mehreren Sitzungen waren beide bereit, ein Versöhnungsritual zu initiieren. Beide notierten die erlittenen Verletzungen auf Zettel. Ulrike benannte die erste Kränkung. Jan antwortete mit einem rituellen Text: »Ich habe gehört, was du gesagt hast und ich habe es verstanden. Ich anerkenne, dass ich dich damit verletzt habe, auch in den Fällen in denen ich dies nicht beabsichtigt habe. Es tut mir leid« (Jellouschek, 2005, S. 38). Der andere antwortete mit den Worten: »Ich sehe und höre deine Anerkennung. Ich kann sehen, dass es dir leid tut. Ich nehme es an. Ich kann die Verletzung jetzt abschließen. Lass uns einen neuen Anfang machen. Ich werde in Zukunft nicht auf diese Verletzung zurückgreifen.«

Nachdem beide in der Sitzung ihre Zettel vorgelesen hatten, wurden sie rituell verbrannt. Die folgenden Sitzungen waren davon geprägt, Visionen für ein weiteres Zusammenleben zu entwickeln, Rollen und Werte zu definieren und auszuhandeln, Autonomie und Bindung auszubalancieren.

Es wurde Zeit, das Thema Sexualität neu zu beleben. Ich gab beiden eine Schreibübung an die Hand: »Schreiben sie eine erotische Geschichte. Schreiben sie auf, wovon sie schon immer geträumt haben. Lassen sie ihren sexuellen Phantasien freien Lauf.« Erst wenn beide ihre Geschichten geschrieben haben würden, sollten sie ein geschütztes Setting vereinbaren, in dessen Rahmen sie ihre Geschichte dem anderen vorlesen konnten. Als wir uns nach vier Wochen wiedersahen, traten beide Hand in Hand in die Praxis.

Schreibimpuls 31: Glück

Was bedeutet Glück für Sie? Was gehört für Sie dazu? Was gehört dazu, dass Sie persönliches Glück empfinden?

Schreiben Sie eine fiktive Erzählung tiefen Glücks.

Welche Verbindungen gibt es in Ihrer Geschichte zu Ihrem Leben und Ihren Träumen?

Die Intimität der Worte

Poesietherapeutische Methoden können in der systemischen Paararbeit besonders wirksam sein. Sprachlosigkeit zwischen Paaren ist ein Symptom, das recht gern die Beziehungsbühne betritt. Verletzungen, Kränkungen, Enttäuschungen und Reinszenierungen machen es schwer, das Innere nach außen zu bringen. Das Ungesagte bleibt ungesagt. Die Entfremdung zwischen den beiden Partnern schreitet voran. Oftmals mangelt es an einem sicheren Rahmen, der gewährleistet, dass die Intimität der Worte nicht verletzt wird, Grenzen geachtet werden und Worte nicht die Achillesfersen treffen, sondern ganz allmählich wieder die Herzen füreinander öffnen. »Wahrnehmungserleben muss auf den ›Begriff gebracht‹ werden, muss und will Worte finden« (Orth, 2015).

Es kann so viel leichter sein, Gefühle zunächst auf dem Papier zu sortieren, ihnen dort einen geschützten Raum zu geben und sie nach so langer Zeit des Verschlusses ans Tageslicht zu fördern, um sie dann dem anderen mitzu-

Poesie in der Paartherapie

teilen. Schreiben wirkt – auch zwischen Paaren. Das beschriebene Blatt Papier verändert das System. Wenn die Frau liest, was der Mann braucht, um sich geliebt zu fühlen, und umgekehrt der Mann das liest, was die Frau braucht, um geliebt zu werden, wird das ihre gegenseitigen Glaubenssätze wahrscheinlich verändern. Es wird ihr jeweiliges Verhalten verändern. Das wird wiederum das Verhalten des jeweils anderen verändern. Sie werden wahrscheinlich nicht länger aneinander *vorbeilieben*. Über das Schreiben und das sich gegenseitige Vorlesen kann es dem Paar leichter gelingen, den Dialog miteinander wieder aufzunehmen.

Einige Anregungen, das heißt Schreibimpulse können dazu beitragen, das Poetische in die systemische Paararbeit mit einzubinden. Die nachfolgend diesbezüglich hintereinander weg aufgeführten Schreibimpulse 32 bis 35 sind alle vier als Schreibübungen zum Thema »Paar« gedacht, die nicht in der therapeutischen Praxis, sondern zu einem Zeitpunkt geschrieben werden, den sich die Schreibenden, also die beiden Partner eines Paares, selbst wählen.

Schreibimpuls 32: Paar-Entwicklung

In dieser Paar-Schreibübung nach Jan Bleckwedel (2014) geht es darum, sich als Paar jeder für sich zunächst schriftlich an verschiedene Zeiten ihrer Geschichte und ihres gemeinsamen Lebens als Paar zu erinnern und die jeweils entstandenen Texte dann einander vorzulesen:

- Erinnern Sie sich an eine Zeit oder ein Ereignis, wo Sie Ihren Partner/ Ihre Partnerin unterstützt haben.
- Erinnern Sie sich an eine Zeit oder ein Ereignis, wo Ihre Partnerin Sie in Ihrer Entwicklung unterstützt hat.
- Erinnern Sie sich an eine Zeit oder ein Ereignis, wo Sie die Entwicklung Ihrer gemeinsamen Beziehung unterstützt oder vorangetrieben haben.
- Erinnern Sie sich an eine Zeit oder ein Ereignis, wo Sie gemeinsam bei der Entwicklung Ihrer Beziehung besonders gut und kreativ zusammengearbeitet haben.

Schreibimpuls 33: Ein Drehbuch schreiben
Bei dieser Schreibübung schreiben Partner und Partnerin jeweils ihr eigenes Drehbuch und stellen es dann dem anderen vor. Malen Sie sich aus, wie Sie in Ihrem Lieblingskino in Ihrer Lieblingsreihe sitzen, Ihr Lieblingsgetränk neben sich und Ihre Lieblingsknabberei in der Hand. Das Licht wird ganz allmählich schummerig. Der Vorhang schiebt sich zur Seite und es wird der Film der ersten Begegnung zwischen Ihnen und Ihrer Partnerin/Ihrem Partner gezeigt.
- Welchen Titel hat der Film?
- Wo spielt er?
- Welche Musik ist zu hören?

Und dann wird der erste Tag, die erste Nacht von Ihnen beiden gezeigt. Schauen Sie sich den Film vor Ihrem inneren Auge an. Lassen Sie sich genügend Zeit. Manche Szenen können Sie noch einmal zurückspulen. Manche im Zeitraffer anschauen.
Wenn Sie alles gesehen haben, was Sie sehen möchten, nehmen Sie wahr, wie der Vorhang sich schließt, das Licht angeht und Sie das Kino verlassen. Nehmen Sie einen andern Platz ein und fangen Sie an zu schreiben. Schreiben Sie das Drehbuch der ersten Begegnung.

Schreibimpuls 34: Vom Partner-Foto zur Kürzestgeschichte
Nehmen Sie sich als Paar jeweils ein Foto von Ihrer Partnerin bzw. Ihrem Partner und lassen Sie sich inspirieren. Schreiben Sie einen freien Text. Sie haben zwanzig Minuten Zeit dafür. Lesen Sie diese Anleitung erst weiter, wenn der Text geschrieben ist!
Ist er das? Dann nehmen Sie ein Wort, einen Begriff aus Ihrem Text und bilden ein *Phantastisches Binom*. Was das ist? Der Begriff geht auf Gianni Rodari zurück, einem italienischen Schreibpädagogen. Ein Phantastisches Binom entsteht, wenn man zu einem Begriff ein Wort sucht, das weit von diesem Begriff entfernt ist. Hier ein Beispiel: Ein Phantastisches Binom zu *Hund* ist nicht das Wort *Katze* oder *Napf,* die beide sehr nah gelegen

▶

sind. Weit genug entfernt wären hingegen zum Beispiel die Worte *Schrank*, *Roller* oder *Gauner*.

Suchen Sie sich also zu Ihrem Begriff ein Phantastisches Binom und schon ist da ein Bild und zu den beiden Begriffen entsteht eine Geschichte.

Bitte schreiben Sie diese Geschichte, aber sie darf nicht mehr als hundert Worte umfassen. Denn es soll eine Kürzestgeschichte sein.

Lesen Sie sich gegenseitig Ihre aus dem Binom entstandenen Texte vor. Worin unterscheiden sie sich? Wo erkennen Sie Übereinstimmendes?

Schreibimpuls 35: Paar-Landschaft

Skizzieren Sie auf einem DIN-A3-Papier als Paar gemeinsam Ihre Paarbeziehung in Form eines Flusses.

Wie stellt sich Ihr *Beziehungsfluss* in den einzelnen Abschnitten Ihrer Paarbeziehung dar? Wo verläuft er vielleicht gerade? Wo gibt es Stromschnellen? Nebenflüsse? Wo mäandert er eventuell durch die Landschaft? Wo gibt es Zuläufe und wo Abläufe?

Tragen Sie einen Punkt auf dem Fluss ein, der die Gegenwart markiert, das aktuelle Hier und Jetzt.

Anschließend skizzieren Sie die Landschaft, durch die sich Ihr Fluss bewegt.

Nach der Fertigstellung legen Sie das Blatt ein Stück weiter weg, so dass Sie von Ferne auf den Fluss schauen können.

Jetzt nehmen Sie sich zwanzig Minuten Zeit, den Paar-Fluss und seine Landschaft jeder für sich zu beschreiben. Mit Stift und Papier.

Lesen Sie sich gegenseitig Ihre Geschichten vor.

Über das Schreiben, über die geschriebenen Worte können Intimität und Vertrautheit neue Wege finden. Gefühle, die lange – oftmals viel zu lange – im Verborgenen geblieben sind, dürfen endlich nach außen und zum anderen. Manchmal entsteht dadurch eine neue Grundmelodie der Liebe – eine wohlklingende Melodie in Dur.

Supervision

Leitfrage: Wie den Überblick behalten?
Inhalt: Grundzüge systemischer Supervision in diversen Settings, Verbindung mit poesieorientierten Interventionen.
Methode: Geschichten, Schreibimpulse.

Diejenigen, die von oben sehen

»Ein Mann ging in den Wald, um einen Vogel zu fangen, den er mit nach Hause nehmen konnte. Er fing einen jungen Adler, brachte ihn heim und steckte ihn in den Hühnerhof zu den Hennen, Enten und Truthühnern. Und er gab ihm Hühnerfutter zu fressen, obwohl er ein Adler war, der König der Vögel.
Nach fünf Jahren erhielt er den Besuch eines naturkundigen Mannes. Und als sie miteinander durch den Garten gingen, sagte der: ›Dieser Vogel dort ist kein Huhn, er ist ein Adler!‹
›Ja‹, sagte der Mann, ›das stimmt. Aber ich habe ihn zu einem Huhn erzogen. Er ist jetzt kein Adler mehr, sondern ein Huhn, auch wenn seine Flügel 3 Meter breit sind.‹ ›Nein‹, sagte der andere. ›Er ist immer noch ein Adler, denn er hat das Herz eines Adlers. Und das wird ihn hoch hinauffliegen lassen in die Lüfte.‹ ›Nein, nein‹, sagte der Mann, ›er ist jetzt ein richtiges Huhn und wird niemals fliegen.‹
Darauf beschlossen sie, eine Probe zu machen. Der naturkundige Mann nahm den Adler, hob ihn in die Höhe und sagte beschwörend: ›Der du ein Adler bist, der du dem Himmel gehörst und nicht dieser Erde: Breite deine Schwingen aus und fliege!‹
Der Adler saß auf der hochgereckten Faust und blickte um sich. Hinter sich sah er die Hühner nach ihren Körnern picken, und er sprang zu ihnen hinunter. Der Mann sagte: ›Ich habe dir gesagt, er ist ein Huhn!‹ ›Nein‹, sagte der andere, ›er ist ein Adler. Ich versuche es morgen noch einmal!‹
Am anderen Tag stieg er mit dem Adler auf das Dach des Hauses, hob ihn empor und sagte: ›Adler, der du ein Adler bist, breite deine Schwingen aus und fliege!‹ Aber als der Adler wieder die scharrenden Hühner im Hofe erblickte, sprang er abermals zu ihnen hinunter und scharrte mit ihnen. Da sagte der Mann wieder: ›Ich habe dir gesagt, er ist ein Huhn!‹ ›Nein‹, sagte der andere, ›er ist ein Adler, und er hat immer noch das Herz eines Adlers. Lass es uns noch ein einziges Mal versuchen; morgen werde ich ihn fliegen lassen!‹

Am nächsten Morgen erhob er sich früh, nahm den Adler und brachte ihn hinaus aus der Stadt, weit weg von den Häusern an den Fuß eines hohen Berges. Die Sonne stieg gerade auf, sie vergoldete den Gipfel des Berges, jede Zinne erstrahlte in der Freude eines wundervollen Morgens.
Er hob den Adler hoch und sagte zu ihm: ›Adler, du bist ein Adler. Du gehörst dem Himmel und nicht dieser Erde. Breite deine Schwingen aus und fliege.‹
Der Adler blickte umher, zitterte, als erfülle ihn neues Leben – aber er flog nicht. Da ließ ihn der naturkundige Mann direkt in die Sonne schauen. Und plötzlich breitete er seine gewaltigen Flügel aus, erhob sich mit dem Schrei eines Adlers, flog höher und höher und kehrte nie wieder zurück.«
(James Aggrey, 2014, S. 5–18)

Beraterinnen und Therapeutinnen kennen das Phänomen: Befragen wir drei Geschwister eines Familiensystems über ihre Wahrnehmung bezüglich des vorhandenen Konfliktes, so werden alle drei die Familienwirklichkeit vollkommen unterschiedlich beschreiben. Fragen Supervisorinnen die Mitglieder eines Teams, wie sie einen bestehenden Konflikt wahrnehmen, so kommen eine Vielzahl von unterschiedlichen Wahrheiten und somit von unterschiedlichen Wirklichkeitskonstruktionen zutage. In beiden Fällen wird deutlich: Entscheidend ist der jeweilige individuelle Beobachtungsfokus, die Rolle aus der wir das Ganze betrachten bzw. unsere Konstruktion der Wirklichkeit. Als Teil eines Systems können wir stets nur einen kleinen Teil oder einen minimalen Ausschnitt unserer gesamten Verhaltensmöglichkeiten ins Leben bringen. Wir sind in unserer Wahrnehmungskonstruktion gefangen. Sie verhindert den *Blick über den Nestrand* hinweg. Das gilt nicht nur für Individuen, sondern auch für gesamte Systeme und das im familiären wie auch beruflichen Kontext.

Wie also kann es einem Team konstruktiv gelingen, einen Konflikt zu lösen, wenn jede aus ihrer Perspektive auf das Problem schaut? Und wie kann es gelingen, zu neuen Lösungswegen zu finden, wenn ein System sich in seiner Wirklichkeitskonstruktion festgefahren hat und es uns allen nur schwer möglich ist, uns in die Perspektive eines Adlers zu versetzen? Sobald uns das nämlich möglich wäre, würden wir von oben auf das Ganze schauen und die Position der Beobachtung der Beobachtung einnehmen.

Nun sind Supervisorinnen keine Adler. Sie haben keine Flügel und können dementsprechend nicht fliegen – und dennoch oben in der Luft sein. Denn was sie dem Adler ähnlich sein lässt, ist ihr Blick von oben. Obwohl sie mit den Füßen ganz pragmatisch auf der Erde stehen, unterstützen sie andere beim *Flug nach oben* und ziehen währenddessen selber ihre Kreise in der Luft. Eine Supervisorin ist – ganz im Sinne des Konstruktivismus – diejenige, die *von oben* (lat. supra) sieht (lat. videre). Ihre Aufgabe ist es, die Supervisandin mit auf die Meta-Ebene zu nehmen, anzuregen, zu verführen und neugierig zu machen, ihren Blick zu weiten und sie aus einer anderen Perspektive sich selbst beobachten und schauen zu machen. Es geht um die Anleitung zur Reflexion, konstruktivistisch somit um die Beobachtung zweiter Ordnung: die Beobachtung der Beobachtung.

Fokussiert werden bei diesem Höhenflug im Besonderen Kommunikation und Interaktion, Beziehungsstrukturen und Muster im Systemkontext, jedoch nicht die individuelle Person und deren individuellen Persönlichkeitsstrukturen. Systemische Supervisorinnen achten auf die Unterschiede zwischen den Verhaltensmustern und auf Ausnahmen im Verhalten; auf die Zusammenhänge, in denen das Problem auftritt, und ebenso auf die, in denen es nicht auftritt. Mit Adleraugen schauen sie, wo bereits neue Lösungsansätze praktiziert und umgesetzt werden. Wenn sie diese entdecken, ermuntern sie die Klientin erfreut: »*Mehr davon. Mehr von dem Neuen!*«

Der Blick von oben regt an, Potenziale und Ressourcen einzelner Systemmitglieder, aber auch des gesamten Systems neu zu entdecken. Die Vorannahme ist, dass alles bereits vorhanden ist. Die Tür zur Ressourcen-Schatzkammer muss nur neu geöffnet werden. Die Supervision begleitet die Suche nach dem Schlüssel zum Schatz. Ist die Schatzkammer erst einmal geöffnet, können sich neue Lösungswege zeigen. Kreativität und vergessene Stärken kommen wieder ans Licht. Festgefahrene Teamstrukturen und eingleisige Sichtweisen auf bestimmte Fälle können sich zu mehrgleisigen Perspektiven entwickeln, Teams aus dem Jammertal klettern und sich wieder auf der Höhe von Lebendigkeit und Innovation fortbewegen. Supervisandinnen haben die innere und äußere Erlaubnis, an eigene Ressourcen anzudocken.

Im Rahmen der Supervision werden Veränderungsimpulse gesetzt. Wie das jeweilige System diese umsetzt, ist dessen autonome Entscheidung. Welche Impulse welche Veränderungen bewirken, bleibt unbeeinflussbar. Supervision versteht sich als Beratung von Menschen in ihrer Arbeit. Ihr Ziel ist die Entfaltung, Entwicklung und Verbesserung des beruflichen Handelns. Im Mittelpunkt steht die Supervisandin, nicht der *Fall*. »In der systemischen Supervision wird ein Rahmen geschaffen, in dem Supervisanden ihre berufliche Praxis aus mehr Distanz heraus beobachten, beschreiben und reflektieren können. In diesem Rahmen können sie Fragestellungen entwickeln, die sich auf bestimmte Aspekte ihres eigenen Denkens, Fühlens und Handelns beziehen« (Ebbecke-Nohlen, 2009, S. 25).

Supervisorinnen beobachten. Sie achten darauf, *wie* ein Fall oder ein Konflikt geschildert wird. Sie bemerken, welche Teile der Geschichte nicht erzählt werden. Welche Beobachtungskriterien bei der Supervisandin zugrunde liegen, welche inneren Muster erkennbar sind. Wo Körperhaltung und Stimme sich eventuell beim Erzählen verändern, dort könnte das Anliegen der Falleinbringerin sein. Die Deutsche Gesellschaft für Systemische Therapie, Beratung und Familientherapie, die DGSF, schreibt in ihren Statuten über die Aufgabe der systemischen Supervision: »Supervision betrachtet und reflektiert professionelles Handeln und institutionelle Strukturen mit dem Ziel, die Qualität von psychischen, sozialen und institutionellen Faktoren in der beruflichen Arbeit zu verbessern. Systemische Supervision bezieht ihre theoretischen Hintergründe aus den verschiedenen Ansätzen der Systemtheorie und basiert somit auf den Prinzipien systemischen Denkens. Sie thematisiert die Kommunikations- und Interaktionsformen unter den Mitgliedern eines Systems und die Art und Weise, wie ein System mit seiner Umwelt in Kontakt tritt.« Mit anderen Worten: Grundlage unserer supervisorischen Arbeit ist die Systemtheorie. Im Rahmen der Supervision geht es uns vor allem um den grundlegenden Zusammenhang zwischen dem Ganzen eines Systems und seinen Teilen sowie der Vorstellung darüber, wie das System und seine Teile konstruiert sind. Wir richten unseren Blick dementsprechend auf die Beziehung zwischen den Mitgliedern eines Systems und deren Wechselwirkung untereinander und mit der Umwelt. »Insbesondere Begriffe wie Grenze, Struktur, Kontext, Leitdifferenz, Sinn und Funktion von Systemen sind für das Beschreiben und Verstehen von Systemzusammenhängen in den unterschiedlichsten Bereichen grundlegend geworden« (DGSF-Leitlinien, 2012). Der nachfolgende »7 Minuten Essay« zeigt das Ganze aus Sicht einer Supervisandin.

»7 Minuten Essay: Persönliche Supervisionserfahrungen
Auftragsklärung, Anliegen, Gemeinschaft, Verständnis, Kontakt, viele Wahrheiten, Blickwinkelerweiterung, Professionalität, Einsicht, Sexualität, Paardynamik, Einlassen, Hypothetisieren, Lachen, Humor, mich wohlfühlen, Ideen, Witz, Teilhabe, Teilhaben, teilnehmen lassen, Externalisieren, Kreativität, Symbole, Träume, Hoffnung, Literatur, Poesie, Lieder, Texte, Kreationen, Multikulti, Migration, Lebensweg, Time-Line, Leading, Pacing, Joining, Spielen, Kindsein, Introjekte, Teilearbeit, Gesang, Innere Stimme, Brainstorming, Mehrperspektivität, Glanz & Gloria, Sopran, Tenor, Alt, Bass, Mezosopran, Barriton, Bühne, Rollen, Narrativ, Beratung, Therapie, Tanz auf dem Vulkan, Stellvertreter, Eiertanz, Eislauf, Spitze des Eisberges, Gefühle, Trauer, Tränen der Freude, Wut, Hochgefühle, Gleichgewicht, ins Gleichgewicht bringen, Ausgleich, ausgleichen, Stellvertreter, anwerben, Werbung, Demut, Annahme, annehmen, genießen, essen, Pause, Rhythmus, ausruhen, atmen,

Bewusstheit, Bewusstsein, Mann-Frau-Kind, Alter, Wendepunkt, Analyse, Analphabet, Logik, Unlogik, Wüste, Seele, Mind, Wasser, Oase, tanken, auffüllen, ausbrennen, BOS, burn wild, beenden, schließen, ritualisieren, schlafen, ruhen, segnen, aussegnen, einsegnen.«
(V. T.)

Es gehört zum Selbstverständnis von Supervisorinnen, supervisorisch die von ihnen durchgeführten Supervisionen zu reflektieren, die begleiteten Prozesse neu auszuleuchten und sich Fragen zur persönlichen Haltung (siehe Methodenpapier im »Fabulatorium« zur Haltung, S. 218) zu stellen. Schreibimpuls 36 bietet dazu Gelegenheit. Wir haben sehr gute Erfahrung mit ihm gemacht und empfehlen ihn sehr gerne weiter!

Schreibimpuls 36: Ausleuchten
Dieser Schreibimpuls ist für Supervisorinnen, die systemisch und poesietherapeutisch arbeiten, gedacht.
Beleuchten Sie Ihre poesietherapeutische Zusammenarbeit mit einem Gedicht von Michael Ende:

> »Das Umstellen der Lichter
> Das, was dich hindert Kunst zu machen, mache zum Gegenstand deiner Kunst.
> Das, was dich hindert gut zu sein, mache zum Gegenstand deiner Güte.
> Das, was dich hindert zu erkennen, mache zum Fundament deines Denkens.
> Das, was dich hindert bewusst zu sein, mache zum Mittelpunkt deiner Aufmerksamkeit.
> Das, was dich hindert dein Leben zu leben, mache zum Inhalt deines Lebens.«
> (Michael Ende, 2009, CD)

Schreiben Sie eine kurze Stellungnahme, die Sie sich anschließend vorlesen, um dann in diesem Licht Ihre weitere Zusammenarbeit zu planen.

Wann braucht man einen »Adler«?

Supervision wird sowohl als Einzel- bzw. Fallsupervision wie als Team- oder auch Leitungssupervision angefragt. Anhand von konkreten Beispielen aus unserer Praxis stellen wir an dieser Stelle zunächst einmal diese drei verschiedenen Supervisionsformate vor.

Einzel- und Fallsupervision: Persönliche Schwierigkeiten und Fragestellungen in einer konkreten beruflichen Situation stehen hier im Mittelpunkt. Ziel ist es, den Handlungsspielraum zu erweitern und neue Lösungswege zu entdecken. Im Fallbeispiel aus unserer Praxis soll die Supervision zu einer Lösung hinsichtlich des angespannten Verhältnisses der Supervisandin zu ihrer Vorgesetzten beitragen.

> Frau H. arbeitet in einer Marketingagentur. Seit zehn Jahren ist sie dort angestellt, war bislang erfolgreich und eine gern gesehene Kollegin. Sie ist Leiterin eines achtköpfigen Teams. Seit einem halben Jahr hat sie eine neue Vorgesetzte. Das Verhältnis zwischen den beiden ist angespannt und von fast täglichen Konflikten gekennzeichnet. Frau H. überlegt, zu kündigen.
>
> In der Einzelsupervision frage ich sie nach einer spontanen Assoziation in Bezug auf ihre Vorgesetzte. »Sie ist eine Krähe«, schießt es aus ihr heraus. Sie beschreibt das Bild konkret, führt ihre Assoziationen aus.
>
> Ich lade sie auf ein zehnminütiges Freewriting über »Die Krähe – ein heimischer Vogel« ein. Im Anschluss hat Frau H. zwanzig Minuten Zeit auf Grundlage des Geschriebenen, eine Fabel zu entwerfen. Im Mittelpunkt steht die Krähe.
>
> Abschließend liest sie das Geschriebene vor. Sie hat eine Fabel über sich und die Krähe geschrieben. Und wie sieht es jetzt mit ihrem Verhältnis zur Vorgesetzten aus? Der Blick auf sie hat sich verändert. Frau H. geht lächelnd aus der Praxis.

Teamsupervision: Hier stehen Konflikte und Entwicklungen, die die Zusammenarbeit, Stimmung und Zufriedenheit im Team erschweren, im Mittelpunkt. Die Teamsupervison hat primär das Ziel, berufliche Anliegen zu reflektieren. Das Team bearbeitet gemeinsam eigene dynamische Entwicklungen in der Interaktion und Kommunikation. Geachtet werden sollte der institutionelle Rahmen sowie die Zielsetzung der jeweiligen Organisation. Im Fallbeispiel aus unserer Praxis spielen nicht ausgesprochene Bedürfnisse eine wesentliche Rolle.

Das fünfköpfige Team einer Einrichtung für Essstörungen hat es schwer, mit Konflikten umzugehen. Die Frauen arbeiten schon viele Jahre zusammen. Zwei von ihnen haben die Einrichtung vor zwölf Jahren gegründet. Hierarchisch sind alle gleichgestellt. Manche sind dennoch gleicher als andere.

Geheime Regeln im Team sind: »Wir streiten uns nicht. Wir haben uns alle gern. Es gibt keine Konkurrenzen. Keine darf aus der Geschwisterlinie heraustreten. Die beiden Alten haben die stille Macht.«

Zwei Frauen möchten gerne die Einrichtung für ein neues Klientel öffnen. Sie möchten neue Angebote machen, haben sich weitergebildet, möchten neue Impulse setzen.

Die zwei Gründerinnen möchten bewahren.

Keiner mag sprechen. Sie möchten einander nicht verletzen. Unter dem Teppich brodelt es deutlich spürbar.

Ihr gemeinsames Anliegen für die dreistündige Supervision: Einen Konsens für die weitere Entwicklung zu finden, mit dem alle zufrieden sind.

Ich lade die Frauen ein, sich 45 Minuten Zeit zum Schreiben zu nehmen. Die Überschrift lautet: »Ein Konzept aus der Zukunft«. Alle fünf Frauen sollen sich vorstellen, dass zehn Jahre vergangen seien und sie sich im Jahr 2026 befinden. Aus dieser Zukunftsperspektive heraus sollen sie sich schriftlich mit folgenden Fragen auseinandersetzen:
- Wie hat sich die Einrichtung entwickelt?
- Welche Rolle hatte ich persönlich dabei?
- Welche Ressourcen konnte ich einbringen?
- Wie lange bin ich geblieben? Bin ich noch dort?
- Welche Arbeitsbereiche waren meine?
- Wie war das Klima innerhalb des Teams?
- Was habe ich persönlich dazu beigetragen, dass sich das Team gut entwickelt hat und ich eine hohe Arbeitszufriedenheit erreicht habe?

Die fünf Zukunftskonzepte werden anschließend laut vorgelesen.
Der geschützte Rahmen der Supervision hat es den Frauen erlaubt, sich mit ihren Texten vorzuwagen und zum ersten Mal von ihren individuellen Wünschen und Visionen zu erzählen. Die Unterschiedlichkeiten können nun anerkannt und gewertschätzt werden. Ein Prozess der konzeptionellen Weiterentwicklung ist angestoßen worden und wird in den künftigen Supervisionen und Teamsitzungen weiterentwickelt werden.

Supervision

Leitungssupervision: Hier geht es um die Unterstützung von Führungskräften. Das Fallbeispiel verdeutlicht dies.

> »Wir sind acht Fürsten mit jeweils einem Fürstentum. Jeder von uns bewirtschaftet seine Ländereien, stellt Regeln für seine Untertanen auf, erwirtschaftet Geld und Steuern und investiert sie wieder. Doch keiner von uns weiß, was der andere tut. Das soll sich ändern. Wir möchten die Grenzen durchlässiger machen, miteinander kommunizieren, uns unterstützen, von den Erfahrungen der anderen profitieren. Und wir möchten einen König, der uns alle gleich behandelt.« Mit diesem Anliegen kamen acht Führungskräfte einer bundesweit arbeitenden sozialen Organisation in die Supervision – nur drückten sie es viel prosaischer aus. Die Frauen und Männer mit Leitungsfunktion bekamen erst von uns die Einladung, einmal eine andere Gehirnhälfte zu aktivieren. Sie durften ein Märchen mit dem Titel *»Die acht Fürsten«* schreiben. Einzige Vorgaben waren: Der Beginn sollte lauten: *»Es war einmal ...«* und enden sollte das Märchen mit den Worten: *»Und wenn sie nicht gestorben sind,* dann ...« Die acht Führungskräfte hatten 45 Minuten Zeit.
>
> Es war vergnüglich, eindrucksvoll und überraschend, welch vielfältige Ideen die acht im Rahmen dieser Schreibübung entwickelten. Die Märchen waren dann die Arbeitsgrundlage für die nächsten konstituierenden Supervisionssitzungen.

Von Robin Hood und anderen Gestalten

Arbeitsfelder gibt es, wie in Abbildung 3 (S. 164) dargestellt, inzwischen für Supervisorinnen in vielen professionellen Kontexten. Die Motivationen, eine Supervisorin zu beauftragen, können dementsprechend verschiedenartiger kaum sein. So sind Supervisorinnen meist vor die schwere Aufgabe gestellt, den unterschiedlichsten Rollenangeboten zu widerstehen. Einige davon haben wir ausgewählt und mit einem Schreibimpuls verbunden.

Alten_{hilfe}Bildungseinrichtungen_{Zentren für}Essstörungen Diakonisches Werk_{Erwachsenen}bildung_{Familien}bildungsstätten Gemeinnützige Vereine Hospiz_{Interkulturelle}*Arbeit* Jugendarbeit_{Kinder}**tages**_{stätten}Lebensnhilfe_{Migrations}arbeit_{Narrative}*Therapie* Öffentliche_{Verwaltung}*Praxen*_{Quer}einsteiger Jobcenter_{Rehabi}litations_{einrichtungen}**Soziale**_{Einrichtungen}*Theater*gruppen*Unternehmen*_{Ver}eine Werkstätten_{für Behinderte}Zentrum für Weiterbildung

Abbildung 3: Arbeitsfelder der Supervision

Schreibimpuls 37: Rollenangebote in der Supervision – Sei uns ...

»Sei uns Robin Hood: *Unterstütze die entrechteten und unterdrückten Mitarbeiter im Kampf gegen die Vorgesetzten.*

Sei uns eine Diplomatin: *Vermittle zwischen den Fronten der verfeindeten Parteien in unserem Team.*

Sei uns ein Terminator: *Ekle unliebsame Kollegen hinaus, denn die anderen trauen sich das nicht.*

Sei uns eine Revolutionärin: *Ändere unseren Chef oder säge ihn ab, denn wir haben schon alles andere versucht.*

Sei uns eine Kontrolleurin: *Verhindere Abweichung von der offiziellen Linie und sage den betreffenden Kolleginnen, dass sie im Unrecht sind.*

Sei uns das Rote Kreuz: *Pflege unsere Wunden und zeige das Verständnis für uns, das wir von unseren Vorgesetzten nicht bekommen.*

Sei uns die Staubzulage: *Versüße unser schweres unabänderliches Schicksal, denn wir haben wegen unserer schweren Arbeit ein Anrecht auf Supervision.*

Sei uns eine Entertainerin: *Mach uns einen bunten Abend oder organisiere uns eine systemische Butterfahrt.*

▶

Supervision

> Sei uns eine Ausbilderin: *Qualifiziere uns, damit wir besser den Arbeitsplatz wechseln können.*
> Sei uns ein Statussymbol: *Wer was auf sich hält, hält sich einen Supervisor.*
> Sei uns ein Blindenhund: *Zeige uns den rechten Weg zu einer besseren Arbeitshaltung.*
> Sei uns eine Therapeutin: *Ergründe unsere Seele oder das Unbewusste unserer Einrichtung, denn wir wollen mehr über uns erfahren.*
> Sei uns ein Christus: *Führe uns zum Heil und führe uns zur Wahrheit, denn wenn wir wissen, was richtig ist, wird die Arbeit leichter.*
> Sei uns ein besserer Chef: *Zeige uns, wie es wäre, wenn wir einen richtigen Chef hätten.*
> Sei uns eine Kollegin: *Zeige uns, dass wir gar nicht so schlecht sind, wie uns das unser Chef sagt und eigentlich doch kompetente Mitarbeiter sind.*
> Sei unser Klebstoff: *Gib uns die Möglichkeit, uns als Gruppe oder Team zu fühlen, denn wir brauchen das, um unseren Vorstellungen zu genügen.*
> Sei uns ein Wirt: *Biete uns die Möglichkeit, wenigstens einmal im Monat ungestört Kaffee zu trinken, denn sonst kommen wir nicht dazu.«*
> (Zit. nach Reinhard Hanswille, 2008)

Stellen Sie als seine Supervisorin dem Team die oben beschrieben Rollenangebote für Supervisorinnen vor. Jedes Teammitglied sucht sich eine Rollenzuschreibung entsprechend seines persönlichen Bedürfnisses aus. Es stehen zwanzig Minuten Zeit zum Schreiben zur Verfügung: »Was wäre, wenn meine Supervisorin ... wäre.«
Im Anschluss werden die Texte vorgelesen. Die unterschiedlichen Erwartungen und Anliegen an die Supervisorin und die Supervision können eine Arbeitsgrundlage für die gemeinsame Arbeit sein.

Worte im geschützten Raum

»Wenn es aber einen Wirklichkeitssinn gibt [...], dann muss es auch etwas geben, das man Möglichkeitssinn nennen kann.
Wer ihn besitzt, sagt beispielsweise nicht: Hier ist dies oder das geschehen, wird geschehn, muss geschehen; sondern er erfindet: Hier könnte, sollte oder

müsste geschehen; und wenn man ihm von irgendetwas erklärt, dass es so sei, wie es sei, dann denkt er: Nun, es könnte wahrscheinlich auch anders sein. So ließe sich der Möglichkeitssinn geradezu als die Fähigkeit definieren, alles, was ebenso gut sein könnte, zu denken und das, was ist, nicht wichtiger zu nehmen als das, was nicht ist.«
(Robert Musil, 1931/1994; S. 16)

Eine wesentliche Aufgabe systemischer Supervision ist es, die Supervisandinnen bei der Reflexion ihrer Sicht der Wirklichkeit sowie vor allem auch bei der experimentellen Konstruktion alternativer Wirklichkeiten zu unterstützen, kurz: sie zu ermutigen, ihren *Möglichkeitssinn* zu entwickeln und zu nutzen.

Nicht selten sind die Kommunikationsstrukturen innerhalb eines Teams konstruktiv, zielfördernd und nährend. Es fällt den Mitgliedern eines Teams, einer Gruppe, einer Organisation oder auch einer Einzelnen gegenüber ihrer Vorgesetzten oder ihrer Kolleginnen schwer, Konflikte, Ängste, Sorgen, Ideen, Bedürfnisse im beruflichen Kontext zu kommunizieren. Das Schreiben kann diesen Prozess positiv und kreativ unterstützen. In einem geschützten Rahmen können Worte gesagt und geschrieben werden, die sonst im beruflichen Miteinander keinen Weg nach außen finden. Sich Zeit zu nehmen und im Rahmen der Supervision Zeit zu geben, lässt Blockaden weichen, Anspannungen in Entspannungen übergehen, Perspektiven dürfen sich verändern, eine Leichtigkeit darf anstelle des Leistungsdrucks auf der inneren Bühne erscheinen, und verschollene kreative Anteile dürfen wieder mitspielen.

Schreibübung 38 zeigt, wie eine Perspektivenerweiterung stattfinden kann.

Schreibimpuls 38: Der Fall und das Märchen
Die Supervisandin erzählt ihren Fall. Die Supervisorin fordert die Gruppe auf, Metaphern oder Bilder für die beschriebene Situation zu finden. Die Begriffe werden gesammelt. Im Anschluss schreibt jede mit dreißig Minuten Zeit eine Geschichte, die sich aus diesen Begrifflichkeiten zusammensetzt. Anschließend werden die Geschichten vorgelesen.
Die Wirklichkeitskonstruktionen erweitern sich auf diese Weise und unterschiedliche Hypothesen werden deutlich. Für die Falleinbringerin können sich neue Sichtweisen und Lösungsmöglichkeiten entwickeln.

Poesie im Coaching

Leitfrage: Poesie und Coaching – (wie) passt das?
Inhalt: Schreiben im Spiegel der Kreativitätsforschung, Selbstbegegnung als erklärtes Ziel von Coaching und Kreativem Schreiben, Online-Coaching, Selbstcoaching.
Methode: Entwicklungsfluss, Clustering, Automatisches Schreiben, 30-Wort-Assoziationsmethode, Textarbeit.

Sprache ist eine Kernkompetenz

Sprache als menschliche Fähigkeit der Beziehungsgestaltung stiftet Begegnung, öffnet kommunikative Türen und ist gleichzeitig Quelle von Missverständnissen. Worte tun gut, stärken und sind heilsam. Worte verletzen und kränken. Worte sind wirkmächtig, verwandeln und sind lebensnotwendig, ein Lebens-Mittel.

Tiefes Erleben lässt Sprache in ihrer Begrenztheit erfahren. Wie vermittle ich Liebesempfindungen, wie existenzielles Berührtsein, wie Angst und Leid? In ihrem Gedicht »Hinter allen Worten« ringt Rose Ausländer um Worte für Erleben, das sich nicht in Worte fassen lässt. Sprachlos greifen wir in solchen Momenten dankbar auf Metaphern zurück, die in ihren Entsprechungen dem vielleicht ein wenig näher kommen, was uns auf der Seele liegt. In den Grenzsituationen des Lebens versiegt die Alltagssprache und versagt ihren Dienst. Was sonst leicht und routiniert gesprochen wird und als unhinterfragt gilt, kann in Krisen in sprachliches Fremdland führen. Dann muss Sprache neu erprobt, gewagt und manchmal neu gelernt werden.

Der bewusste, achtsame Umgang mit Sprache ist eine hohe und verantwortungsvolle Herausforderung für den Coach. In jeder Begegnung – nicht nur in der Beratungssituation – kommt es darauf an, eine neue, zur aktuellen Situation passgenaue Sprache zu finden, die dem gegenseitigen Verstehen größtmögliche Chancen eröffnet.

Schreiben ist ein Dialog mit sich selber und mit der Welt. Es hat eine ähnliche Funktion wie das Sprechen, Aussprechen, Reden mit jemanden, bei dem wir ihm das Herz ausschütten und dadurch Trost erfahren. Doch was macht man, wenn man allein und auf sich zurückgeworfen ist? In einer solchen Situation kann das Schreiben sehr hilfreich sein und einen Dialog mit einer inneren Figur ermöglichen, die nicht so verletzt ist. In dem Moment, in dem ich das Papier als Zwischenwelt benutze, kann es mir als eine Art Probehandeln dienen, für Gedanken, die nicht ganz stubenrein oder unorthodox sind. Da zeigt sich unter Umständen etwas, das weiterhelfen kann.

Schreibend Worte zu finden, aus dem Geschehen herauszutreten, in selbstgewählte Distanz zu gehen und Wirklichkeiten neu zu betrachten: Das alles wird im lauten Vorlesen wieder ins Gehörtwerden überführt und erfährt Resonanz. Das Geschriebene tritt nach außen, wird eigenständig und öffentlich. Ich erlebe mich dabei nicht als die in die Krise verstrickte Person und nicht als verletzten Menschen, sondern handelnd, aus der Sprachlosigkeit kommend und selbstwirksam (Baumgarten, 2013).

Schreiben wirkt und wer schreibt, wirkt

Systemische Beratung in ihren unterschiedlichen Formaten zeichnet sich unter anderem durch den Einsatz kreativer Methoden als nachgewiesen wirkungsvolle Intervention aus. Die vielfältigen Einsatzmöglichkeiten des Kreativen Schreibens in der psychosozialen Beratung, in Psychotherapie, Coaching, Supervision, Mediation, Personalentwicklung und Organisationsberatung werden dabei zunehmend beachtet. Auf wissenschaftlich fundierte Wirkungsweisen der Poesietherapie haben wir in diesem Buch bereits hingewiesen (siehe Heimes, 2012).

Der integrative Ansatz des Kreativen Schreibens lässt sich gut mit den systemischen Grundannahmen des Coachings verbinden, die für das Verständnis von Schreibwirkungen besonders interessant sind. Nach Luhmann (1986) unterscheidet die Systemtheorie drei Systeme menschlichen Lebens, die in beständiger Interaktion stehen, das biologische, das psychische und das soziale System. Alle drei sind existenziell aufeinander angewiesen und doch autonome Systeme, die sich aufgrund ihrer jeweils eigenen Gesetzmäßigkeiten und Ausdrucksformen wie Umwelten zueinander verhalten.

Die Ansätze der Systemik und des Kreativen Schreibens lassen sich auf verschiedene Arten miteinander in Beziehung setzen. Eine Möglichkeit ist es, das Kreative Schreiben in den Fokus eines ausgewählten Systems zu rücken, zum Beispiel einer Institution mit ihren Akteuren und täglichen Herausforderungen. Im wechselseitigen Bezug zwischen Personen und Organisation nimmt das Kreative Schreiben nun Einfluss auf das ganze System, indem es nach innen identitätsbildend, stärkend und motivationsfördernd wirkt und nach außen Kunden bindet und Image fördert (Haußmann u. Rechenberg-Winter, 2013).

Schreiben ist per se kreativ, setzt es doch die Fähigkeit voraus, vielfältige und komplexe Handlungsmuster zu aktivieren und wirkungsvoll zueinander in Bezug zu setzen (Kruse, 1994). Kreatives Schreiben umfasst ein weites Feld. Es ist zum einen ein pädagogischer Ansatz vieldimensionalen Lernens, der zur Selbsterkenntnis im Spiel mit diversen literarischen Formen einlädt. Als eine spezifische Form des »think on paper« (Mischon) fördert es die Selbstbegegnung mit eigenen biografischen Mustern. Zum anderen bietet Kreatives Schreiben einen Erklärungsansatz für die Vielschichtigkeit kreativer Prozesse. Es berücksichtigt die psychologische Funktion schreibender Auseinandersetzung in der Zwischenwelt des Papiers (vom Scheidt, 2006) bis ins (Selbst-)Therapeutische (Rico, 1999; Platsch, 2010) und weiter zur Poesietherapie (Petzold u. Orth, 2009; Heimes, 2010). Kreatives Schreiben umfasst gruppendynamische Erfahrungen, wenn beispielsweise im Rahmen einer Teamentwicklungsmaßnahme die entstehenden Synergieeffekte des gemeinsamen Schreibens und Vorlesens zur persönlichen Ideenentwicklung genutzt werden (oder man sich beim konstruktiven Feedback in der Resonanz der anderen auf den eigenen Text spiegelt).

So eröffnet Kreatives Schreiben einen vieldimensionalen Entwicklungsraum. Es fördert den prozessualen, nie abgeschlossenen, »individuellen Gestaltungswillen, angetrieben von den schreibeigenen Ausdrucks- und Kommunikationsbedürfnissen« (Bräuer, 1998, S. 54).

Kreativitätsforschung

Die Kreativitätsforschung (Holm-Hadulla, 2005) beschreibt den kreativen Wirkprozess in vier zirkulierenden Phasen. Dieses Modell, das auf den Physiker Hermann von Helmholtz und den Mathematiker Henri Poincaré zurückgeht, wurde bereits 1926 von Graham Wallas zu einer systematischen Kreativitätstheorie formuliert.

In der *Präparations-, Inspirationsphase* oder *Saturation* (Poincaré) werden Ideen entwickelt sowie Informationen und Erinnerungen gesammelt. In dieser ersten Phase wird notiert, was es so alles im thematischen Zusammenhang zu entdecken gibt. Dieses Erforschen erfolgt noch weitgehend regiefrei. Mit der Methode des *Clusterings* (Rico, 1984) wird zu einem Kernwort (zum Beispiel »berufliche Belastung«), zu den (individuellen) *Auswirkungen* und den eigenen Strategien zur *Bewältigung* umfassendes Material gesammelt. Gesteuert durch die Methode, die nachweislich begriffliches und bildliches Denken zueinander führt, indem sie beide Gehirnhälften an der Assoziation beteiligt, entsteht aus einem ununterbrochenen Gedankengang ein schöpferischer Prozess. Im Ergebnis wird die Selbstanalyse, die thematisch animiert wird durch die Kernworte, gleichermaßen zur Problem- und zur Systemanalyse. Potenzielle Themenfelder für den kommenden Schreibprozess werden freigelegt.

Die Ergebnisse der ersten Phase werden in der zweiten, der *Inkubationsphase* strukturiert und probeweise in optionalen Umsetzungsformen durchgespielt. Da wird verworfen, assoziiert, fehlendes Material ergänzt. All das angesammelte

Rohmaterial reift bewusst und unbewusst, ähnlich der medizinischen Inkubation zwischen Infektion und Krankheitsausbruch.

Mit Techniken und Methoden des Kreativen Schreibens kann sich durch den Perspektivenwechsel von Nähe und Distanz eine Durchdringung der Themen entwickeln. Der Wechsel der Perspektive erfolgt dadurch, dass aus dem Material des angelegten Clusters ein Begriff oder ein Thema herausgegriffen und dann verdeckt der Gruppe zur Verfügung gestellt wird. Mit dem zufällig gewählten, *fremden* Begriff wird dann mit der Methode *Assoziatives Schreiben* (Breton) fünf Minuten aus dem persönlichen Erlebensbereich assoziiert. Die Überarbeitung findet durch die wiederholte Auseinandersetzung mit sich aus der Distanz statt. So schreibe ich zu einem *fremden* Problem einen Text und höre zu meinem eigenen Text eine *fremde* Interpretation. Dabei kristallisiert sich besonders Bedeutsames heraus. Kreative Einfälle blitzen auf und führen zu einer vertieften Auseinandersetzung mit dem Thema. In dieser *Illuminationsphase* verdichten sich Erkenntnisse zur Umsetzung und konkretisieren sich. Der kreative Dialog mit sich selbst führt bald zu neuen Ideen. Es entstehen Wahrnehmungsvarianten, die in dieser dritten Phase wiederum durch gezielte Schreibübungen unterstützt werden können. Mit dem Impuls: »Mein Talentemuseum« wird die Rückbesinnung auf eigene oder dazugewonnene Stärken angeregt. In freier Form des Schreibens, lediglich begrenzt durch die Zeitvorgabe, können neue Erkenntnisse erobert werden und stehen nun für die eigene Entwicklung zur Verfügung.

Deren letztendliche Ausgestaltung findet dann in der *Verifikations-* oder *Elaborationsphase* statt, in der so lange überprüft, korrigiert und umgestellt wird, bis sich in dieser vierten Phase eine stimmige Ausarbeitung ausgestaltet hat.

Ansätze der Psychotherapie sehen eine vergleichbare Grundstruktur im mäandernden *Erinnern, Wiederholen, Durcharbeiten* und *Integrieren* biografischer Inhalte, denn jede beraterische und therapeutische Bearbeitung ist ein kreativer Prozess (Heimes, 2010).

Die Stärke liegt darin, Kreatives Schreiben als Instrument zu nutzen, um Impulse in eine literarische Form zu bringen und emotionale und kognitive Prozesse spielerisch zu unterstützen. Schreibbezogene, spielerische, assoziativ angewandte Methoden befördern Erinnern und Ideenfindung, strukturieren Material, fördern den adressatenbezogenen Schreibfluss und eine sprachlich-stilistische Textqualität (Bräuer, 2005).

Weil Menschen Realität nicht direkt erfassen können, machen sie sich innere Bilder und erstellen innere Landkarten. An denen orientieren sie sich und entscheiden, wofür sie sich einsetzen. Sie leiten daraus ab, worauf sie ihre Aufmerksamkeit lenken und auf welche Weise sie ihre Vorstellungen umsetzen. Geschieht diese Auseinandersetzung mit kreativen Schreibmethoden, umfasst sie die drei Ebenen von Stil, Spiel und Selbsterkenntnis. Diese individuellen Prozesse wirken auf die soziale Umgebung ein, die ihrerseits reflexiv auf diese Prozesse Bezug nimmt, und schon bilden sich Interaktionsschleifen aus Wahrnehmung, kreativer Ideenentwicklung und aktivierten Ressourcen. Um zu zeigen, wie das konkret aussehen kann, werden an dieser Stelle einige ausgewählte poesieorientierte Methoden fürs Coaching von der Ideensammlung bis zur Prozesssteuerung vorgestellt und dem Systemischen Schreibwirkmodell zugeordnet.

Für die *Ideensammlung eignen sich folgende Methoden:*

- *Automatisches Schreiben* (André Breton; siehe »Fabulatorium«, S. 208): In der Literatur wurde die Methode der Écriture automatique, die ursprünglich aus der Psychologie stammt, von der Gruppe der Surrealisten um André Breton (Paris ca. 1920) genutzt, um spontane und unbewusste Eingebungen als Grundlage für eine neue Form der Kreativität zu nutzen. In freier Assoziation fließt all das, was einem aktuell in den Sinn kommt, so ungehindert wie möglich aufs Papier. Der Stift wird dabei nicht abgesetzt und die Schreibzeit ist festgelegt, so dass man automatisch zu tieferliegenden Inhalten gelangt, den kognitiven, kritischen Gedanken so wenig Raum wie möglich überlässt und zu neuen literarischen Ausdrucksformen findet.
- *Clustering* (siehe »Fabulatorium«, S. 210): Cluster erstellen ist eine Möglichkeit, bildliches, rechtshemisphärisches mit begrifflichem, linkshemisphärischem Denken schreibend zu verknüpfen. Kreatives Schreiben profitiert von der Verbindung biografischer Imagination mit regelhaften Formen. In ihrem Ansatz fördert Gabriele Rico (1984) dieses integrative Zusammenspiel rechtshemisphärischer Phantasieanregung mit Strukturbildungen der linken Gehirnhälfte. Sie hat wegweisend mit Cluster und Mindmap experimentiert. In kurzer Zeit und so unzensiert wie möglich lässt sich aus einem Cluster eine Kernaussage formulieren, die als Leitgedanke zu Prosa oder Lyrik führt. Cluster entfalten sich um das Kernwort, das den Mittelpunkt bildet, herum, vergleichbar einem Stein, der ins Wasser fällt und Kreise zieht. Es ist die Kurzschrift bildlichen Denkens. Lässt die spontane Assoziation nach, werden die Worte markiert, die berühren bzw. ein Bedeutungsnetz ergeben, um mit ihnen dann weiter zu schreiben. Clustern ist vielseitig anwendbar, sowohl zur Materialgewinnung und Themenfindung als auch zur Textarbeit.
- *30-Wort-Assoziationsmethode:* Eine Abwandlung von Clustering und Mindmapping ist eine gelenkte Assoziation zu mehreren Kernworten. Ein Impulsbegriff ist der Ausgangspunkt, von dem aus in drei Schritten je zehn Worte spontan in Spalten assoziativ gesammelt werden. Ein ausgewähltes Wort aus der ersten Spalte dient als Ausgangspunkt für die zweite Spalte. Wenn zehn Begriffe dazu gefunden sind, wird wiederum eines daraus als Impuls für die

dritte Spalte gewählt. So entsteht ein breites persönliches Assoziationsfeld von drei Zehn-Wort-Ketten, die zu relevanten Aspekten oder verborgenen Themen führen (siehe Abbildung 4).

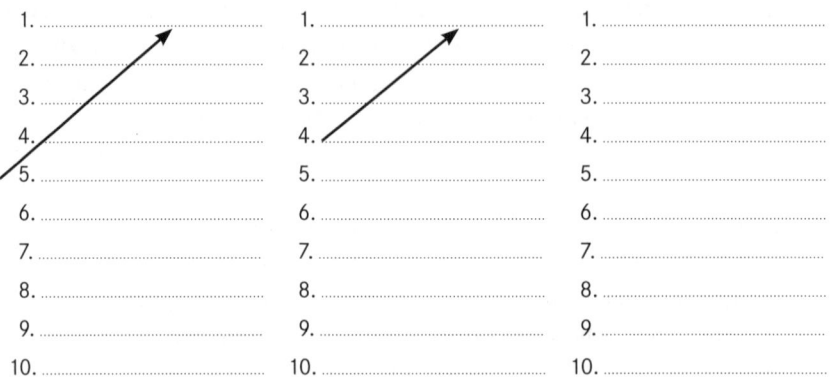

Abbildung 4: 30-Wort-Assoziationsfeld

Folgende Methoden dienen der *Prozesssteuerung:*
- *Im Feld der Interaktion: Die Namensalliteration* kann zum Kennenlernen, sich Raum nehmen und sich gleichzeitig selbstwirksam erleben genutzt werden. Diese Methode benötigt zehn Minuten Zeit, Moderationskarten in verschiedenen Farben und verläuft gemäß folgender Anleitung:
Bitte erstellen Sie ein Namensschild aus einer Moderationskarte in der Farbe Ihrer Wahl. Geben Sie dann diese Karte nach links an die Person weiter, die neben Ihnen sitzt. Sie selber bekommen die Karte der rechts von Ihnen sitzenden Person. Notieren Sie nun auf der Rückseite zum Anfangsbuchstaben des Vornamens sieben Begriffe, die Sie innerhalb von einer Minute assoziieren. Dann geben Sie die Karte zurück. Sie erhalten Ihre Karte ebenso zurück. Zu den sieben Worten, die Sie auf deren Rückseite vorfinden, erstellen Sie einen Text mit maximal sieben Sätzen, der eine Handlung haben kann, Nonsens ist oder surreal. Dafür haben Sie sieben Minuten Zeit. Mit Ihrem Text und dem, was wir sonst noch von Ihnen erfahren dürfen, stellen Sie sich jetzt der Gruppe vor.
- *Im Feld der Kreativität: Das Konstellationsgedicht* (siehe »Fabulatorium«, S. 253) ist eine von Eugen Gomringer entwickelte, stark strukturierte Lyrikform, die zu äußerster Verdichtung herausfordert. Hoch emotionale Situationen lassen sich in dieser knappen Version ausdrucksstark *auf den Punkt* bringen.

- *Wer hätte das gedacht?* Die Dinge lassen sich von vielen Seiten aus betrachten und erscheinen immer wieder in neuen Facetten. Schreiben von mehreren Textversionen unterstützt eine solche Blickwinkelerweiterung (siehe »Fabulatorium«, S. 264). Als Material setzt diese Methode verschiedenfarbige Stifte in unterschiedlicher Dicke voraus. Sie basiert auf folgender Anleitung: Bitte setzen Sie sich eine Zeit, in der Sie diese Schreibaufgabe bearbeiten möchten. Teilen Sie diese Zeit in vier gleich große Abschnitte. Schreiben Sie im ersten Zeitsegment einen Text zum Thema »Wer hätte das gedacht«. Legen Sie diesen Text zur Seite und lassen Sie sich davon im nächsten Zeitabschnitt zu einer komplett anderen Geschichte anregen. Nutzen Sie dazu eine andere Stiftfarbe. Auch diesen Text legen Sie beiseite. Nun ändern Sie das Blattformat (Hochkant zu Querformat oder umgekehrt), um einen dritten von den anderen verschiedenen Text zu erstellen. Lesen Sie im vierten Zeitsegment kurz Ihre drei Miniaturen, um nun eine abschließende Betrachtung zu Ihrem Thema zu schreiben.
- *Im Feld der Ressourcen: Können Ameisen faulenzen?* Diese Methode dient dem Erkennen und Entwickeln von Ressourcen. Sie benötigt zehn Minuten Zeit. Ameisen vermitteln Emsigkeit und Produktivität, kleine flinke Tiere, die den Wald aufräumen und riesige Hügel aufhäufen. Sind sie mitunter auch ein Vorbild für den Menschen und seine Tüchtigkeit? Diese Methode dient dazu, sich auf die Spur des eigenen Anspruchs zu begeben, indem man nach folgender Anweisung verfährt: Man schreibt innerhalb von sechs Minuten einen Text, der sich mit der Frage auseinandersetzt, ob Ameisen auch faulenzen. Wurde die Methode in einer Gruppe angewendet, so dass mehrere Texte zum Thema entstanden sind, können sich beim anschließenden Vorlesen alle über die Vielfalt der Meinungen freuen.

Ein Fallbeispiel aus meiner (A. R.-R.) Coaching-Praxis illustriert, wie im Coaching die Auseinandersetzung mit einer Fragestellung durch eine mit Kreativität und dem Schreiben verbundene Methode unterstützt werden kann.

> Herrn K. ist es ein Anliegen, im Rahmen seines Führungskräftecoachings innezuhalten, um sich über seine bisherige berufliche Entwicklung und seine Wünsche an die Zukunft klarer zu werden. In letzter Zeit ist es häufiger mit seinem Partner zu Streitigkeiten gekommen, die ihn nachdenklich stimmen und auf seinen beruflichen Alltag fragend blicken lassen. Seine Frage: »Wo geht das hin?«, geife ich wörtlich auf. Ich bitte Herrn K., mit einem farbigen Seil auf dem Boden seinen bisherigen beruflichen Entwicklungsfluss zu legen, besonders bedeutsame Punkte und Abschnitte mit Moderationskarten zu markieren und

den *Jetztpunkt* auf dem Seil festzulegen. Dann schlage ich ihm vor, einen entfernten Platz im Raum aufzusuchen, einen Betrachtungspunkt, von dem aus er das Dargestellte gut überblicken kann. Von dort aus schreibt Herr K. sich ein *wohlwollendes Zeugnis* über das bisher Geleistete. Dies legt er an den Jetztpunkt. Dann unternimmt er mit einigen Schritten am Seil entlang einen Ausflug in die Zukunft zum *Geschafftpunkt*. »Was hab ich denn dann geschafft?«, fragt mich Herr K., und ich lade ihn ein, das herauszufinden, indem er sich auf diesen markierten Punkt stellt, sich imaginativ mit ihm verbindet und dabei wahrnimmt, was ihm an Körperreaktionen begegnet, welche Empfindungen sich einstellen, welche Gedanken und Impulse. Herr K. ist sichtlich berührt und geht nachdenklich zum Jetzt zurück. Seine Erfahrungen schreibt er von seinem Betrachtungspunkt aus und merkt dabei an, dass er sich wie ein Adler fühle, der über ein »weites turbulentes Land« fliegt. Er schreibt schnell und viel, so dass ich ihn nach einiger Zeit bitte, die zentrale Botschaft auf einer Karte zu formulieren. Er benötigt mehrere Karten bis der Satz ihm gefällt und für ihn stimmt.

Coaching als individuell maßgeschneidertes Beratungsangebot hat viele Elemente der Hilfe zur Selbsthilfe und ist damit nicht nur auf die Beratungssituation in einem realen Zimmer beschränkt, sondern auch online als virtuelles Coaching möglich. Schreibend versuchen die Klientinnen mit ihrem Coach die anstehenden Themen zu bearbeiten. Hierbei Poesie und poetische Sprache einzusetzen, ist eine gute Möglichkeit, selbstwirksame Kräfte zu stärken, die sowohl im Coaching (Rauen, 2005) als auch im Kreativen Schreiben (von Werder, 1988) zu den erklärten Zielen gehören. Sich bei Dichtern Mut und Anreiz zu holen, mit deren literalen Strukturen eigene Gedanken und Empfindungen zu erfassen und sich schreibend zu reflektieren, hat einen großen Anteil von Hilfe zur Selbsthilfe. Das Geschriebene wird im Anschluss vom Coach gelesen und im Hinblick auf den vereinbarten thematischen Auftrag rückmeldend beantwortet. Daraus ergibt sich eine wirkungsvolle Beratungsmethodik.

Im Online-Coaching lässt sich Poesie ebenso rezeptiv und produktiv einsetzen, beispielsweise biblio-orientiert mit folgendem Ausschnitt aus Rainer Maria Rilkes Brief an Franz Xaver Kappus vom 16. Juli 1903:

»Sie sind so jung, so vor allem Anfang, und ich möchte Sie, so gut ich es kann, bitten, lieber Herr, Geduld zu haben gegen alles Ungelöste in Ihrem Herzen und zu versuchen, die Fragen selbst liebzuhaben wie verschlossene Stuben und wie Bücher, die in einer sehr fremden Sprache geschrieben sind. Forschen Sie jetzt nicht nach den Antworten, die Ihnen nicht gegeben wer-

Poesie im Coaching

den können, weil Sie sie nicht leben könnten. Und es handelt sich darum, alles zu leben. Leben Sie jetzt die Fragen. Vielleicht leben Sie dann allmählich, ohne es zu merken, eines fernen Tages in die Antwort hinein« (Rainer Maria Rilke, 1996, S. 524).

Produktiv könnte auf diesen Brief ein persönlicher Antwortbrief an Rilke oder eine andere lebenserfahrene Person verfasst werden. Auch Tagesmanuale zu Entwicklungsvorhaben, Logbücher einer Krisenzeit bis hin zu kleineren Schreibübungen lassen sich einsetzen.

Auch beim Aufarbeiten biografischer Themen vermag Poesie förderliche Impulse zu setzen und als Selbstreflexion zu dienen. Autobiografische Literatur bietet Informationen, wie andere Menschen Krisen und Lebensbrüche meisterten, stellt die eigenen Probleme möglicherweise in ein etwas anderes Licht und verändert dadurch die eigenen Bearbeitungs- und Einsichtsprozesse. Eventuell verhilft autobiografische Literatur dazu, im imaginierten Dialog eigene Gedanken und Fragestellungen herauszufinden, eigene Lebensbedeutung und Selbstentwürfe zu bearbeiten oder Widersprüchen zu begegnen. Auch die bildende Kunst kann eine autobiografische Auseinandersetzung anstoßen. Schreibimpuls 39 nutzt hierfür das Genre des Selbstporträts.

> **Schreibimpuls 39: Selbstporträt**
> Stellen Sie sich ein Selbstporträt vor, wie Sie es aus der Malerei kennen, und fragen Sie sich dann: Wie könnte das Ihre aussehen? Entwerfen Sie imaginativ ein gemaltes Bild von sich, in dem Sie sich in Ihrer aktuellen Lebenssituation stimmig wiedergegeben sehen. Verfassen Sie dazu eine konkrete Bildbeschreibung.

Selbstcoaching

Im systemischen Verständnis ist der Mensch deshalb Experte seiner selbst, weil er derjenige ist, der mit sich selbst am besten vertraut ist. Es mag Zeiten und Lebensumstände geben, in denen er dieser Zusage nicht vertraut und sich nach Professionellen sehnt, die ihm aus einer verfahrenen oder trostlosen Situation heraushelfen und ihm sagen, wie und wo es langgeht. Sein Wunsch nach Hilfe von außen ist verständlich und bleibt doch unerfüllbar. Beratung, Therapie und Coaching können immer nur Anregung und Einladung zu Entwicklungsschritten sein. Sie können nicht mehr, als den Weg bereiten, der auf einer persönlichen Entdeckungsreise aus alten Verwicklungen hinaus in lebensförderliche Gefilde führt. Denn Leben ist Bewegung, ist Entwicklung, ist Selbstorganisation, ist Wachstum. Dennoch spricht nichts dagegen, sich in schwierigen Zeiten kompetente Hilfe zu holen. Dies kann ein eigenverantwortlicher, mutiger Schritt dahingehend sein, es mit besonderen Herausforderungen beherzt aufzunehmen, um die in der Krise verborgenen Chancen zu erkennen und zu nutzen. Der wohlwollende, wertschätzende Blick von außen sowie ungewöhnliche Herangehensweisen und erweiternde Perspektiven bieten mitunter wertvolle und die Not wendende Unterstützung für die anstehenden eigenen Entwicklungsprozesse.

Manche möchten es jedoch allein versuchen, sich selbst an die Hand nehmen und eine sich selbst ohne Außenhilfe erforschende Beraterin und Coachin in eigener Sache sein. Sie wissen, dass nur sie die eigene Reise beginnen können, dass im Jetzt die beste Zeit dafür ist und die aktuelle Situation der beste Ausgangspunkt.

»Alles seit je. Nie was anderes. Immer versucht. Immer gescheitert. Einerlei. Wieder versuchen. Wieder scheitern. Besser scheitern« (Samuel Beckett, zit. nach Heimes, 2014b, S. 23).

Im Scheitern werden wir gescheiter. Ob ohne oder mit professioneller Hilfe sind wir für unsere Lebensgestaltung verantwortliche Selbstmanagerinnen. Schreiben bietet gute Voraussetzungen, sich zu erkunden und kundig zu machen, sich Aufmerksamkeit zu schenken, Blickrichtungen zu wechseln und sich im Dialog innerer Anteile selbst zu coachen. In offener, neugieriger und freundlicher Haltung kann man sich ein aufmerksames, wertschätzendes Gegenüber sein. Schreiben ist Wahrnehmung und Anerkennung des eigenen Seins wie auch des Seins anderer. Schreiben ist Beziehungsgestaltung. Schreibend beziehen wir Stellung. Schreibimpuls 41, der auf Silke Heimes (2014b, S. 118) zurückgeht, hilft, einen eigenen Standpunkt pointiert zu formulieren.

Schreibimpuls 40: Welchen Standpunkt vertreten Sie?
Wenn Sie einem jungen Menschen einen einzigen Satz mit auf den Weg geben könnten, wie würde dieser lauten?

Alle in diesem Buch vorgestellten Schreibimpulse eignen sich fürs Selbstcoaching. Dies sollte mit einem Auftrag an sich selbst beginnen: Was will ich klären, entwickeln und vertiefen? Welche Aspekte, Bereiche und Fokusse sind dabei zu berücksichtigen? Womit beginne ich? Was ist machbar? Woran erkenne ich, dass ich einen Schritt weiter gekommen bin? Woran wird es meine Umgebung erkennen? Schreibimpuls 41 unterstützt eine Auseinandersetzung mit dem Auftrag, den ich an mich stelle, und trägt somit zur Auftragsklärung bei.

> **Schreibimpuls 41: Auftragsklärung**
> Angenommen, in einem Jahr ist mein Problem bzw. Thema gelöst, was hat sich dann alles verändert? Welchen Preis habe ich gezahlt, von was bzw. welchen Verhaltensweisen habe ich mich gelöst? Ist mir die Entwicklung diesen Preis wert gewesen?
> Nehmen Sie sich die für Sie passende Schreibzeit.

Selbstcoaching verlangt Disziplin, da es keine vereinbarte Sitzung mit einem Coach gibt, sondern der Termin in eigener Regie erfolgt. Feste Zeiten im Kalender unterstützen, dass man sich selbst ernst nimmt und die eigenen Anliegen nicht zugunsten aktueller Aufgaben zurückstellt. Daneben kann es hilfreich sein, das Wichtige vom Dringlichen zu unterscheiden. Hierfür eignen sich die vier Prioritätenfelder von Abbildung 5. In die vier Felder lassen sich die lebenspraktischen Dinge ebenso wie die Lebensaufgaben einordnen, die sich ein Mensch stellt bzw. die ihm vom Leben gestellt werden.

Prioritäten

Dringlichkeit	dringend und unwichtig	dringend und wichtig
	nicht dringend und unwichtig	nicht dringend und wichtig
	Wichtigkeit	

Abbildung 5: Die vier Prioritätenfelder

Wenn es keinen anderen Zeugen des Coachingprozesses gibt, dann ermöglichen inhaltliche Kalendereintragungen oder das Beutebuch (siehe »Fabulatorium«, S. 227) eine übersichtliche Dokumentation. Außerdem sollten alle Texte mit Datum versehen aufbewahrt werden, auch wenn nicht die Absicht besteht, sie je wieder zu lesen. Sie sind die wertvollen Zeugen.

Und irgendwann ist Schluss. Vielleicht war das Selbstcoaching von vornherein terminiert oder vieles ist erreicht und es ist damit an der Zeit, den Prozess zu beenden. Wie der gute Anfang verdient auch das Ende achtsame Aufmerksamkeit. Einer solchen ist der Schreibimpuls 42 gewidmet.

> **Schreibimpuls 42: Am Ende geht's weiter**
> Die dieser Schreibübung zugrunde liegende Selbstbefragung dient der Auseinandersetzung mit einem abgeschlossenen Selbstcoaching, einer abgeschlossenen Hilfe zur Selbsthilfe bzw. als Bilanz einer persönlichen Auseinandersetzung mit einem Lebensthema.
> Nehmen Sie sich Zeit, die Selbstbefragung aufmerksam und ausführlich zu beantworten. Schreiben Sie zu jeder der drei Fragenkomplexe einen Brieftext, der an sie selbst oder an eine imaginierte wohlmeinende Person adressiert ist.
> Was hat es gebracht – mir, meiner Arbeit, meinem Privatleben?
> Was ist offen geblieben – für mich, meine Arbeit, mein Privatleben?
> Was möchte, was werde ich mit dieser Erfahrung tun – für mich, meine Arbeit, mein Privatleben?

Verlorenes zurückfordern – die Familientherapie

Leitfrage: Wie lässt sich Poesietherapie mit Familientherapie wirksam verknüpfen?
Inhalt: Kurzdarstellung Familientherapie, Verbindung mit Poesietherapie an einem Praxisbeispiel.
Methode: Wortfigur, Kernbotschaft, dialogischer Brief.

> Frau B. nimmt telefonisch Kontakt mit mir (A. R.-R.) auf und fragt nach einer Familientherapie, denn in ihrer Familie würde seit einiger Zeit praktisch alles umgekrempelt. Ihrer aller Leben ändere sich grundlegend, und sie und ihr Mann wüssten jetzt einfach nicht weiter.
> Vor einem Dreivierteljahr habe er eine lebensverkürzende Diagnose erhalten, bei der sich bald im Rahmen umfangreicher und belastender Diagnostik herausstellte, dass keine kurative Therapie angezeigt sei, die Palliativmedizin jedoch noch viel machen könne. Die achtjährige Tochter wisse noch nichts von alledem.
> Wir vereinbaren ein Erstgespräch zu dritt mit ihrem Ehemann.
> Mir begegnet ein Ehepaar, das tief verbunden miteinander wirkt, aufmerksam miteinander umgeht und einander liebevoll zugewandt erscheint. Beiden ist ihre tiefe Erschütterung anzumerken, und bald berichten sie, dass die aktuelle Situation sie sprachlos mache, weil es dafür doch gar keine Worte gebe. Sie fürchteten, den Kontakt zueinander zu verlieren, denn sie würden innerlich von ihren jeweiligen eigenen Sorgen derart geschleudert werden, dass sie zunehmend bemerkten, wie es sie voneinander wegtreibe. Und wie sie das alles ihrer Tochter begreiflich machen sollen, sei ihnen völlig unklar. Was können Kinder ertragen, was halten sie aus?
> Mit Frau und Herrn B. kläre ich, wer für sie zum relevanten System gehören soll und welchen Auftrag an mich sie damit verbinden. »Dass wir das hier miteinander gut durchstehen können und uns im Strudel nicht verlieren«, ist ein gemeinsames Ziel, das beide zusammen formulieren. Auch möchten sie mit mir besprechen, wie sie ihre Tochter schützen können. Darüber hinaus ist für Herrn B. die Frage zu klären, wie er es seiner Mutter erklären soll. Sie sei doch erst vor zwei Jahren Witwe geworden und noch immer sehr unglücklich über den Tod ihres Mannes.
> Wir vereinbaren vorerst drei Sitzungen von je zwei Stunden.

Um ein System wie die Familie von Frau und Herrn B. kennenzulernen, stellt sich als eine der ersten Fragen, wer zum System gehört, und zwar sowohl zum Kernsystem der Kleinfamilie als auch zum erweiterten Familiensystem und zu weiteren Bezugssystemen wie Freundschaften, Tätigkeitsfelder beruflichen und privaten Engagements, professionelle Unterstützungssysteme und andere bedeutsame Netzwerke. Die Methoden Genogramm (siehe das Kapitel »Systemische Methoden« im ersten Schritt, S. 37) und Netzwerkkarte (siehe Schreibimpuls 43) bilden dies übersichtlich ab und eröffnen eine Metaperspektive.

> **Schreibimpuls 43: Netzwerkkarte**
> Formulieren Sie eine Frage, zu der Sie die relevanten Bezugssysteme (z. B. Arbeit, Kernfamilie, Freunde etc.) befragen möchten. Erstellen Sie eine Netzwerkkarte, indem Sie ein Blatt Papier mit einem mittigen Kreuz in vier Bereiche teilen und jeweils ein Bezugssystem in eines der vier entstandenen Felder eintragen. Um den Kreuzungspunkt ziehen Sie (vergleichbar einem Fadenkreuz) anschließend einen Kreis, der Ihren Standpunkt symbolisiert: Bei Ihnen – im Kreis – treffen alle für Sie relevanten Bezugssysteme zusammen; hier schreiben Sie auch Ihre Frage hinein. Wählen Sie für sich aus jedem der vier Bezugssysteme, den vier Feldern, eine Vertreterin, deren Rolle Sie gleich einnehmen werden. Drehen Sie die Netzwerkkarte so, dass Sie aus dem jeweiligen Blickwinkel der gewählten Vertreterin/Rolle auf sich und Ihre Frage im Mittelfeld schauen. Schreiben Sie in der Rolle dieser Vertreterin je eine kurze Botschaft, die an Sie und Ihre Frage im Mittelfeld adressiert ist. Das könnten eine Warnung, eine Mahnung, ein Zuspruch, ein Tipp sein. Legen Sie die Botschaften zu den entsprechenden Segmenten/Bezugssystemen bis alle vier Meinungen vollständig sind. Lesen Sie (sich) alle vier laut vor. Was wird deutlich?

Systemische Therapie, also *auch Systemische Familientherapie,* ist ein psychotherapeutisches Verfahren, dessen Fokus auf dem sozialen Kontext psychischer Störungen liegt. Dabei werden zusätzlich zu einer oder mehreren Patientinnen (»Indexpatientin[-nen]«) weitere Mitglieder des für die Patientin bzw. die Patientinnen bedeutsamen sozialen Systems einbezogen. Der Schwerpunkt liegt insbesondere bei den zwischenmenschlichen Interaktionen der Mitglieder einer Familie untereinander sowie in Bezug auf deren soziale Umwelt. Die Formen ihres Zusammenlebens sind gleichermaßen beim Zustandekommen als auch bei der Überwindung psychischer Störungen maßgebend.

Verlorenes zurückfordern – die Familientherapie

Die systemische Psychotherapie basiert auf modernen Konzepten systemtheoretischer Wissenschaft, die mittlerweile Eingang in alle Disziplinen der Natur-, Geistes- und Sozialwissenschaften gefunden haben. Die systemischen Konzepte beschreiben komplexe Phänomene des menschlichen Lebens und Zusammenlebens und haben eine passende Methodik zu deren Behandlung entwickelt. Der systemischen Perspektive gemäß verfügen systemische Therapie und Familientherapie somit über eine eigene klinische Theorie und Methodologie zur Erklärung und Behandlung psychischer Störungen (von Schlippe u. Schweitzer, 2012; Schweitzer u. von Schlippe, 2006).

Individuelle Symptome werden als Ergebnis von krankheitserzeugenden und diese stabilisierenden Beziehungsmustern im zwischenmenschlichen Wechselspiel der wichtigen Bezugspersonen gesehen. Wenn das möglich ist, werden diese Personen in den therapeutischen Prozess einbezogen. Sollte dies nicht möglich oder angezeigt sein, stehen geeignete Methoden für die Durchführung von systemischer Einzeltherapie und systemischer Paartherapie zur Verfügung (Rotthaus, DGSF Homepage). Die Systemische Therapie ist in Deutschland als wissenschaftliches Psychotherapieverfahren anerkannt.

Schreibimpuls 44 fördert reichhaltige Assoziationen zum Familiensystem zutage.

Schreibimpuls 44: ABeCeDarium Familie

Das ABeCeDarium ist eine Gedichtform, deren Zeilen den Buchstaben des Alphabets von A bis Z folgen. Jeder Buchstabe steht am Anfang der Zeile und wird zu einem Wort oder Satz ergänzt.

Lassen Sie sich in alphabetischer Reihenfolge zu spontanen Assoziationen einladen, die Ihrem Familienverständnis, Ihren biografischen Familienerfahrungen oder persönlichen Familienwunschbildern entsprechen. Sollten sich Einfallsbarrieren einstellen, schreiben Sie beim nächsten Buchstaben weiter und ergänzen später.

Was zeigt sich beim Schreiben? Was entdecken Sie in der anschließenden Betrachtung? Spüren Sie einen weiterführenden Impuls?

Wo setzt die systemische Psychotherapie im Fallbeispiel aus meiner Praxis (A. R.-R.) von Frau und Herrn B., das dieses Kapitel zur Familientherapie veranschaulicht, an? Wie können die von den beiden formulierten Ziele systemisch, poesie- und familientherapeutisch bearbeitet werden?

Herr B.s Erkrankung bedeutet für seine gesamte Familie einen existenziellen Wendepunkt. Für alle im engeren und weiteren System miteinander verbundenen Menschen ist ein Weiterleben wie bisher unmöglich geworden. Vielfältig verstörende Erfahrungen stellen ihnen neue Fragen, zertrümmern bisherige Ordnungen und erzeugen Ängste vor dem Unbekannten. Für jedes Familienmitglied bedeutet das, mit eigenen Herausforderungen fertigwerden zu müssen, die je nach der Rolle und Funktion des jeweiligen Mitglieds, seiner Nähe bzw. Distanz zu den anderen, seiner persönlichen Grenzen, Möglichkeiten und Kräfte völlig unterschiedlich sind. Für all dies gibt es bisher keine gemeinsame Sprache in der Familie, und keine Worte, die in die individuell erlebten Empfindungstiefen reichen. Deshalb schlage ich Frau und Herrn B. vor, eine persönliche Wortfigur (Rico, 1999) anzulegen. Bei geschlossenen Augen zeichnet die Hand mit weichem Bleistift auf einem DIN-A3-Bogen intuitiv Formen. Der Stift wird nicht abgesetzt, ein eigener Rhythmus entsteht. Die Aufmerksamkeit liegt bei den sich einstellenden Bewegungen, den Windungen, Überschneidungen und Richtungen eines inneren Stroms. Die so entstehenden Zeichnungen erschließen, entfalten und decken auf. Aspekte des erlebten Chaos erhalten eine bildhafte Struktur, verdeckte Muster einer offensichtlichen Unordnung lassen sich erahnen.

Herr B. sieht in seinem Wortbild ein *Gefühlsmuster,* Frau B. die *Unberechenbarkeit.*

Ich bitte beide, in ihre entstandenen Formen spielerisch Worte, Sätze, Zitate oder Ähnliches assoziativ einzufügen und, insofern sie mögen, einzelne Felder zu straffieren bzw. farbig auszumalen. Im nächsten Schritt wählen beide aus ihrer Zeichnung ein Wort heraus, das sie besonders anspricht. Dieses Wort bildet das Zentrum auf einem nächsten DIN-A3-Bogen und den Ausgangspunkt eines Clusters (siehe »Fabulatorium«, S. 210).

Sprechen können ist eine grundlegende Fähigkeit des menschlichen Geistes und zugleich ein zentrales Bedürfnis. Aus dem Erschrecken und der mit diesem verbundenen Sprachlosigkeit heraus zu Worten zurückzufinden, ist wie ein erstes Bändigen von im Blitzlicht sprunghaft schwirrender, unberechenbarer Chaosmuster.

Die Entwicklung von Sprache, Bewusstsein und Denken ist untrennbar miteinander verbunden, eines aktiviert alle anderen. Gefühle auszusprechen bedeutet, ihnen Leben zu verleihen, denn: »*Im Anfang war das Wort*« (Johannes 1,1). Worte bezeichnen nicht nur, sie erwecken auch zahlreiche Farben unaussprechlicher Gefühlsnuancen. – »Ist zerstören gleichbedeutend mit erschaffen? Ich weiß es nicht. Ich weiß nur, dass Erschaffen mit Zerstörung nichts zu tun hat« (Octavio Paz, zit. nach Rico, 1999, S. 52).

Auch im Fall von Frau und Herrn B. dienen die poesietherapeutischen Methoden dazu, beiden von der Gefühlskraft der Sprache etwas zu vermitteln:

> Nach dem Clustering bitte ich Frau und Herrn B., der Anziehungskraft einzelner Worte ihres Clusters folgend einen kurzen Text zu schreiben. Die Zeit begrenze ich auf maximal 15 Minuten, um den inneren Zensoren und Ansprüchen möglichst wenig Stimme einzuräumen.
>
> Beiden ist es möglich, Verluste, Schmerzen und Hoffnungen zu formulieren. Themen von Schuld, Vorwurf und Kraft klingen ebenso an wie solche von Tun, Haben und Sein. Das Vorlesen der Texte berührt uns tief. Dann bitte ich die beiden abschließend füreinander einen *Resonanzsatz* (es darf kein Ratschlag, Kommentar und keine Infragestellung sein) zu schreiben und sich diesen zu schenken. Das erleben beide als ein »Verständigungs-Symbol«.
>
> Für die Zeit bis zur nächsten Sitzung schlage ich vor, täglich *Morgenseiten* zu schreiben, die ausschließlich für sich selbst geschrieben werden und als eigene Bearbeitungsform nicht fürs Vorlesen bestimmt sind (siehe »Fabulatorium«, S. 222). Herr B. greift diesen Schreibimpuls nahezu jeden Tag auf, Frau B. kaum. Stattdessen schreibt sie unter anderem ein Liebesgedicht an ihre Tochter Sarah. Dieses Gedicht greifen wir gleich in der nächsten Sitzung auf, in dem es darum geht, wie sie ihre Tochter einbeziehen können und in welchem Umfang Herr B. seine Mutter informieren möchte. Beide wünschen sich, mit dem Thema Tochter zu beginnen, und im Lauf der Sitzung bleibt es auch dabei. Die Fragen zu Herrn B.s Mutter warten dann im Themenspeicher auf unser drittes Treffen.
>
> Zirkuläre Fragen und die Arbeit am Lebensfluss der Familie ermöglichen es den Eltern, die Entwicklung ihrer Tochter, deren Ressourcen und Potenziale auf neue Art zu betrachten. Im Anschluss skizzieren beide miteinander ihre Kernbotschaften an ihre Tochter in einem Brief, den sie in der Folgezeit weiterschreiben möchten. Dialogisch entsteht dieser Brief in den nächsten elf Tagen, an denen Herr B. als Frühaufsteher morgens schreibt, während seine Frau die Gedanken von Herrn B. abends aufgreift und weiterentwickelt.
>
> Nach den drei Sitzungen beenden wir einvernehmlich unsere Zusammenarbeit, das Ehepaar ist zuversichtlich, den weiteren Weg allein schaffen zu können.
>
> Circa zwei Jahre später erfahre ich von Frau B., dass sie Sarah den Brief, den sie während der Familientherapie bei mir mit ihrem Mann dialogisch an ihre Tochter geschrieben hatte, am ersten Geburtstag ihres Vaters nach dessen Tod überreicht habe, und Sarah ihn seitdem als großes Geschenk in ihrer Erinnerungskiste verwahre.

Obwohl ich Sarah nicht persönlich kennenlernte, war sie in den Therapieprozess einbezogen, hatte dort einen guten Platz und war, wie mir die Eltern berichteten, erleichtert, dass die Eltern *diesen ganzen schrecklichen Schlamassel selbst in die Hand* nahmen. Auch die Mutter von Herrn B. war anwesend, ohne dabei zu sein. Unterschiedliche Positionen und widersprüchliche Sichtweisen kamen zur Sprache und konnten zumindest teilweise als sich ergänzende gültige Perspektiven fürs weitere Vorgehen berücksichtigt werden. Vertieft an der Familienbiografie zu arbeiten, war nicht mein Auftrag und hätte auch nicht zum ursprünglichen Anliegen gepasst.

Zwei und trotzdem viele – es ging im beschriebenen Fallbeispiel des Ehepaars B. darum, den beiden zu vermitteln, dass ihre Hilflosigkeit aus einem schicksalshaft induzierten Erleben mit entsprechenden Verhaltensweisen resultiere und keine tieferliegende Persönlichkeitsstörung bedeute, dass ihre Sprachlosigkeit also auf keine pathologische Paarbeziehung hinweise. Unser Blick richtete sich vornehmlich auf Beziehungen, sowohl zu sich selbst als auch zu anderen. Innere und dialogische Schreibprozesse ließen sich ergiebig mit klassisch systemischen Interventionen wie Auftragsklärung, zirkulären Fragen, Verbesserungs- und Verschlimmerungsfragen, Lebens- und Entwicklungsfluss sowie Entwicklungsimaginationen verbinden.

Auf eigener Spur – Poesietherapeutischer Gruppenprozess

Leitfrage: Wie lässt sich Poesietherapie mit Familientherapie wirksam verknüpfen?
Inhalt: Gruppe als System, Schreibprozess einer geschlossenen Gruppe.
Methode: Werkstatteinblick mit Ablaufplan und Auswertung.

Ausgehend vom Creative Writing der USA verbreiten sich inzwischen auch in Deutschland Schreibgruppenangebote unterschiedlichster Couleur. Hochschulen, Volkshochschulen, Autorinnen, Schreibpädagoginnen, zertifizierte Schreibgruppenleiterinnen (DGPB) und Klinische Poesietherapeutinnen (DGPB) bieten Schreibgruppen und Schreibcoaching an. Therapeutisches Schreiben wird überwiegend im klinischen Kontext von Psychosomatik, Rehabilitation, Psychiatrie und Psychotherapie sowie in Gefängnissen und Schulen eingesetzt.

Schreiben als Therapie

Jakob L. Moreno baute auf die entlastende und heilende Wirkung der Worte und entwickelte neben dem Psychodrama zur szenischen Darstellung konfliktbeladener Situationen auch das Verfahren der *Psychopoetry*. Aus dem Stegreif sollen Verse gebildet werden, von denen nicht erwartet wird, dass sie einen Sinn ergeben. Als scheinbar unsinnige *Nonsense-Poetry* vermögen sie oft tiefere Gefühle auszudrücken als ausformulierte Sprache. Nonsens ist eine ernst zu nehmende Sache »explosiver Destruktivität, eine Art nicht angekündigter Nihilismus [...] regressiv und aggressiv, aber keineswegs ziellos« (Pietropinto, 2009, S. 390).

In einem Film von Werner Krüger über Joseph Beuys (1979) meinte dieser »[j]eder Mensch ist ein Künstler«, und so sind gelungene soziale Situationen immer Ergebnis eines humanitären Miteinanders einer sozialen lebensgerechten Gestaltung (Orth, 2015). Die therapeutische Gruppe bietet einen sicheren Ort, um schwierige Erfahrungen mitzuteilen, die bisher nicht oder kaum ausgesprochen wurden. Die Gruppe zeichnet sich als Resonanzboden und Antwortbeziehung (Rosa, 2016) aus. Es ist eine heilsame Erfahrung, wenn uns andere aufmerksam zuhören, nicht beurteilen und sich mit ihren Erfahrungen verbinden (Sharing).

Gruppendynamisch zu beachten ist, dass Gruppensettings vielfältig biografische und oft sehr frühe Verhaltensmuster aktivieren. Besonders zu Beginn ist diese soziale Dynamik in den Blick zu nehmen, um schnell korrigierend mit entsprechenden Schreibimpulsen intervenieren zu können (Rechenberg-Winter u. Haußmann, 2015, S. 37 ff.). Dann erzeugt Schreiben in der Gruppe Vertrauen und Gemeinschaftsgefühl. Eingebunden in Vertraulichkeit, Wertschätzung und Aufmerksamkeit entsteht ein sicherer Platz auch für gefährliche Impulse, unsittliche Gedanken, schroffe Abrechnungen, ohne dafür zur Rechenschaft gezogen zu werden. Und es lassen sich positive Gefühle sinnenreich darstellen, ohne die Angst, sich lächerlich zu machen. Schreiben ruft mitunter längst zurückliegende, ins Vergessen abgesunkene Erinnerungen wach. Welch eine Würdigung, wenn sie einfühlsam von anderen aufgenommen werden!

Da Schreiben die Konzentrationsfähigkeit fördert, ist eine ruhige Umgebung unverzichtbar, es sei denn, dass bewusst eine literarische Geselligkeit an belebten Orten gewählt wird. Zeitvorgaben strukturieren und schützen. So wird für jede Schreibaufgabe eine entsprechende Zeitspanne festgelegt, während der ohne Unterbrechung geschrieben wird. Da der Rahmen definiert ist, ist jeder Schreibende dafür verantwortlich, auch starke Emotionen zu regulieren und die anderen nicht zu stören. Klare Regeln unterstützen die Entwicklung einer Gruppenidentität. Anfangs unterscheidet sich der Schreibrhythmus der einzelnen Teilnehmerinnen, doch im Lauf der Gruppenentwicklung zeigen sich angleichende Tendenzen.

Schreiben fördert die Achtsamkeit für sich selbst, im Gruppenkontext sensibilisiert es ebenso für die Umgebung, stärkt Beobachtungskraft und Ausdrucksmut. Besonders das Vorlesen fördert gegenseitigen Respekt und wechselseitige Anregung.

Gruppen leiten

Schreibt die Gruppenleitung mit? Im klassischen Ansatz des Kreativen Schreibens ist dies eindeutiger Standard eines gemeinschaftlichen Prozesses auf Augenhöhe. Im Rahmen schreibtherapeutischer Gruppen verhalten wir Autorinnen uns da unterschiedlich. In der Anfangsrunde und im abschließenden Teil schreiben wir mit und lesen unsere Texte auch vor. Während des thematischen Hauptteils sehen wir vorrangig unsere Verantwortung in der gruppendynamischen Beobachtung, wir unterstützen bei Bedarf einzelne Teilnehmerinnen, sorgen dafür, dass vereinbarte Regeln eingehalten und Wettbewerbsverhalten eingedämmt werden. Ein atmosphärisch guter Raum soll für alle zur Verfügung stehen. Um uns dabei nun nicht auf einen befremdenden Beobachtungsposten zu begeben, sondern anzuregen und zu ermutigen, schreiben auch wir während dieser Zeit, jedoch ohne unsere Rolle als Gruppenleitung zu verlassen. Das werden dann vielleicht persönliche Einkaufszettel, Erinnerungsnotizen, und gar nicht selten erwachen in dieser kreativen Umgebung überraschende Ideen. Doch es ist selbstverständlich, dass wir sehr gerne unsere Vorbildfunktion in mutiger Offenheit wahrnehmen und unsere Texte zur Verfügung stellen. Diese sollten im Niveau denen der Teilnehmenden angeglichen sein.

Es hat sich bewährt, eine Gruppe von sechs bis acht Teilnehmerinnen zusammenzustellen, zumal wir mit geschlossenen Schreibgruppen arbeiten. Bei offenen Gruppenangeboten ist das etwas anders.

Unser Konzept sieht eine gleichbleibende Doppelleitung vor, das erleichtert unsere Arbeit, lässt uns handlungsfähig auf außergewöhnliche Situationen reagieren, erweitert unsere Vorbereitung ebenso wie den anschließenden Austausch. Dass diese Ko-Ebene gut angelegt, aufmerksam gehegt und freudvoll anregend gepflegt wird, ist selbstverständlich. Das kann durchaus einmal zum Schreiben eines gemeinsamen Fachbuches zur Poesietherapie führen. In unserer Experimentierfreude, Fehlerfreudigkeit und neugierigen Haltung sind wir nur zu gerne Modell für die Gruppe.

Ausstattung

Der äußere Aufwand einer Schreibgruppe ist eher gering. Da ist ein ausreichend großer und ruhig gelegener Raum erforderlich, der nach Möglichkeit für jedes Schreibtreffen wieder genutzt werden kann. Der Stuhlkreis bewährt sich, Tische hindern eher den Kontakt und sind nicht notwendig, feste Schreibunterlagen erfüllen besser diesen Zweck. Viel Papier in unterschiedlicher Größe, Form, Stärke und Farbe sollte immer bereitliegen. Daneben fördern farbige Filzstifte, Bleistifte, Buntstifte, Wachsmalkreiden in unterschiedlicher Dicke kreative Impulse und künstlerische Umsetzungen.

Selbstgeschriebene Texte sind wertvoll, das wird durch eine Sammelmappe oder ein Blanco-Beutebuch als kleines Geschenk zum Start der Schreibgruppe unterstrichen.

Die Zeitangaben lassen sich per Gong mitteilen. Sanduhren, die groß genug sind, um von allen Beteiligten gut erkannt zu werden, erleichtern die persönliche Zeiteinteilung. Von Zeitansagen, wie: »Noch eine Minute«, ist abzusehen, um Schultrance zu vermeiden.

Voraussetzungen

Studien belegen, dass nicht nur die Menschen mit gut entwickelter verbaler Intelligenz von einer Schreibgruppe profitieren, sondern auch sprachlich weniger geübte oder im Deutschen unsichere. Bedeutsamer ist neben flüssigem Lesen und Schreiben eine gewisse Gruppenfähigkeit, um die Intensität des Gruppenprozesses tolerieren zu können. Die Schreibgruppenmitglieder sollten in der Lage sein, an den Gruppendiskussionen teilzunehmen und ihnen zu folgen. Prinzipiell sollte Bereitschaft zum Vorlesen bestehen, auch wenn begründete Ausnahmen möglich sind. Den Gruppenregeln, wie Verschwiegenheit und fairer Umgang, muss von allen verbindlich zugestimmt und ernsthaft nachgekommen werden.

Vorbehalte gegenüber dem Schreiben sind oftmals belastenden Schulerfahrungen geschuldet, da wurde die Grammatik als ungenügend oder die Orthografie mangelhaft beurteilt, engagierte Aufsätze galten als themaverfehlt, und die Handschrift ließ sehr zu wünschen übrig. Das sind zwar Hypotheken, doch handelt es sich lediglich um Lehrermeinungen und nicht mehr. Diese lebenslang im Selbstbild mitzutragen wäre eine grausame Einengung. Kreatives, biografisches und therapeutisches Schreiben bieten spielerische Zugänge, die im selbstwirksamen Erleben völlig andere und neue Erfahrungen neben die alten stellen und letztere dadurch zu relativieren vermögen. Leistungsanforderungen waren damals gültig, heute geht es um Expeditionen ins Selbst. Statt Schulprodukt sind nun Entwicklungsprozesse angesagt.

Mitunter fragen sich Menschen mit einer anderen als der deutschen Muttersprache, ob eine Schreibgruppe für sie geeignet sein könnte. Das gilt es im Vorfeld zu besprechen. Wenn ausreichende Deutschkenntnisse vorhanden sind, um am Gruppenprozess aktiv teilzunehmen, können die Texte auch in der Heimatsprache geschrieben und so vorgelesen werden. Es ist berührend, wie diese Teilnehmerinnen plötzlich auf andere Weise authentisch in ihrer Souveränität, Lebendigkeit und Ausdrucksfähigkeit als zuvor erlebt werden. Der Inhalt erschließt sich dann meist über den erlebten Text und kurze Hinweise zu zentralen Aussagen.

»SchreibRaum«: Vorstellung eines poesietherapeutischen Gruppenprozesses

Kontext, Gruppenzusammenstellung, Auftragsklärung, Arbeitshypothesen, systemische Interventionen, Prozessbegleitung und spezifische Leitungsanforderungen sind von uns bereits ausführlich beschrieben worden (Rechenberg-Winter u. Haußmann, 2015). Darauf bauen wir Autorinnen in diesem Folgeband mit kürzeren Hinweisen und ausführlichem Werkstatteinblick auf.

Exemplarisch stellen wir einen von uns geleiteten poesietherapeutischen Gruppenprozess vor, den wir mit sieben monatlichen Schreibsitzungen von je zwei Zeitstunden unter dem Namen »SchreibRaum« anboten. Wir starteten mit acht Teilnehmerinnen, von denen sich eine nach der ersten Sitzung gegen ihre weitere Beteiligung entschied, eine andere Teilnehmerin kam erst zum zweiten Treffen und konnte aus Gründen beruflicher Umstrukturierung die vereinbarten Zeiten nach der dritten Sitzung nicht mehr einhalten. Mit sechs Teilnehmerinnen im Alter von zweiunddreißig bis achtundfünfzig Jahren und uns beiden Therapeutinnen blieb die Gruppe bis zu ihrem Ende konstant.

Vor Beginn führten wir mit den Interessentinnen ein Einzelgespräch zu ihren Wünschen und Befürchtungen sowie zu Konzept, Zielsetzung und Vereinbarungen. In diesen Einzelgesprächen und im ersten Gruppentreffen führten wir verbindliche Regeln ein, die den Einhalt der Arbeitszeiten betrafen, Vertraulichkeit auch über die Gruppenzeit hinaus, Respekt vor den persönlichen Prozessen im rücksichtsvollen Miteinander.

Dann legten wir die *Ziele* fest: Alle Teilnehmerinnen gaben an, sich in einer besonderen Lebenszeit zu befinden, dabei handelte es sich um den Tod ihres Partners, eine schwere Erkrankung, eine bevorstehende Trennung, berufliche Sinnfragen und starke familiäre Belastungen. Bei allen ging es darum, die eigene persönliche Welt auszugestalten und sich mit einer erweiterten Identität in diese

Auf eigener Spur – Poesietherapeutischer Gruppenprozess

hineinzustellen. Das therapeutische Schreiben sollte dies fördern, indem es zu einer Konzentration auf die eigene Entwicklung von Stärke, Autonomie und Selbstwirksamkeit beitrug. Als Systemikerinnen ist es uns wichtig, Klientinnen als Expertinnen für sich und ihre Lebensgestaltung anzusehen. Sie werden durch unsere Interventionen zur Entdeckung und selbstbestimmten Nutzung eigener Ressourcen angeregt, dabei unterstützt und begleitet. Wir orientieren unser Handeln daran, die Möglichkeitsräume unserer Klientinnen und deren Systeme zu erweitern und sie in ihrer Selbstorganisation zu bestärken.

Was die *Struktur und Ablauf der Gruppentreffen* betrifft, verfuhren wir folgendermaßen: Jedes Gruppentreffen folgte verlässlich einer Grundstruktur von Ankommen bei sich, der Gruppe und dem Schreiben. Im anschließenden thematischen Teil verknüpften wir Schreibimpulse mit systemischen Interventionen und Vorlesen. Die Texte wurden weder stilistisch noch psychologisch kommentiert, stattdessen erhielt jede Teilnehmerin ein stärkendes Feedback oder Sharing. Soweit es sich anbot, stellten alle Beteiligten miteinander wahrgenommene Verbindungen zwischen den Beiträgen her und benannten dabei Übereinstimmendes und Unterschiede. Den Abschluss bildete ein kurzer Schreibimpuls als Resümee und Ausblick. Mitunter gaben wir Schreib- oder andere kreative Anregungen für die Zeit bis zur nächsten Sitzung. Der Gruppenprozess erstreckte sich insgesamt über sieben Sitzungen von jeweils zwei Zeitstunden.

Einer besseren Übersicht dient Tabelle 1, die den tabellarischen Kursablauf wiedergibt und die Sie am Ende der Darstellung des Gruppenprozesses »SchreibRaum«, das heißt am Ende des siebten Thema finden (siehe S. 200). Alle nicht bereits eingeführten Schreibinterventionen, die erwähnt und hier nicht näher erklärt werden, sind im Methodenteil dieses Buches, dem »Fabulatorium« bzw. dritten Schritt beschrieben.

Das erste Thema des Gruppenprozesses: Ressourcen

In der ersten Sitzung des Gruppenprozesses »SchreibRaum« stand die Gruppenbildung im Vordergrund. Es ging darum, dass die Teilnehmerinnen einen tragfähigen Kontakt aufnahmen und erste Sicherheit gewannen. Es galt, sich gegenseitig verlässliche Regeln zu bestätigen und einen neuen spielerischen Schreibzugang kennenzulernen.

Die Namensalliteration bot sich an, um spielerisch und mit Spaß am Nonsens die Namen der anderen kennenzulernen und sich heiter selbst zu überraschen. Denn dass in so kurzer Zeit so vieles möglich ist, erstaunte auch dieses Mal alle.

Im Hauptteil verbanden wir uns in Form einer geschriebenen Freudenbiografie mit persönlichen Ressourcen, zuerst als Freewriting allein für sich selbst geschrieben. Es war im Vorfeld angekündigt, dass dieser Text bei den Teilnehmerinnen verblieb. Anders die daraus abgeleitete Textminiatur, aus der kleine ausgewählte Passagen vorgelesen wurden. Im gegenseitigen Anvertrauen des Geschriebenen begegneten sich die Teilnehmerinnen emotional. Um Sicherheit zu spenden, verzichteten wir auf jede Form von Rückmeldung, denn es war viel Vorsicht und Rücksichtnahme zu spüren.

Mit einem Telegramm an die Gruppe zum ersten Treffen endeten wir. Die Stimmung war gelöst, alle verabschiedeten sich freudig und erste Visitenkarten wurden getauscht.

Das nachfolgende Praxisbeispiel »Die Freude« zeigt eine aus dem Freewriting der Freudenbiografie abgeleitete Miniatur, wie sie am Anfang des Gruppenprozesses »SchreibRaum« in der ersten Sitzung geschrieben wurde.

> »Ich bin deine Freude, groß und strahlend. Ich bringe dich zum Leuchten. Wenn du es zulässt, fülle ich dich voll und ganz aus. Dein Herz öffnet sich, dein Bauch kribbelt, du möchtest quieken vor Wonne. Ich kann gleichzeitig überbordend und zart sein.
> Nimm dir mein Grundsummen und gib mir bitte so oft wie möglich Gelegenheit, meine volle Größe zu zeigen.
> Achtung: Ich bin ansteckend. Wenn du mir Raum gibst, mich auszubreiten, schwappe ich über. Freude hat eine exponentielle Wirkung. Und das ist wunderbar. Ich öffne Herzen.«
> (C. B.)

Das zweite Thema des Gruppenprozesses: Stabilisierung

Eines unserer Hauptanliegen der zweiten Sitzung vom »SchreibRaum« war es, die Gruppe zu festigen, dabei mitzuteilen, dass eine Teilnehmerin nicht weiter dabei sein wird, und zugleich eine im ersten Treffen angekündigte neue Teilnehmerin einzubinden.

Nach einer persönlichen Begrüßung starteten wir anwärmend mit »Gestern – Heute – Morgen«, einem Schreibimpuls, der sich chronologisch oder metaphorisch auslegen ließ. Die Zeitvorgabe war mit sieben Minuten knapp gehalten.

Zur Orientierung folgte ein theoretischer Input zu Aspekten des therapeutischen Schreibens: aus welchen Wurzeln es sich wie entwickelt und auf welche Wirksamkeitsnachweise sich unser Konzept bezieht. Interessierte Nachfragen nahmen einen gewissen Raum ein. Im Anschluss führten wir den Gedanken der Persönlichkeitsanteile, dass *ich viele bin,* kurz ein und leiteten eine imaginative Schreibübung zum Thema »*Ego-State*« an. Das Vorlesen der eigenen Texte fiel einigen schwer, so dass wir ihnen freistellten, nur kleine Ausschnitte zu lesen. Das stimmte uns vorsichtig. So baten wir abschließend, die Erkenntnisperlen dieses Gruppentreffens für sich zu notieren und lediglich eine davon der Gruppe zu zeigen. Es folgt ein Textbeispiel zum Thema »Gestern – Heute – Morgen«, das am Beginn der Sitzung stand.

»*Das Leben der Susanne W.*
In meinem Lieblingstheater war ich die einzige im Zuschauerraum – merkwürdig, denn dies versprach ein sehr schönes Stück zu werden.
Der Vorhang geht auf. Man sieht die kleine Stube meiner Eltern mit den für die 60er-Jahre typischen Möbeln. Und dort sitzt – oder werkelt – meine junge Mutter. Wie immer sehr modern, aber lässig gekleidet; richtig jung und schön. Sie ist glücklich. Sie hat eine wunderbare, schöne, fröhliche, kleine Tochter und freut sich, sich mit ihr zu beschäftigen. Ihr unentwegt etwas zu erzählen, ihr etwas zu zeigen, mit ihr zu spielen. Sie ist jung und unbeschwert und weiß gar nicht, was das Schicksal ihr noch alles bringen wird – genau wie ihrer kleinen Tochter.«
(S. W.)

Das dritte Thema des Gruppenprozesses: Dieser Mensch bin ich

Zum Anwärmen, als Brücke zum Alltag und als zum Schreiben hinführende Achtsamkeitsübung eröffneten wir die dritte Sitzung des »SchreibRaums« mit dem Schreibimpuls »Jetzt« und ließen die entstandenen Textminiaturen vorlesen.

Im thematischen Hauptteil nutzten wir den Lebensfluss, um daran anknüpfend aus der Metaperspektive einen individuellen Lebensüberblick beschreiben zu lassen.

Im abschließenden Schreibimpuls sollten die Erfahrungen verdichtet und geankert werden. Wir baten alle, sich vorzustellen, dass das eigene Lebenspanorama Inhalt eines Romans sei, und fragten: »Wie ist sein Titel? Und wie lauten die ersten Sätze?«

Wir konnten beobachten, dass es den Teilnehmerinnen leichter als bei den vorherigen Texten fiel, ihre Romananfänge vorzulesen und einige daran eine gewisse Freude empfanden.

Das Textbeispiel illustriert das Sitzungsthema »Dieser Mensch bin ich«.

»Meine kleine Welt
Ich bin 21 Jahre alt und sehr glücklich. Ich bin mit einem schönen und klugen Mann verheiratet, den ich sehr liebe und mit dem ich mein Leben verbringen möchte. Und ich habe gerade eine wunderbare kleine Tochter bekommen, die mein Glück perfekt macht.

Mein Mann, meine Tochter und ich haben eine winzig kleine Wohnung in einem Dachgeschoss. Dies ist unser Reich und wir sind sehr glücklich über diesen Ort, der nur unserer kleinen Familie gehört.

Nach der Kindheit im Krieg, mit einer Mutter die hart arbeiten musste, um uns zu ernähren und einem Vater, der spät aus der Kriegsgefangenschaft kam, genieße ich dieses unbeschwerte Glück und lasse es mir von niemandem nehmen.

So sitze ich in meinem kleinen Königreich mit meiner kleinen Prinzessin und bin glücklich.

Glücklich darüber, dass nicht mehr mein strenger Vater, der uns keine Liebe geben konnte, mit seinem erhobenen Zeigefinger meine Unbeschwertheit zerstört. Und einer Mutter, die dem Mann, der da nun an ihrer Seite war, keine Liebe geben konnte.

Mein kleines Zuhause ist meine Bühne und hier inszeniere ich mein kleines Glück und tue alles, damit es keinen Schaden nimmt.

Doch manchmal scheint mir: das Glück kann man nicht festhalten – doch darüber mag ich nicht nachdenken. Jetzt bin ich jung und schön und glücklich und genieße das Leben.«

(S. W.)

Das vierte Thema des Gruppenprozesses: Wachstum

In diesem vierten Gruppentreffen des »SchreibRaums« wechselten wir im Hinblick auf die bisher angesprochenen Ebenen ins Märchenhafte. Wir wollten die Teilearbeit vertiefen und zu dieser Vertiefung innere Helden, zarte Prinzessinnen, wilde Drachen, mutige Draufgängerinnen einladen. Außerdem wollten wir zu Initiationsszenarien eines inneren Psychodramas anregen. Die poetisch-magische Darstellung von Werde-Stirb-Werde-Prozessen unterstützt Traumzeiten und eine kreative Trance.

In der Regel durchlaufen Märchen drei Stadien. Sie beginnen in einer elenden Ausgangssituation der Heldin, handeln dann von ihrer ungewöhnlichen Suche nach Lösungen, um damit zu enden, dass die Heldin endlich vom Problem befreit ist und in neuen Perspektiven erfreulicher leben kann.

Unter dem märchenhaften Namen Elfchen starteten wir in der Eingangsrunde mit einem kurzen Gedicht zur aktuellen Befindlichkeit. Elfchen sind Gedichte aus elf Wörtern und fünf Zeilen; die erste Zeile enthält ein, die zweite zwei, die dritte drei, die vierte vier und die letzte wieder nur ein Wort – eine Form, die zu allen denkbaren Themen eingesetzt werden kann.

Im Hauptteil boten wir verschiedenste Lebensaspekte an, zu denen ein Märchen geschrieben werden sollte. Lediglich der Beginn: »Es war einmal ...« und

Auf eigener Spur – Poesietherapeutischer Gruppenprozess

das Ende: »Und wenn sie nicht gestorben sind, dann leben sie noch heute«, waren vorgegeben, alles andere konnte frei gestaltet werden.

Das Vorlesen dieser in scheinbar ferne Welten verlegten Geschichten machte allen viel Freude. Die Teilnehmerinnen zeigten lebhafte Reaktionen und kamen leicht ins Gespräch miteinander.

Märchenhaft ging es auch mit der Vorstellung, Sterntaler zu sein, zu Ende: Die Erträge des Treffens sollten zunächst als Sternchen und Sterne imaginativ im Hemdchen gesammelt werden, um sie dann auf vorbereiteten Papiersternen zu notieren und der Gruppe zu zeigen.

Beim Textbeispiel zu dieser Sitzung und zum Sitzungsthema »Wachstum« handelt es sich um ein Märchen.

»Das arme Holzfällermädchen
Einst lebte eine arme Familie. Die hatte ein Kind. Es ging ihnen sehr schlecht, denn sie hatten nur trockenes Brot zum Essen. So musste das arme Kind täglich mit dem Vater zum Arbeiten gehen. Eines Morgens, als der Vater nicht aufstehen konnte, weil er sehr krank war, musste die arme Erika, so hieß das Mädel, alleine aufstehen und in den Wald gehen. Es arbeitete tüchtig, und als es Abend war, kam es heim. Es aß eine Wassersuppe und ging dann schlafen. Der Vater wurde aber über Nacht noch kränker, und so musste Erika nachts aufstehen und zum Arzt gehen. Draußen war es sehr dunkel und fast wäre sie in einen Graben gefallen, wenn nicht gerade eine Kutsche vorbeigefahren wäre. Endlich, nach zweistündiger Wanderung, kam sie an das Haus, worin der Doktor wohnte. Ängstlich klopfte sie an die Tür, die auch nach wenigen Augenblicken geöffnet wurde. Heraus trat ein noch junger Herr mit einem kleinen Schnurrbärtchen. ›Sind Sie Herr Doktor Grimme?‹, fragte Erika zaghaft. ›Jawohl, mein liebes Kind, das bin ich. Komm nur herein. Draußen ist es ja so kühl und dunkel.‹ Erika kam in eine Stube, die war so schön, dass ihr die Tränen in den Augen standen und sie wünschte, dass ihre Eltern auch eine solche Wohnung hätten. Nun fragte Herr Grimme: ›Was begehrst du, liebes Mädchen?‹
›Herr Doktor‹, erwiderte sie, ›mein Vati ist schwer krank und Mutti lässt fragen, ob Herr Doktor wohl zu uns kommen könne.‹ ›Das werde ich tun. Warte nur, ich will mich rasch anziehen‹, entgegnete er. Schnell war der Doktor wieder da und fragte, wo er nun hingehen solle. ›Zum Waldweg. Da steht eine Hütte und dort wohne ich.‹ Draußen an der Tür wartete schon eine Kutsche, welche die beiden zum kranken Vater führen sollte. Unterwegs fragte der Doktor: ›Wie heißt du eigentlich?‹
›Ich? Ich heiße Erika. Mein Vater ist Holzfäller und wir sind arme Leute.‹

›So, so‹, sprach er, ›aber wir sind ja schon da!‹ Eilig stiegen sie aus der Kutsche und gingen in das Haus. Die Mutter stand mit verweinten Augen an der Tür. Als Doktor Grimme fragte, was sie habe, schluchzte sie: ›Mein Mann, mein lieber guter Mann ist eingeschlafen.‹ Als Erika das hörte, rannte sie zum Bett des Vaters, küsste ihn auf die blasse Stirn und schrie jämmerlich: ›Vati, wach doch auf. Wach doch auf.‹ Aber er tat ihr den Gefallen nicht. Der Arzt, der eingetreten war, sah das arme Kind, das dort herzzerbrechend weinte. Nach einigen Erledigungen mit der Mutter verabschiedete sich der Doktor und fuhr wieder fort. Erika schlief die ganze Nacht nicht, sondern weinte und weinte nur. Es schummerte schon, als Erika wieder zum Wald gehen musste. Mit rotverweinten Augen fing sie ihre Arbeit an, und als es Mittag wurde, ward sie so schwach auf den Beinen, dass sie sich nicht einmal mehr hinstellen konnte. Sie legte sich unter einen Baum und schlief ein. Da träumte ihr, sie sähe eine schöne Dame mit einem goldblonden Lockenkopf. Sie trug ein langes rotes Kleid, das mit Perlen besetzt war. Und sie flüsterte mit zarter Stimme: ›Mein liebes Kind, du bist einer armen Mutter Mädel und deshalb will ich dir einen Korb voller Taler schenken, damit ihr das Nötigste kaufen könnt. Und weil du fleißig bist, so will ich dir noch einen Korb Lebensmittel geben.‹ Als Erika aufwachte, war die schöne Fee schon fort. Aber was war das? Unter einem Busch standen zwei Körbe, wie sie es geträumt hatte. Selig rief sie aus: ›Oh, wie schön, jetzt können wir uns endlich einmal satt essen und auch schöne Kleider und auch andere Sachen können wir uns nun kaufen. Die Not hat ein Ende!!!‹
Schnell lief sie nach Hause und fiel ihrer Mutter um den Hals und küsste sie herzlich. ›Mutter wir sind reich. Sieh mal, nun können wir uns alles kaufen.‹ Und sie lebten beide glücklich zusammen.«
(H. R., geboren 1934)

Das fünfte Thema des Gruppenprozesses: Meine Entwicklung

In der Einstiegsrunde der fünften Sitzung des »SchreibRaums« führten wir als lyrisches Kleinformat das japanische Haiku ein, um eine stark verdichtete Ausdrucksform zur Verfügung zu stellen, in der Persönliches in strenger, verkürzender Form entsprechend geschützt mitgeteilt werden kann. Denn es war uns aufgefallen, dass die Teilnehmerinnen inzwischen zwar leichter ihre Texte vorlasen, doch mit persönlichen Mitteilungen noch immer auffallend zurückhaltend waren. Viel Empathie begleitete das Vorlesen der Gedichte.

Unser Anliegen, die Teilnehmerinnen in einen therapeutischen Raum bei der Bearbeitung ihrer individuellen Entwicklungsthemen zu unterstützen, stellten

Auf eigener Spur – Poesietherapeutischer Gruppenprozess

wir in den Mittelpunkt des Hauptteils. Anknüpfend an Ego-State und Lebensfluss eröffneten wir imaginativ wieder die innere Bühne, führten zu einem aktuell bedeutsamen Thema, das erst im Freewriting für sich selbst beschrieben wurde, um dann aus einer ausgewählten Perspektive (einer beteiligten Person oder eines Anteils) in einem schriftlichen Text zu Wort zu kommen, der vorgelesen wurde. Nach dem Vorlesen und als interaktiven Abschluss baten wir darum, eine persönliche Resonanz auf die Geschichte der rechten Nachbarin in Form eines Haikus zu schreiben. Nach dem Vorlesen wurde das Gedicht der Adressatin überreicht.

Das Textbeispiel zum Prozess der Sitzung hat die Kreativität zum Thema.

»Meine Kreativität
Sie ist männlich. Verführerisch. Stark. Muskulös. Er ist herausfordernd. Tänzerisch. Er verlockt. Er versucht, mich an meine Grenzen und über sie hinauszubringen. Graue Jeans, graues T-Shirt. Keine Worte. Nur Körper. Ich soll ihm folgen. Seinen Bewegungen folgen. Mich trauen. Raus aus der Starre. Kreativität geht über Bewegung. Er ist zart und kräftig zugleich, behutsam und gleichzeitig klar. Er reicht mir die Hand zum Tanzen. Soll mich in seinem Rhythmus bewegen. Loslassen. Mich meinem eigenen Rhythmus hingeben. Ohne Kontrolle. Er hat mich verführt. Ich bin im Fluss der Kreativität.«
(R. A.)

Das sechste Thema des Gruppenprozesses: Entwicklungsspiralen

Es ging im Gruppenprozess der Gruppe »SchreibRaum« aufs Ende zu. Davon war die vorletzte Sitzung geprägt, es ging daher um die Bilanz der Gruppenerfahrungen und Schreibprozesse.

In der Eröffnungsrunde warfen wir einen Blick darauf, wie es ist: »Wenn ich schreibe«. Es wurde in sieben Minuten eine kurze Reflexion geschrieben und vorgelesen. Schon waren wir im Thema und die Gruppe erinnerte sich, wie es gewesen war, schreibend miteinander diesen Gruppenprozess zu beginnen: »Wie kam es dazu, sich in der damaligen Situation schreibend vorzuwagen? Auf was konnte zurückgegriffen und an was (transgenerational) angeknüpft werden? Seit langer Zeit schreiben Menschen. Mit was habe ich mich verbinden können? Was trägt?«

Anfang, Ende und Neubeginn sind lebensimmanent und finden sich in vielen archaischen Symbolen abgebildet. Eines davon ist die Spirale, die in vielen Kulturen für tiefe Menschheitserfahrungen steht. Wir wählten sie einerseits als bekanntes Motiv aus, das andererseits jedoch immer wieder neu erlebt werden kann und in das sich letztlich alle Lebenserfahrungen einfügen lassen.

Auf einem großen Bogen im Flipchartformat legten die Teilnehmerinnen ihre Entwicklungsspirale an, bestimmten deren persönlichen Ausgangspunkt und die Anzahl der Runden bis ins Jetzt und darüber hinaus in eine offene Zukunft. Sie gestalteten, markierten, betrachteten, würdigten. Ihren Prozess beschrieben sie in einer fiktiven oder biografischen Geschichte unter einem ihnen passenden Titel, der weitgehend mit Entwicklungsspiralen zu tun hatte.

Nach dem Vorlesen und einem persönlichen Erfahrungsaustausch wurde als interaktiver Abschluss der rechten Sitznachbarin ein Zuspruch geschrieben und nach dem Vorlesen überreicht.

Es folgt ein Text aus unserer Praxis zum Thema »Entwicklungsspiralen«.

»Die Frische der Nachtluft
Sie trat auf die Straße und atmete tief durch. Bis in die untersten Zipfel sog sie die frische Nachtluft in ihre Lungen ein. Wie gut das tat. Wie befreit sie sich fühlte. Sie hatte es getan. Endlich! Sie hatte ihre Mutter getötet.
Muttermord. Eine ungeheuerliche Tat. Ja, nur ein Ungeheuer kann so etwas tun. Kaltblütig das Messer greifen und zustechen. Nicht, dass sie den Mord geplant hätte. Noch weniger, dass sie jemals tiefen Hass verspürt hätte. Es kam einfach über sie mit einer Klarheit – ja, einer Besonnenheit, die sie sich nie hätte vorstellen können. Immer die gleiche Leier. Die ewige Litanei um das vergeudete Leben, die unerfüllten Träume, die Nichtigkeiten in der Familie. Warum wer was wann wieder wie gemacht hat. Das allein wäre ja nicht schlimm, aber dazu jedes Mal dieses geradezu kindliche Staunen, dass es sich genau so begeben hat. Dabei verläuft alles – aber auch alles – seit Ewigkeiten nach genau diesem einen Schema. Absolut voraussehbar. Wie eine Präzisionsmaschine. Warum also aufregen? Jeder beherrscht perfekt seine Rolle.
88 ist die Mutter eben noch gewesen. 63 Jahre ist sie selbst. Seitdem sie denken kann, dreht sich die Mutter in diesem Kreis. Nein, halt – nicht immer, das muss sie zugeben. Es gab Momente der Veränderungen. Es gab Hoffnung, dass die Mutter ihren Opferpfad verlassen würde, ihr Leben selbst gestalten würde. Denn sie hatte Freude am Leben und ein enormes Potenzial. Das Fenster verschloss sich aber schnell. Mit den Jahren verrammelte es sich immer stärker. Statt Souveränität, Humor und Altersweisheit zu entwickeln, beherrschten Sorgen, Selbstbeschränkung und Angst den Alltag der alternden Mutter.
Dabei war sie einst eine intelligente, schöne, charmante und fröhliche Frau, der die Welt zu Füßen gelegen hatte. Doch dieser Schritt gelang ihr nicht. So wurde die Mutter mit den Jahren immer kleiner, besorgter, furchtsamer.

Auf eigener Spur – Poesietherapeutischer Gruppenprozess

Schließlich umgarnte die Demenz ihr Wesen, bis nichts mehr von ihr übrigblieb. Das war stets ihre größte Sorge.
Sie hätte eine große Persönlichkeit sein können, aber nun warf sie keinen Schatten mehr in ihrem Kinderbett. Die Tochter stach zu. Mit einem Schnitt durchtrennte sie die Sauerstoffzufuhr. Die Mutter röchelte noch ein wenig. Sie sah die Tochter an, friedlich, ohne Angst. Dann hörte sie auf zu atmen. Sie hätte es nicht anders gewollt. Muttermord. Er kann auch ein Akt der Gnade sein. Vielleicht hätte sie ihn schon früher begehen sollen. Für sich und ihre Tochter, die nächste Generation.«
(C. B.)

Das siebte Thema des Gruppenprozesses: Perspektive

Wer am Ende ist, kann von vorn anfangen! So planten wir das Abschlusstreffen mit Blick nach vorne, nachdem ein bilanzierender Rückblick im letzten Schreibtreffen stattgefunden hatte.

Die Anfangsrunde war kurz gehalten, alle teilten mit drei Worten mit, was die Gruppe von ihr wissen durfte oder sollte.

Im Hauptteil, den wir »Mit Mut ins Neue« nannten, wollten wir die persönlichen Potenziale der Teilnehmerinnen aktivieren und so probehandelnd einen ersten Schritt über die Schwelle des Gruppenendes hinaus in die Zeit danach anbieten. Wir stellten eine umfangreiche Sammlung mit Mut-Zitaten zur Verfügung, aus der alle eine Karte wie ein Los zogen. Passte das Zitat gar nicht, durfte nochmals gezogen werden. Das Zitat war der Ausgangspunkt, um eine eigene Mutgeschichte zu schreiben.

Das Textbeispiel zeigt solch eine nach einer gezogenen Karte geschriebene Mutgeschichte.

»*Die besten Güter*
›Freudigkeit des Herzens, Mut und Ausdauer durch Prüfungen des Lebens sind die besten Güter.‹
Das schrieb Karl der I. – ja, wann denn eigentlich? Ein paar hundert Jahre ist das mindestens schon her. Wahrscheinlich mehr als 1.000. Wie alt sind die Leute denn damals überhaupt geworden? 30? Oder 40? Maximal 50! Mein Mann ist gerade mal ein Jahr älter geworden: 51. Die Lebenserwartung in Deutschland liegt heute bei Männern bei ungefähr 78 Jahren. Das wäre gut eine Silberhochzeit mehr! Wir haben nicht einmal die erste geschafft. Und diese Prüfung soll ein tolles Gut sein? Darauf hätte ich gerne verzichtet …
Was kann der schlaue Karl also gemeint haben? Krebs gab's damals nicht. Chemotherapie erst recht nicht. Es gab keine Palliativpflege, keine Flüs-

signahrung, keine Morphiumspritzen. Die Leute hatten sicherlich andere Drogen. Und sie sind an Diarrhöe, Pest und Cholera verreckt. Wer diesen Epidemien mit Freudigkeit des Herzens begegnete, mit Mut und Ausdauer hatte also die Welt gecheckt? Den Sinn des Lebens begriffen?
Das ist doch Blödsinn! Es herrschte tiefstes Mittelalter und wer einen Ernährer an der Ruhr verlor, verspürte mit Sicherheit keine Freudigkeit des Herzens. Mein Herz war jedenfalls alles andere als erfreut, als ich ahnte, wohin die Reise gehen würde. Es war verzagt, verkrampft, verängstigt wie ein kleines Flüchtlingskind an der ungarischen Grenze. Von Ausdauer kann also kaum die Rede sein. Mutig waren wir schon, denn wir haben dem Schicksal in die Augen geschaut, nicht weggeguckt. Wir haben alles gemacht, so gut es ging. Ja, wir waren verdammt mutig und ich bin es danach geblieben, habe mich allen Herausforderungen gestellt, habe den Tatsachen ins Auge geblickt, bin aktiv geworden, denn was ist schlimmer als Ohnmacht? Ich habe mich ermächtigt, bin in Handlung getreten – alles andere hätte mich zerfetzt, umgehauen, vernichtet.
In zwei Tagen sind zwei Jahre vergangen. Ich komme mir vor wie nach einem Marathonlauf: müde, erschöpft, kaputt. Da ist sie ja: Karls Ausdauer! Vielleicht ist im dritten Jahr die Freudigkeit des Herzens an der Reihe: uneingeschränkt und leicht, aber gleichzeitig mit einer unendlichen Tiefe, die sich wie eines der besten Güter anfühlt. Das würde mich sehr freuen.«
(C. B.)

Anschließend stand der persönliche Abschied an. Nach dem Ausblick kam ein Rückblick. Dabei erhielten die Teilnehmerinnen als persönliche Resonanz von ihrer Sitznachbarin eine Postkarte, die in wenigen Minuten kreativ gestaltet wurde und auf der der anderen mitgeteilt wurde: »Dafür danke ich dir.« Zum Abschluss baten wir, sich eine persönliche Panoramalandkarte des gemeinsamen Gruppenprozesses vorzustellen und uns allen entsprechend dieser Karte etwas vom eigenen Resümee mitzuteilen.

Eine Teilnehmerin teilte mit, wie sich ihr Schreibprozess von Beginn bis zum Schluss gesteigert habe. Immer mutiger habe sie von sich geschrieben. Das Privileg, an den Texten der anderen teilhaben zu dürfen, habe sie tiefer berührt, als es jemals die Texte von anerkannten Schriftstellerinnen getan hätten.

Einer professionellen Schreiberin hatten sich neue Ausdrucksebenen eröffnet, die sie sich bereits mit ihrer Berufswahl gewünscht hatte, doch im Auftragsschreiben nicht erreicht hatte.

Wie viel Überwindung es gekostet hatte, laut vorzulesen, klang bei allen Teilnehmerinnen an. Die Annahme, dass die anderen viel besser schreiben könnten, als sie selbst, teilten die meisten ebenso wie das Staunen über diesen Irrtum.

Eine Teilnehmerin betonte, ihr Prozess sei eine Ermächtigung zum Zorn gewesen. »Endlich!«, betonte sie.

Der beständige Rahmen und die klare, verlässliche Struktur waren fast durchweg als hilfreich erlebt worden, manche hätten es allerdings gerne flexibler gehandhabt, besonders, wenn sie sich gut im Schreibfluss erlebt hatten. Insgesamt hatte die feste Aufgabenstellung, Gedanken anders zu formulieren und Neues in einen Schreibimpuls hineinzupacken, die Teilnehmerinnen zufriedengestellt.

Die Schreibvorgaben hatten mal weniger und mal mehr gepasst, doch insgesamt war bei jedem Schreibtreffen für alle Anregendes oder Überraschendes dabei gewesen.

Wir Therapeutinnen dankten von Herzen für das uns entgegengebrachte Vertrauen. Wir teilten unsere Beobachtungen des anfänglich vorsichtigen Miteinanders einer für sie alle neuen Begegnungsform mit. Wir sprachen davon, wie uns die gegenseitige Achtsamkeit beeindruckt habe und dass wir gesehen hätten, wie diese motiviert habe und ein zunehmend solidarisches Miteinander entstanden sei, dass alle mehr und mehr selbstwirksam erlebt hätten. Unser Eindruck war, dass das die Arbeit an den eigenen Entwicklungsthemen befördert habe. Die eigene Entwicklung sei von den anderen Gruppenmitgliedern durch ihr wertschätzende Zeugen eines mitunter aufregenden Prozesses unterstützt worden. Die couragierte Entwicklung im Vorlesen würdigten wir besonders, und wir wiesen darauf hin, dass wir Therapeutinnen möglicherweise zu lange mit den Widerständen mitgegangen seien und dadurch erschwerend gehandelt hätten.

Tabelle 1: Verlauf der Gruppentreffen vom »SchreibRaum«

Ausschreibung	**SchreibRaum – Ich begegne mir**		
Vorlauf			
Anschreiben			
16.03.15	Einladung		
24.04.15	Erinnerungsmail an TN		
Sitzung	**Inhalte**	**Ziel**	**Methoden** Methodenpapiere im Methodenteil
1 06.05.15	Namensschild, Schreibspiel	Kennenlernen	*Namensalliteration*
	Vereinbarungen	Sicherheit	Absprache
Thema Ressourcen	Freudenbiografie	Mit Ressourcen verbinden	Clustern, Freewriting
			Miniatur schreiben
	Lesung ohne Rückmeldung		Lesen
	Erfahrungen der Sitzung verdichten	Abschluss	*Telegramm*
Sitzung	**Inhalte**	**Ziel**	**Methoden**
2 03.06.15	Anknüpfen an 1. Treffen, neue TN einbeziehen, Fr. H. ist abgemeldet	Ankommen, Verbindung zum letzten Treffen und zu dem, was (in der Zwischenzeit) bedeutsam war	*Gestern – Heute – Morgen* Vorlesen
Thema Stabilisierung	Information zum Ansatz des Kreativen, biografischen, therapeutischen Schreibens	Information, Orientierung, Sicherheit	Impulsreferat
	Ego-States	Stabilisierung im Schreiben und in der Gruppe	Imagination: Innere Bühne anlegen, Freude (anküpfen an 1. Treffen), Mut, Kraft, Zuversicht, Neugier, Vorsicht (5 min). Zwei Protagonist*innen auswählen für »Generalprobe«, die sich nacheinander (je Monolog schreiben 10 min) vorstellen und sich anschließend begegnen/ annähern 15–20 min). Alle Texte bleiben bei TN, eine Journalistin ist anwesend und verfasst eine Zeitungsnotiz für den Kulturteil HH, dieser wird vorgelesen
	Erkenntnisperlen; eine Perle veröffentlichen (15 min)	perönliche Erfahrungen sichern. Abschluss	für sich selbst notieren, nicht vorlesen, eine davon zum Abschluss der Runde zeigen

Sitzung	Inhalte	Ziel	Methoden
3 06.07.15	Anknüpfen an 2. Treffen	Ankommen, Verbindung zum letzten Treffen und zu dem, was (in der Zwischenzeit) bedeutsam war	*Jetzt* (5 min) Lesen
Thema Entwicklung (Arbeit am persönlichen Entwicklungsthema)	»Dieser Mensch bin ich«	Arbeit am eigenen Thema	*Lebensfluss legen:* »Dieser Mensch bin ich«, Freewriting zum Erlebten (bleibt bei TN als Materialsammlung), Wendepunkte/Weichenstellungen anschauen, Runde/Gruppenkontakt: kurz von Erfahrung berichten, schreiben aus der Perspektive von oben »Dieser Mensch bin ich«. Lesen ganz oder Teile
	eine Essenz zum Abschluss	perönliche Erfahrungen sichern. Abschluss	Wenn mein Lebensfluss ein Buch wäre, wie wäre der Titel? Die ersten Sätze schreiben. Lesen.

Sitzung	Inhalte	Ziel	Methoden
4 02.09.15	Anknüpfen an 3. Treffen	bei sich ankommen	*Elfchen* zur aktuellen Befindlichkeit
Thema Wachstum		Themenfelder: Beziehung, Gesundheit, berufliche Entwicklung, Familie, persönliches Wachstum	Ein Märchen schreiben mit der Vorgabe zu erstem und letztem Satz: Märchen: »Es war einmal ...«, »... Und wenn sie nicht gestorben sind, dann leben sie noch heute.«
	Abschluss		Vorstellung, ich bin Sterntaler mit »Sternen« im Hemdchen (Erfahrungen des Treffens). Alle TN erhalten drei aus Papier ausgeschnittene Sterne zum Beschreiben. Vorlesen.

Sitzung	Inhalte	Ziel	Methoden
5 08.10.15	Ankommen in der Gruppe, bei sich	Einstieg ins Schreiben	*Haiku*
Persönliches Thema mit Resonanz	Meine Entwicklung Anknüpfen ans Innere Team	Weiterarbeit an persönlichen Entwicklungsthemen. Dazu stehen im Vorlesen (des eigenen Textes)	Imagination: Innere Bühne anlegen. Welche (aktuellen) Themen zeigen sich? Mit welchem möchte ich mich heute hier im geschützten Raum beschäftigen? Freewriting (für sich selbst), daraus Geschichte schreiben aus der Perspektive einer ausgewählten Person (der Bühne) in realer oder fiktiver Form.

	Feedback	Resonanz geben/nehmen	TN rechts neben mir schreibt für mich ein Haiku als Resonanz auf meine Geschichte
Sitzung	**Inhalte**	**Ziel**	**Methoden**
6 05.11.15	Ankommen in der Gruppe, bei sich		»Wenn ich schreibe ...« (7 min)
Thema Bilanz	Spirale als archaisches Entwicklungssymbol	Persönliche Entwicklungsebenen würdigen, die während der Schreibgruppenzeit beschritten wurden	Flipchartpapier: Spiralform mit Bleistift anlegen, von innen nach außen schreiben (farbige Stifte in unterschiedlicher Stärke, Wachsmalkreiden). Diese von allen Seiten betrachten und evtl. begehen bzw. einzelne Standpunkten nachspüren. Über diese Erfahrungen eine Geschichte schreiben zu einem persönlichen Thema, das im weiten Sinn mit Entwicklungsspiralen zu tun hat.
	Gegenseitiger Zuspruch	Bekräftigung	TN links gibt als Resonanz zum vorgelesenen Text einen persönlichen Zuspruch
Sitzung	**Inhalte**	**Ziel**	**Methoden**
7 02.12.15	Ankommen in der Gruppe, bei sich		drei Worte sagen, was wir wissen dürfen
Thema Abschluss und Persektive	Mit Mut ins Neue	Perspektive entwickeln, zukunftsorientiert	mit Mut-Zitaten eigene Mutgeschichte schreiben, lesen
	pers. FB untereinander		Postkarte an TN rechts neben mir: »Wofür ich dir danke.«
	pers. Resumee der Schreibgruppe		Panoramalandkarte des Gruppenprozesses vorstellen, mündliche Runde

Die allgemeine Auswertung eines Gruppenprozesses

Bereits bei der Auftragsklärung beginnt die Auswertung: »Angenommen, das wird für Sie hier ein äußerst ergiebiger Prozess, was haben Sie dann erlebt, welche Themen bearbeitet, was (weiter-)entwickelt?«

Bei längeren Gruppenprozessen sollte circa in der Mitte eine Zwischenauswertung stattfinden: »Was hat mir die bisherige Arbeit gebracht – für mich, meine Umgebung/relevante Bezugsgruppen? Was ist offen geblieben – für mich, meine Umgebung? Was möchte ich mit dieser Erfahrung (im weiteren Gruppenverlauf) tun – für mich, meine relevante Bezugsgruppe? Dabei lassen sich auch Wünsche fürs weitere Vorgehen, Anregungen und inhaltliche Ideen besprechen.

Von Zeit zu Zeit bietet es sich an, aus den gesammelten Texten einen herauszusuchen, der im Nachhinein als besonders bedeutsam erscheint, und diesen nochmals weiterzubearbeiten.

Der Abschluss ist gut vorzubereiten, beginnt er doch nicht erst in der letzten Sitzung, sondern wirft seine Schatten bereits voraus. Zum Abschluss des Gruppenprozesses wird dieser gemeinsam von Teilnehmerinnen und Gruppenleitung schreibend und im Gespräch ausgewertet.

Aus dem geschützten Rahmen treten

Mit einer Gruppe sollte besprochen werden, ob Interesse an einer gemeinsamen Lesung entstandener Texte besteht, entweder feierlich beim letzten Treffen innerhalb der Schreibgruppe oder in einer eigenen Veranstaltung mit ausgewählten Gästen. Immer wieder berichten Teilnehmerinnen, wie dabei ihr Zu-mir-Stehen und das Vertreten des eigenen Standpunkts gestärkt wurden.

Manche Mutige möchten einzelne ihrer Texte überarbeiten und aus dem geschützten Gruppenraum heraus im kleineren Familien- und Bekanntenkreis oder im weiteren Rahmen veröffentlichen. Die Digitaltechnik bietet da recht einfache Vervielfältigungsmöglichkeiten, sei es als kleines Booklet oder Book on Demand. Die Beteiligten werden dadurch oftmals motiviert, über das Gruppenende hinaus weiterzuschreiben oder sich in anderer Form öffentlich zu zeigen.

Dritter Schritt: Fabulatorium

Die Methodenpapiere dieses Kapitels stehen auch als *Download* zur Verfügung. Jedes Methodenpapier nimmt zudem eine bis zwei Seiten für sich ein, die sich auf diese Weise losgelöst vom Rest des Buches kopieren und einsetzen lassen.

Gehen wir nun noch einen dritten Schritt weiter und hinein ins »Fabulatorium«, dem Ort, an dem in diesem Buch viele unserer Methodenpapiere ausgestellt sind. Bitte bedienen Sie sich! Wählen Sie zwischen systemischen Klassikern und poesietherapeutischen Evergreens. Greifen Sie beim Sortiment systemisch-poesietherapeutischer Interventionen herzhaft zu. Außerdem haben wir auch noch Schreibstationen im Angebot. Was darf es denn heute für Sie sein?

Klassiker und Evergreens

Leitfrage: Welche Schreibinterventionen haben sich in der Praxis bewährt, die ich als Ausgangspunkt nehmen kann, um eigene zu entwickeln oder weiterzuentwickeln?
Inhalt: Niederschwellige Schreibinterventionen, vielfach einsetzbar.
Methode: Dreizehn Methodenblätter.

P …
O …
E …
S …
I …
E …

Nehmen Sie die sechs Buchstaben des Wortes Poesie zum Ausgangspunkt von sechs Textzeilen: Schon entsteht ein *Akrostikon* (griech. Versspitze, *Akron* bedeutet Spitze und *Stichos* Vers), ein lyrisches Kleinformat, das sich ebenso gut als Warming-up in Schreibprozessen eignet wie zum Einstieg in Themen. Die ersten Buchstaben der Verse ergeben von oben nach unten gelesen ein Wort und bilden zugleich die Anfangsbuchstaben von assoziativen Begriffen oder Zeilen zum Thema, zu dem das gewählte Wort anregt.

Im *ABC-Darium* werden nach dem Muster der Anfangsbuchstaben in alphabetischer Reihenfolge Stichworte gesammelt, die in einen Zusammenhang gestellt werden: Arbeiten Bringt Chaos, Darin Entfaltet sich Freundlich Gutes. Haben Sie *Interesse* an mehr?

Uralte Schreibspiele, überliefert seit der Antike und um beständig neue Formen erweitert, stehen uns zur Verfügung. Jede Epoche fügte das ihrer Zeit Gemäße hinzu. So wollte Novalis im *Romantisieren* den ursprünglichen Sinn wiederfinden. Die Surrealisten ließen sich von Siegmund Freuds Technik des *freien Assoziierens* zum Automatischen Schreiben inspirieren, um in Dimensionen des bisher nicht Gesagten im Noch-nicht-Bewusstsein vorzudringen. Lutz von Werder entwickelte, angeregt von Erich Fromms Ideen über Sozialcharakter und das gesellschaftliche Unbewusste, das *Soziologische Schreiben*: »Soziologischem Schreiben geht es um die Aufdeckung der eigenen Ich-Strukturen als Resultat des Zivilisationsprozesses. Dabei wird sich der Bewusstseinszustand der Einzelpersonalität als Wechselspiel von Sozio- und Psychogenese aufweisen lassen« (1988, S. 210). Die Philosophie Ernst Blochs regte diesen zum *Philosophischen Schreiben* an (S. 130). Diese wenigen Beispiele mögen genügen, um aufmunternd einzuladen, sich eigene Schreibspiele auszudenken und bis dahin auf die Vielfalt der vorhandenen und hier vorgestellten und zusammengestellten zurückzugreifen.

Vorweg noch eine Frage: Was ist das Ziel eingesetzter Schreibinterventionen? *Regressive* Zugänge, wie Autobiografisches Schreiben, Freewriting oder das Schreiben von Märchen, führen in biografische Schlüsselszenen, mythische Urbilder und Bedürfnisse. *Progressive* Interventionen, zu denen Lyrik, Akrostichon, Lipogramm, recherchierendes und betrachtendes Schreiben zählen, stimulieren kognitive Prozesse. Eine dritte Form der *Ambivalenten Schreibtechniken* verbindet die beiden, hierzu zählen Clustering, ABC-Darium oder das fiktive Schreiben. Die meisten Schreibinterventionen sind Mischformen, bei denen je nach therapeutischem Prozess die Gewichtung entsprechend zu steuern ist.

Wo auch immer die Betonung liegt, die sogenannten Klassiker führen niedrigschwellig spielerisch ins Schreiben hinein und schaffen damit Unterschiede von bisherigen Betrachtungen und verlocken zu neuen Unterscheidungen.

Einem Zitat von Michael Ende zur poetischen Arbeit folgen in alphabetischer Folge die Methodenpapiere zu den Klassikern und Evergreens des Kreativen Schreibens.

»Was man von sich nicht unterscheiden kann, kann man nicht benennen. Mir scheint, der größte Teil aller poetischer Arbeit besteht darin, dem noch immer Namenlosen einen Namen zu geben. Und zwar den jeweils wahren Namen, denn der unwahre Name ist Lüge, entwirklicht das Bekannte. Zu ihm kann man sich nicht in Beziehung setzen, ohne dass man selbst an Wirklichkeit einbüßt.«
(Michael Ende, 2009, CD)

Automatisches Schreiben

Automatisches Schreiben ist eine der spezifischen Methoden des literarischen Surrealismus, entwickelt von André Breton und Philippe Soupault (Les Champs magnétiques, 1919; Breton, Erstes Manifest des Surrealismus, 1924). Ausgehend vom psychoanalytischen Ansatz (S. Freud) wird schreibend die Konzentration nach innen gelenkt und Visionen, Halluzinationen, Assoziationen aus dem Unbewussten, Traumhaften werden ins Bewusstsein gehoben, sozusagen als *poetische Exkursion vom Ich zum Es*. In freier Assoziation von Worten, Bildern, Räumen wird nicht nach Sinn und Bedeutung gefragt. Stattdessen steht die Entfaltung der Phantasie im Vordergrund. Die Schnelligkeit des Schreibens legt tiefere Schichten des Bewusstseins frei, denn Kontrolle und Selbstzensur werden mittels Tempo spontan überlistet. Was in den Sinn kommt, wird aufgeschrieben.

Quelle: André Breton (1986), in Maurice Nadeau, Geschichte des Surrealismus, S. 64.
Grundregeln:
- Fünf Minuten ohne Pause zum Thema schreiben.
- Stift nicht absetzen.
- Bei eventueller Stockung mit dem ersten Satz oder dem Thema erneut beginnen. Der Schreibfluss setzt dann wieder ein.

Anleitung nach Breton: »Beschaffen Sie sich Schreibzeug, setzen Sie sich an einen Platz, wo Sie sich möglichst ungestört in sich selbst versenken können, entspannen Sie sich völlig, seien Sie ganz passiv und so hinnehmend und aufnahmebereit wie möglich! Lassen Sie sich nicht durch den Gedanken an Ihre etwaige Genialität beirren!

Sehen Sie von Ihren eigenen und den Talenten aller anderen Menschen ab!

Sagen Sie sich eindringlich, daß die Schriftstellerei der trübseligste Weg ist, der zu allem führt! Schreiben Sie rasch nieder, was Ihnen einfällt, und besinnen Sie sich gar nicht auf ein Thema! Schreiben Sie so schnell, daß Sie sich überhaupt nicht versucht fühlen, vom schon Geschriebenen etwas behalten zu wollen oder es noch einmal durchzulesen!

Der erste Satz kommt Ihnen ganz von selbst. Wie es mit dem zweiten geht, läßt sich zwar schon schwerer sagen [...]. Doch machen Sie sich darüber keine Sorgen!

Schreiben Sie einfach unentwegt weiter!

Verlassen Sie sich ganz auf die Unerschöpflichkeit des Wisperns, Raunens und Murmelns in Ihnen!

Und wenn dies doch einmal zu verstummen droht, etwa weil Sie über einen Schreibfehler stolpern […] oder ein Wort, das Sie schrieben, Ihnen äußerst befremdlich vorkommt, dann schreiben Sie einfach irgendeinen Anfangsbuchstaben, z. B. ein L, gerade immer nur ein L, und stellen die anfängliche Willkürlichkeit dadurch wieder her, dass Sie dieses L dem beliebigen Wort, was Ihnen sogleich in die Feder fließen wird, als Anfangsbuchstaben aufnötigen.«

Clustering

Das Cluster (engl. Büschel, Traube, Anhäufung) ist eine Möglichkeit, bildliches (rechtshemisphärisches) mit begrifflichem (linkshemisphärischem) Denken schreibend zu verknüpfend.

Cluster entfalten sich um ein Kernwort, das den Mittelpunkt bildet, herum, vergleichbar einem Stein, der ins Wasser fällt und Kreise zieht. Sie sind die Kurzschrift bildlichen Denkens. Folgende Abbildung verdeutlicht das:

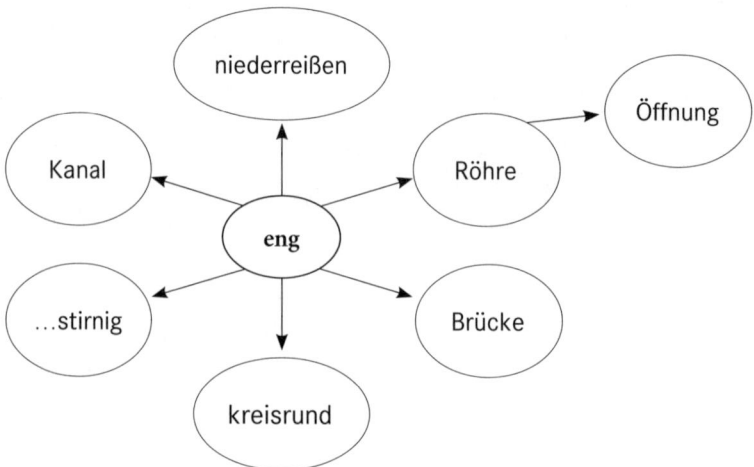

Abbildung Cluster: Beispiel für ein Clustering auf den Begriff »eng«

Quelle: Gabriele Rico (1984). Garantiert schreiben lernen.
Ziel: Spielerische Anregung kreativer Prozesse, Sammlung von Material zu einem Thema, Vorbereitung für einen Text.
Material: Große Papierbögen, mindestens DIN-A-3. Farbige Stifte unterschiedlicher Stärke und Qualität.
Zeit: Circa zwanzig Minuten.
Grundregeln:
- Beginnen Sie mit dem Kernbegriff, den Sie auf eine leere Seite schreiben und mit einem Kreis umgeben.
- Dann lassen Sie sich treiben, folgen Sie, ohne sich zu konzentrieren, assoziativ den Einfällen, Bildern, Gedankenverbindungen.
- Nehmen Sie eine spielerische Haltung in *entspannter Empfänglichkeit* ein.
- Wenn Ihnen vorübergehend nichts mehr einfällt, malen Sie Pfeile oder ziehen Sie die Linien dicker oder …, bis neue Einfälle kommen.

Klassiker und Evergreens

- Es gibt kein Richtig und damit auch kein Falsch, Ihr Cluster ist das jetzt angemessene. Alles ist erlaubt.

Anleitung:
- Wählen Sie einen ungestörten Platz und ruhigen Zeitpunkt.
- Schreiben Sie ein für Sie interessantes Kernwort in die Mitte des Blattes.
- Machen Sie sich mit dem Clusteringverfahren vertraut, indem Sie in der Haltung kindlicher Neugier Ihre Assoziationen staunend notieren. Bewerten Sie nicht, denn das ist hier nicht der richtige Platz dafür.
- Lassen Sie Wörter, Redewendungen, Zitate etc. nach außen strahlen, umkreisen Sie jeden Begriff, verbinden Sie Ihre Begriffe mit Pfeilen (Richtungsanzeige) oder Linien.
- Wenn Sie eine Richtung, einen Kristallisationspunkt wahrnehmen, markieren Sie ihn und sammeln weiter Ihre Einfälle.
- Haben Sie das Empfinden, vorerst alles zusammengetragen zu haben, können Sie mit dem Schreiben beginnen.
- Nutzen Sie die reichhaltige Sammlung Ihres Clusters, um aus dem Kristallisationspunkt oder einem Begriff, der Sie jetzt besonders anspricht, eine *Miniatur* zu schreiben. Nutzen Sie dabei die Fülle Ihres Clusters und die Assoziationen, die sich während des Schreibens dazugesellen.
- Sollten Sie beim Schreiben nicht weiter wissen, nutzen Sie Ihr Cluster, um mit einem anderen Begriff weiterzuschreiben.
- Schreiben Sie acht Minuten lang.
- Beenden Sie Ihren Text, indem Sie den Kreis schließen und noch einmal zu Ihren einleitenden Worten zurückkehren, einen wesentlichen Gedanken aufgreifen und mit Ihrem Schluss verbinden.
- Lesen Sie sich das Geschriebene laut vor. Lassen Sie sich einige Minuten Zeit für Veränderungen und Korrekturen, bis Sie das Gefühl haben, dass das, was in Ihrer Miniatur steht, für Sie dort stimmig hineingehört.

Feedback an einer Hand

Am Ende jeder poesietherapeutischen Sitzung steht ein Resümee der Sitzung, eine kurze Auswertung. Diese erfolgt mündlich und/oder schriftlich.

Quelle: Gitta Schierenbeck und Katharina Weissbach-Hempel (2009). Biografisches Schreiben.
Ziel: Mitteilung des persönlichen Erlebens.
Material: Farbiges Papier, bunte Stifte, vorbereitetes Plakat oder Flipchart.
Zeit: Fünf Minuten Vorbereitung, anschließend circa zwei Minuten pro Person.
Anleitung:
- Umfahren Sie mit dem Stift Ihre eigene Hand mit ihren fünf Fingern und erstellen Sie eine Handskizze. Alternativ kann diese auf einem vorbereiteten Blatt ausgeteilt werden (siehe Abbildung).
- Notieren Sie in den jeweiligen Fingern:
  - Daumen: Notieren Sie eine Zustimmung: *Daumen hoch für ...*
  - Zeigefinger: Notieren Sie eine Mitteilung: *Darauf möchte ich hinweisen: ...*
  - Mittelfinger: Notieren Sie eine zentrale Erfahrung: *Im Mittelpunkt stand für mich ...*
  - Ringfinger: Notieren Sie Ihren persönlichen Höhepunkt: *Das Schmuckstück war für mich ...*
  - Kleiner Finger: Notieren Sie, was Sie vermisst haben: *Zu kurz kam für mich ...*
- Teilen Sie mit, was Sie notiert haben.

Variante: Diese Anleitung, Hand mit Bedeutung der Finger, als Flipchart vorbereiten für kurze mündliche Rückmeldung.

Klassiker und Evergreens

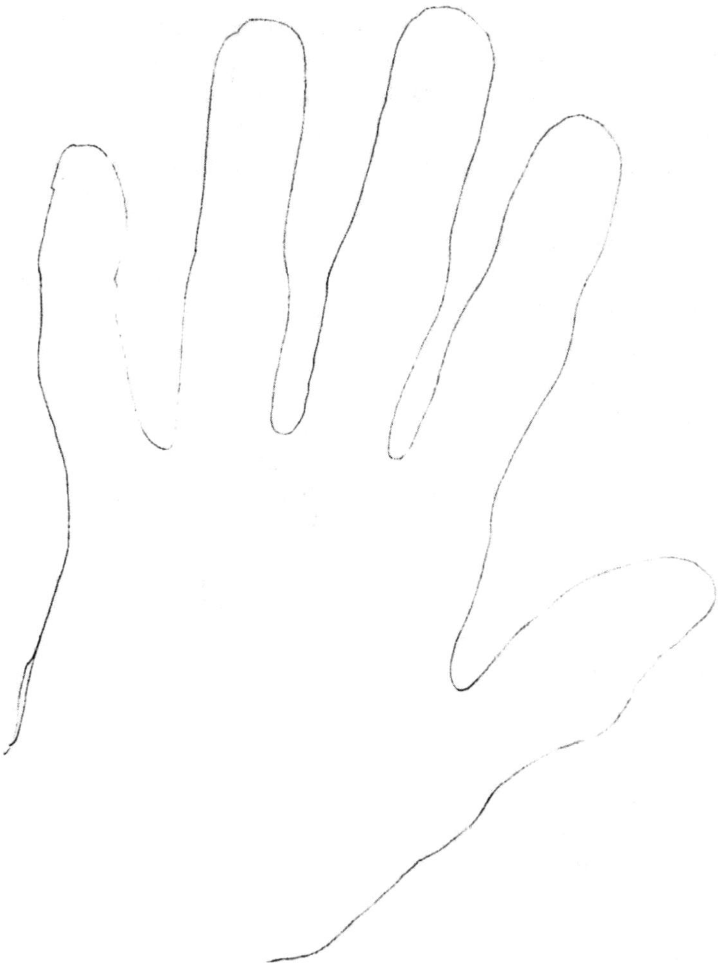

Abbildung Feedback mit Hand: Skizzierte Hand

Freewriting – assoziatives Schreiben

Beim freien oder assoziativen Schreiben übernehmen Hand und Stift die Regie.

Ziel: Belebung durch Inspirationen, unkontrolliertes Assoziieren, Entwicklung spontaner Ideen, Materialsammlung für einen anschließend zu schreibenden Text.
Material: Buntes Papier und farbige Stifte unterschiedlicher Stärke und Qualität.
Zeit: 15 bis zwanzig Minuten. Hierzu einen *Tipp:* Wenn Sie sich eine Zeituhr stellen, erleichtert das Ihre Konzentration auf den Schreibprozess.
Anleitung:
- Wählen Sie einen ungestörten Platz und ruhigen Zeitpunkt.
- Beginnen Sie zu Ihrem Thema ein Wort oder einen Satz zu schreiben.
- Von dort aus schreiben Sie ohne den Stift abzusetzen all das auf, was Ihnen in den Sinn kommt. Der Stift bleibt durchgängig mit dem Papier verbunden, das heißt, am Zeilenende fahren Sie leicht übers Papier bis zum Anfang der nächsten Zeile und schreiben dort weiter.
- Sollten Sie nicht weiter wissen, schreiben Sie entweder etwas Ähnliches wie: »Ich habe keine Ahnung, wie es weitergeht«, oder beginnen Sie erneut mit dem ersten Satz. Egal, was Sie schreiben, unterbrechen Sie nicht Ihren Schreibfluss.
- Anschließend lesen Sie Ihren Text und markieren sich all die Worte und Passagen, die Sie besonders ansprechen. Diese sind Ausgangspunkt für den Text, den Sie anschließend schreiben, wobei Sie sowohl Ihre Materialsammlung als auch den Schreibschwung nutzen.

Klassiker und Evergreens

Fortlaufender Brief – ein Schreibritual

Rhythmus ersetzt Kraft, und rituelles Schreiben nutzt diesen Effekt: Jeden Tag, möglichst zur gleichen Zeit, an einem bestimmten dafür freigehaltenem Ort zu schreiben, festigt und stabilisiert das Schreiben.

Ende der 1970er Jahre entwickelte der Psychotherapeut Onno van der Hart im Rahmen seiner Arbeit mit Menschen in Verlustsituationen oder mit traumatischen Erfahrungen dieses zeitlich unbegrenzte Schreibritual mit dem Ziel, ein »Privatdrehbuch zu entwickeln, um [den] Verlust zu verarbeiten und Abschied oder Abstand zu nehmen« (1984, S. 12).

Diese Form des (therapeutischen) Abschiedsrituals ist ein Übergangsritual, ein geordnetes Ganzes mit symbolischen Handlungen. Negative und belastende Bilder, die in biografischen Erzählungen Gestalt gewonnen haben, können in positiven oder weniger belasteten Bilder rekonstruiert werden. Im Rahmen dieser Veränderung des subjektiven Erlebens verbessern bzw. verändern sich auch die sozialen Beziehungen zum Briefgegenüber.

Das Trauer-Ritual besteht aus drei Teilen, einer Neuordnungsphase, einer Abrundungsphase und einer Wiedervereinigung.

Quelle: Onno van der Hart (1984). Abschiednehmen. Abschiedsrituale in der Psychotherapie.
Ziel: Sich von der Seele schreiben, was unaussprechlich ist, Auseinandersetzung mit Menschen, die als reale Gesprächspartner nicht zur Verfügung stehen.
Material: Heft, Paperblanc oder lose Blätter sowie ein Lagerort, der für andere unzugänglich ist.
Zeit: Täglich nach Bedarf, aber nie länger als dreißig Minuten.
Anleitung und Grundregeln:
Schreiben Sie fortlaufend an einem Brief an eine Person weiter, die Sie verloren haben und die Ihnen somit nicht mehr für ein Gespräch zur Verfügung steht.

Neuordnungsphase
- Schreiben Sie täglich nieder, was Sie der betreffenden Person noch zu sagen haben.
- Schreiben Sie zu festen Zeiten und an einem bestimmten Ort.
- Verwenden Sie eventuell ein Symbol, das Sie mit dem angeschriebenen Menschen verbindet.
- Sie können bzw. sollten die beim Schreiben gesammelten Erfahrungen mit einem vertrauten Menschen (Therapeutin, Freundin, Coach) besprechen.
- Bewahren Sie den Brief an einem Ort auf, der nur Ihnen zugänglich ist.

- Führen Sie den Schreibprozess so lange fort, bis Sie das Gefühl haben, alles gesagt zu haben

Abrundungsphase
- Nehmen Sie feierlich von dem Brief und eventuell auch von den Symbolen Abschied (verbrennen, vergraben etc.).

Wiedervereinigung
- Nehmen Sie Kontakt mit einem oder mehreren Menschen auf, der/die Ihnen bedeutsam ist/sind. Machen Sie sich damit wichtige Beziehungen in Ihrer aktuellen Lebensphase deutlich.

Klassiker und Evergreens

Haiku

Lyrische Formen, wie Elfchen oder Haiku, strukturieren kognitiv und befördern gleichzeitig Originalität. Sie können als literarische Bauformen genutzt werden, um die eigene Kreativität des schreibenden Menschen zu stimulieren, nicht selten mit für ihn selbst überraschenden Ergebnissen.

Quelle: Japanische Lyrikform.
Ziel: Das fest vorgegebene Versmaß fordert zu präzisen Wortfindungen heraus, um die persönliche Bedeutung auszudrücken. Es ist interaktiv einsetzbar.
Material: Buntes Papier, Schreibfarben in unterschiedlichen Farben und Qualitäten, besonders anregend sind Schreibfedern oder Stifte mit abgeschrägter Spitze.
Zeit: Themenangepasst.
Aufbau:
5 Silben mit Bezug zur Natur,
7 Silben zur Stimmung,
5 Silben frei.

Interaktive Erweiterungen
Tanka:
Eine zweite Person ergänzt am Ende zwei Zeilen mit je sieben Silben.
Renga:
Eine dritte Person schreibt vor den Beginn des ursprünglichen Haikus zwei Zeilen mit je sieben Silben und erweitert auf diese Weise das Tanka der ersten beiden Personen.

Haltung

Menschen, die andere Menschen in ihrer Entwicklung begleiten und unterstützen, nehmen großen Einfluss. Die persönliche Auseinandersetzung mit Macht und Ohnmacht ist kontinuierlich zu führen, denn es geht dabei um Haltungsfragen.

Quelle: Petra Rechenberg-Winter und Jürgen Wälde.
Ziel: Selbstbefragung.
Material: Buntes Papier, farbige Stifte.
Zeit: Dreißig Minuten.
Leitfragen: Bitte beantworten Sie in aufrichtiger Haltung die folgenden Fragen in der Ausführlichkeit, die für Sie die jeweils stimmige ist:
- Was, wer gibt mir Halt?
- Was, wer hält/bindet mich?
- Was, wen halte ich?
- Was, wer hält mich auf?
- Was, wer hält mich an?
- Wann, wo halte ich inne?
- Was, wen halte ich zurück?
- Was, wen halte ich besetzt?
- Was, wer nimmt mir meine Haltung?
- Was gibt mir Anhalt?
- Wen halte ich hin?
- Wer hält mich hin?
- Wen halte ich hoch?
- Wen halte ich klein?
- Welche Regeln sind unbedingt einzuhalten?

Und noch eine weiterführende Frage: Wen halte ich für eine gute Gesprächspartnerin, um mich über mir persönlich bedeutsame Haltungsaspekte auszutauschen?

Komplimentereihe

Geben und Nehmen in einen Ausgleich zu bringen, ist nicht nur für Individuen und Paare, sondern auch für Gruppen eine häufige Herausforderung. Das Geben und Nehmen von Komplimenten ist deshalb eine ressourcenvolle Übung, beispielsweise innerhalb einer Supervision.

Quelle: Armin Poggendorf und Hubert Spieler (2003). Teamdynamik.
Ziel: In einem Team oder einer Gruppe die stärkende Wirkung von Komplimenten und Anerkennung erfahren, die eigene Verantwortung für Kommunikation wahrnehmen.
Material: Moderationskarten, farbige Stifte.
Zeit: Je nach Teamgröße, circa 15 Minuten.
Anleitung:
- Bitte notieren Sie ein Kompliment, dass Sie Ihrer Kollegin machen möchten, die links von Ihnen sitzt. Ihr Satz beginnt mit: »Ich schätze an dir …«
- Die Komplimente werden der Reihe nach vorgelesen und anschließend übergeben.
- Rückrunde: Nun notieren Sie bitte für Ihre rechte Nachbarin einen aufrichtigen, wohlmeinenden Wunsch, der folgendermaßen beginnt: »Ich wünsche dir …«
- Die Wünsche werden nun in gegenläufiger Reihe vorgelesen und übergeben.

Hinweis: Die Wirkung dieser Interaktion lässt sich eindrücklich verstärken, wenn die Klientinnen im Stehen ihre Komplimente und Wünsche vorlesen und überreichen, sozusagen im *Standpunkt-Beziehen* und *Zu-sich-Stehen*.

Lipogramm

Ein Lipogramm oder Leipogramm (griech. »leipein« bedeutet weglassen) ist ein Text, in dem bewusst ein bestimmtes Wort oder ein genannter Buchstabe des Alphabets nicht verwendet wird.

Zu den ältesten bekannten Lipogrammen zählt das Fragment einer griechischen Hymne auf die Hermionische Demeter ohne den Buchstaben Sigma. Klangästhetische Gründe oder dichterische Herausforderung, Sprachspiel oder methodische Besonderheit?

Friederike Kempner verzichtete in ihren »Gedichte ohne r« (1903) auf eben diesen Buchstaben, in seiner Novelle »Gadsby« (1939) vermied Ernest Vincent Wright das e. Das tat ihm die Band »Ton Steine Scherben« im Lied »Der Fremde aus Indien« gleich, allerdings nicht im Titel.

Ziel: Vielfalt durch Weglassen entdecken, Konzentration auf die Wortwahl.
Material: Buntes Papier, farbige Stifte, literarische Beispiele.
Zeit: Abhängig von der Aufgabenstellung.
Anleitung:
- Wählen Sie ein Thema, zu dem Sie sich mit dem Lipogramm vertraut machen möchten.
- Auf welches Wort möchten Sie verzichten? Wenn Sie die große Herausforderung suchen, dann wählen Sie kein Wort, sondern einen Buchstaben, der keinesfalls auftauchen darf.
- Schreiben Sie eine Miniatur oder eine längere Geschichte.
- Lesen Sie (sich) Ihren Text laut vor.
- Was haben Sie erlebt, erfahren?

Metaphernsammlung

Die deutsche Sprache ist besonders bilderreich, da stelle ich mir vor, stehe mit dem Rücken an der Wand, könnte in die Luft gehen oder möchte dir zur Seite stehen. Sprachbilder, Analogien, Redewendungen: Sie alle verwenden Begriffe, die für etwas anderes stehen (griech. »metà phérein« bedeutet anderswo hintragen, »metaphora« Übertragung). Metaphern ermöglichen uns dort einen Ausdruck, wo einfache Worte banal und platt klingen oder versagen.

Quelle: nach Holger Lindemann (2014). Die große Metaphern-Schatzkiste.
Ziel: Die bildlich-intuitive Ausdrucksfähigkeit erweitern, versteckte Sprachbilder in ihrer eigentlichen Aussage erkennen und in ihrer Zirkularität für die Bearbeitung (verborgener) Entwicklungsthemen nutzen, mit Metaphern *neue Türen öffnen.*
Material: Vokabelkärtchen in der Box oder eine Liste, ein Notizbuch etc. für Vokabeln.
Zeit: Fortwährende persönliche Sprachforschung.
Anleitung:
- Seien Sie *hellhörig,* sammeln Sie eigene Spachbilder: Aus welchen Lebensbereichen stammen sie, und welche Hypothesen ergeben sich für Sie daraus?
- Achten Sie auf die verwendeten Metaphern Ihres Gegenüber: In welche Bereiche führen sie? Welche Empfindungsqualitäten klingen an? (Beispiel: Da müssen wir nachrüsten.)
- Verwenden Sie gegenläufige Sprachbilder: Wie verändert sich die Bedeutung (Reframing)?
- Nehmen Sie so viel wie möglich des geführten Gesprächs wörtlich (Beispiel: Mir stinkt's) und arbeiten Sie heraus, wofür dieses Sprachbild steht.
- Erstellen Sie eine persönliche Metaphernsammlung.
- Für Fortgeschrittene: Holger Lindemann empfiehlt eine Metaphern-Datenbank.

Morgenseiten

»Die Morgenseiten dienen der Zentrierung, dem Kraftschöpfen und der Erleuchtung. Sie werden Sie aufmuntern, trösten, anregen, herausfordern, irritieren und aktivieren. Für Menschen der westlichen Welt sind sie eine gute Art zu meditieren (und) werden Sie mit sich selbst und mit Ihrer Persönlichkeit mitsamt all ihren Ängsten, Schwächen und Eigenarten vertraut machen« (Cameron, 1999, S. 22).

Morgenseiten helfen ebenso, anstehende Themen zu erkennen und tiefes Wissen um bedeutsame Zusammenhänge zu bergen, wie sie zu inneren Kraftquellen führen und uns mit uns verbinden. Der Tag beginnt nicht kopfüber mit einem Purzelbaum in die anstehenden Aufgaben des Tages. Die Morgenseiten lassen uns erst einmal in Verbindung mit uns selbst treten, um es von dort aus mit dem Tag aufzunehmen.

Quelle: Julia Cameron (1996). Der Weg des Künstlers; Julia Cameron (1999). Der Weg zum kreativen Selbst.
Ziel: Kontakt mit sich selbst aufnehmen, Kreativität wiedergewinnen, Ereignisse des Lebens für sich selbst beanspruchen, mit Worten Veränderungen herbeiführen.
Material: DIN-A4-Papier, Heft oder Schreibbuch.
Zeit: Drei Din-A-4-Seiten lang.
Anleitung und Grundregeln:
- Auch wenn es sinnlos erscheint, schreiben Sie jeden Morgen drei Seiten gleich nach dem Aufwachen, am besten noch im Bett, wenn Ihr Gehirn noch ein wenig im Traummodus ist und vielleicht bilderreich-phantasievoller.
- Schreiben Sie handschriftlich. Verwenden Sie keine Abkürzungen. Zahlen werden ausgeschrieben. Es gibt dabei kein Falsch, denn die Morgenseiten sind nicht als Kunst gedacht, nicht einmal als Geschriebenes. Sie sind ein Artefakt, lediglich ein Schreibakt, der alles, was Ihnen in den Sinn kommt, zu Papier bringt. Da ist nichts zu skurril, albern oder unbedeutend, handelt es sich doch um Ihre kostbaren ersten Gedanken des Tages. Es geht um den Prozess statt um das Produkt.
- Rechnen Sie mit Ihrer inneren Perfektionistin, die kritisch, abwertend oder höhnend nachfragt, was das wohl für eine Zeitverschwendung oder Albernheit sei. Diese Instanz lauert in uns allen. Geben Sie diesen Stimmen einige Zeilen, und wenden Sie sich dann anderen Stimmen zu, die in Ihnen langsam wach werden. »Es geht darum, damit aufzuhören, den Zensor als Stimme der Vernunft zu verstehen und stattdessen zu lernen, ihn als Blockierer kennen-

zulernen, der er in Wirklichkeit ist. Die Morgenseiten werden Ihnen dabei helfen« (Cameron, 1996, S. 37).Warum mit der Hand schreiben? »Mit der Hand schreiben ist wie zu Fuß gehen, anstatt mit dem Auto zu fahren. Wir behalten Orientierungspunkte im Gedächtnis. Wir bewahren uns ein Gefühl für die Richtung, in die wir gehen« (Cameron, 1999, S. 24).

- Lesen Sie bitte Ihre Morgenzeiten in der ersten Schreibzeit nicht. Das würde zur kritischen Betrachtung oder zum Analysieren einladen. Das ist nicht der Sinn der Morgenseiten. Mit der Zeit werden sich bedeutsame Themen herauskristallisieren. Vertrauen Sie Ihrem Weg!
- Die Morgenseiten sind ausschließlich für Sie! Lassen Sie nie zu, dass sie von anderen gelesen werden. Dieser verlässliche Schutz ist Grundvoraussetzung, um aufrichtig zu schreiben.

Ressourcenkreis

Erkenntnisse und Verhaltenserweiterungen erwachsen bei Zuspruch, und zwar dann, wenn die Umgebung den eigenen Vorhaben mit Zuversicht begegnet und wohlwollend auf kleinste Veränderungen achtet.

Quelle: Systemische Intervention.
Ziel: Im Team die Stärken, Kräfte, Möglichkeiten und Potenziale aktivieren.
Material: Moderationskarten, Stifte.
Zeit: Je nach Teamgröße, circa dreißig Minuten.
Anleitung:
- Jedes Teammitglied erhält einen Stapel Moderationskarten und wird gebeten, wahrgenommene Ressourcen seines rechten Nachbarn aufzuschreiben, und zwar immer eine Ressource auf eine Karte. Hierfür sind zehn Minuten Zeit.
- Anschließend werden die Ressourcen laut vorgelesen und übergeben.
- Jedes Teammitglied sucht sich einen Platz im Raum und legt die Karten in einem Kreis um sich herum. Die Ressourcen werden nun von jedem Teammitglied bewusst wahrgenommen: »Wer bin ich im Team mit all diesen Ressourcen?«
- Anschließend schreibt jedes Teammitglied, was für ihn deutlich geworden ist in Bezug auf die eigenen Teamkompetenzen. Es ist eine Viertelstunde Zeit dafür.
- Dann werden die Texte vorgelesen.

Klassiker und Evergreens

Widerspruchscluster

Das Eine ist immer auch anders. Nichts ist eindeutig, und scheinbare Gegensätze gehören als verschiedene Aspekte untrennbar zueinander. Es ist daher gut, sie hin und wieder in ihrem Zusammenspiel bzw. ihrer Dynamik von Impuls und Gegenimpuls zu betrachten.

»In dunklen Zeiten fängt das Auge an zu sehen ... und am helllichten Tag herrscht wieder Mitternacht!« (Theodore Roethke, zit. nach Rico 1984, S. 224).

Quelle: Gabriele Rico (1984). Garantiert schreiben lernen.
Ziel: Ausgestaltung therapeutischer Texte, Widersprüche bearbeiten.
Material: DIN-A3-Bögen, farbige Stifte.
Zeit: Maximal 15 Minuten.
Anleitung:
- Orientieren Sie sich bitte am Methodenpapier »*Clustering*«. Nach der Clustering-Methode erstellen Sie nun zu einem Aspekt Ihres Themas ein Doppelcluster mit zwei Begriffen in der Mitte als Ausgangspunkte, dem *antagonistischen Doppelkernwort* (zum Beispiel hell – dunkel, leise – laut, grausam – fürsorglich, erstarrt – eilig).
- Gabriele Rico sieht in Paradoxie, Polarität und Widerspruch die »Mutter der kreativen Spannung« (Rico, 1984, S. 221).
- Notieren Sie Ihre Assoziationen zu den Kernbegriffen und den sich daraus weiter ergebenden Einfällen. Wechseln Sie dabei zwischen den widersprüchlichen Begriffen.
- Nutzen Sie die Materialsammlung, um einen fiktiven Dialog anzulegen, machen Sie sich Notizen.
- Schreiben Sie einen Text zu Ihrem Thema in Dialogform.
- Welche neuen Aspekte und Ideen ergeben sich? Sichern Sie diese in Ihrem Beutebuch (siehe das Methodenpapier zum Beutebuch im Abschnitt »Poesietherapeutische Interventionen«).

Poesietherapeutische Interventionen

Leitfrage: Welche Schreibinterventionen haben sich in der Praxis bewährt, die ich als Ausgangspunkt nehmen kann, um eigene Schreibinterventionen zu entwickeln bzw. weiterzuentwickeln?
Inhalt: Ein Loblied auf unser kreatives Potenzial.
Methode: Fünfzehn Methodenblätter.

Der Kreativität aus der Stille heraus begegnen, sich aufmerksam hin zu sich selbst schreiben, Beziehungsmuster erkennen, das Unmögliche fiktiv auskosten, der Sehnsucht folgen: Therapeutisches Schreiben eröffnet innere Welten und verbindet sich mit schlummernden künstlerischen Ressourcen, die nur darauf warten, in unser Entwicklungsgeschehen hilfreich einzugreifen.

Schreiben im System Therapiegruppe erweitert das Einzelsetting und birgt weitere Potenziale. Inmitten lebendiger Gruppenresonanzphänomene entstehen neue Perspektiven und lassen sich neue Sichtweisen erarbeiten.

Vieles davon ist auf den vorausgegangenen Seiten, angereichert mit Praxisbeispielen, Schreibimpulsen, literarischen Texten und Zitaten beschrieben worden. Zu dieser Sammlung gesellen sich nun die Beschreibungen der im Buch bereits genannten Schreibinterventionen, von uns um einige weitere für Lebensthemen relevante ergänzt.

Nutzen Sie die kommunikative Wirkung künstlerischer Zugänge und die Wechselwirkungen von System, Erleben und poetischer Aussage. Folgen Sie dem Gedanken des sozialen Konstruktivismus, dass Klientinnen und Therapeutinnen durch Gespräch und Gestaltung gemeinsam neue, nützliche Wirklichkeiten konstruieren können. Vertrauen Sie Visionen, Wünschen, den Kräften der Hoffnung, der Zuversicht, neuen Perspektiven und lebenslangen Wachstumsimpulsen. Nutzen Sie poesietherapeutisches Potenzial im Erleben von Selbstwirksamkeit und Beziehungsfähigkeit.

Es folgen die Methodenblätter zu den poesietherapeutischen Interventionen in alphabetischer Reihenfolge.

Beutebuch

Zu Beginn poesietherapeutischen Arbeitens empfehlen wir unseren Klientinnen, ein Therapiebuch anzulegen und tagebuchartig über den weiteren Verlauf zu führen. Es dokumentiert den »sich beständig rekonstruierenden Zustand« des Selbst (Damásio, 1997, Descartes' Irrtum, S. 302).

Quelle: Stephanie von Below, Petra Rechenberg-Winter.
Ziel: Wahrnehmung und Reflexion des persönlichen Entwicklungsprozesses.
Material: Heft oder Paperblanc.
Zeit: Regelmäßiges, möglichst rituelles Schreiben ohne Zeitangabe.
Vorbereitung in einer der ersten Therapiesitzungen: Auch wenn man sich noch so sehr danach sehnt, sich auf Neues einlassen zu können, müssen elementare Bedürfnisse gesichert sein. Die verlässliche Erfahrung von Schutz und Konsistenz ist unverzichtbar. Nur wenn ich mich sicher erlebe bzw. weiß, wie ich mich sichern und in Sicherheit bringen kann, bin ich in der Lage, mich neugierig umzuschauen. Ich benötige Zugang zu vertrauten und vorhersehbaren Abläufen, die verlässlich in meinem Gedächtnis gespeichert sind, um mich auch bei Musterunterbrechungen zuversichtlich orientieren zu können.

Imaginationen, die sich auf als sicher empfundene und vertraute innere Orte (siehe zum Beispiel Methodenpapier »Innerer sicherer Ort«) beziehen, unterstützen das Gefühl, sich geborgen zu fühlen. Von der Therapeutin anfangs angeleitet, können derartige Imaginationen von den Klientinnen selbstständig jederzeit bei Bedarf übernommen werden. Die Erfahrungen derartiger Imaginationen eröffnen mit einem *Brief an sich selbst* das Beutebuch. Der Brief kann als Bericht oder Zuspruch abgefasst werden, wichtig ist, dass es die für die Klientin passendste Form ist.

Es empfiehlt sich, bekannte, stärkende Imaginationen immer wieder einmal zu wiederholen, eventuell zu ritualisieren, denn das Vertraute und Sichere bereitet den Raum für Überraschendes und Neues vor (Rießbeck, 2013, Einführung in die hypnosystemische Teiletherapie, S. 89). Hier ist anzuregen, die imaginierten Erfahrungen und Erlebnisse so sinnlich wie möglich zu beschreiben und damit auf mehreren Wahrnehmungskanälen (VAKOG: visuell, auditiv, kognitiv, olfaktorisch, gustatorisch) zu sichern.

Im weiteren Therapieverlauf lassen sich weitere Orte der Ruhe, Geborgenheit und Selbstfürsorge imaginativ-schreibend anlegen, die im Beutebuch ihren Platz finden. Malend lassen sie sich verstärken und noch einmal anders visualisiert ankern.

Im Beutebuch sollten auch innere Stärken protokolliert werden, wie zum Beispiel idealisierte innere Gestalten, die Kompetenzen repräsentieren. Sie lassen sich dann in zukünftiges Erleben einbeziehen, wenn gewünschtes Handeln beschrieben, probeweise erlaubt und phantasievoll ausgestaltet erzählt wird. Das Schreiben ist ein Tun, als ob …, und damit ebenso wirksam wie *reales* Tun. Auch eine symbolische Handlung ist wirklich und damit wirksam.

Die persönliche Expedition in innere Kontinente muss gut vorbereitet und begleitet sein. So ist es erforderlich, Ungewissheiten zu akzeptieren, mit Zufall und Schicksal zu rechnen und Unwiederbringliches und Vergängliches zu tolerieren. Entsprechende Schreibimpulse finden sich in diesem Buch.

Es gibt unendlich viele Möglichkeiten für ein persönliches Beutebuch. Es lässt sich als ständiger Begleiter mitführen, um auch für spontane Einfälle genutzt zu werden, oder es wird ritualisiert zu bestimmten Tageszeiten an bestimmten Orten geführt, vielleicht wird es flexibel gehandhabt. Klientinnen finden die für sie jeweils stimmige Variante heraus. Es macht Sinn, sich darüber im weiteren Therapieverlauf gelegentlich auszutauschen.

Interaktion: Das Beutebuch ist so angelegt, dass alle ihm anvertrauten Inhalte dort sicher verwahrt sind. Es bildet einen geschützten Ort. Sich an ihm aufzuhalten, kann heftige Emotionen hervorrufen. Diese Prozesse zu begleiten, ist Aufgabe der Therapeutin. Sie unterstützt, dass den Gefühlen innerhalb des wohlumgrenzten sicheren Rahmens von (Schreib-)Interventionen Raum gegeben werden kann.

Im Rahmen einer Schreibgruppe ist der Austausch über Erfahrungen mit dem Führen und Gestalten des Beutebuchs sehr beliebt und anregend. Dafür sollten Zeiten eingeplant werden.

Abschluss: Und am Ende? Wie geht es weiter mit dem Beutebuch? Das ist eine wichtige Frage, die im letzten Therapieabschnitt zu besprechen ist. Findet es seinen Platz in der persönlichen Abteilung des Bücherregals, gehört es vorerst in den Tresor? Oder soll es in einem Abschiedsritual transformiert werden, indem die dort festgehaltenen Energien und Kräfte mittels Verbrennen, Versenken, Vergraben *den Elementen zur guten Verwandlung übergeben* werden, wie es ein Klient für sich beschrieb?

Poesietherapeutische Interventionen

Binom

Der Begriff Binom geht auf Gianni Rodari, einem italienischen (Schreib-)Pädagogen zurück. Ein Fantastisches Binom entsteht, wenn zu einem Begriff ein zweites Wort gefunden wird, das sinngemäß sehr weit vom ersten entfernt ist. Zum Beispiel entsteht zu »Tisch« kein Fantastisches Binom, wenn ich ein Wort wie Stuhl oder Kaffeetasse hinzufüge. Erst wenn ich Wörter wie Schaf, Fluss, Berg oder Stern hinzufüge, komme ich zu einem Fantastischen Binom. In dem Moment ist da ein Bild und eine Geschichte, die sich langsam zu diesem herausbildet.

Quelle: Gianni Rodari.
Ziel: Scheinbar Unzusammenhängendes schreibend in einen Sinnzusammenhang stellen.
Material: Buntes Papier, farbige Stifte, ein Wörterbuch zur Recherche.
Zeit: Dreißig Minuten.
Anleitung:
- Finden Sie ein Fantastisches *Binom,* das Ihnen erst einmal völlig unzusammenhängend erscheint.
- Schreiben Sie zu Ihrem Binom eine Kürzestgeschichte mit genau hundert Wörtern.
- Lesen Sie Ihre Geschichte laut vor.
- Was fällt Ihnen auf?

Biografiearbeit – ein Anfang

Biografien haben es in sich, das lässt Klientinnen mitunter zurückhaltend reagieren. Eine achtsame Annäherung ist notwendig, die spürbar werden lässt, dass es möglich ist, Kontrolle zu bewahren und einen Überblick zu erhalten bzw. zu behalten. Das ermöglicht es, sich im eigenen Tempo weiter vorzuwagen.

Quelle: Gitta Schierenbeck und Katharina Weissbach-Hempel (2009). Biografisches Schreiben.
Ziel: Hinführung in die Biografiearbeit.
Material: Farbiges Schreibpapier, weiße Bögen DIN-A3-Papier, bunte Stifte.
Zeit: Sechzig Minuten.
Anleitung:
- Ihnen liegen vorbereitete, großformatige Blätter mit einem Koordinatensystem vor.
- Stellen Sie auf diesen Ihre Biografie als Grafik dar:
  - Die horizontale Achse verkörpert Ihre Lebensjahre.
  - Die vertikale Achse zeigt Ihre Höhen und Tiefen, analog einer Skalierung von 1 (absoluter Tiefpunkt: Mir geht's total mies!) bis 10 (absoluter Höhepunkt: Mir geht's super!).
  - Zeichnen Sie Ihre Lebenslinie in dieses Koordinatenfeld.
  - Markieren Sie einschneidende Ereignisse farbig.
  - Verdeutlichen Sie persönliche Höhepunkte und Krisen.
  - Wenn Sie wollen, können Sie auch kleine Zeichnungen, Symbole und Sprüche zur Verdeutlichung nutzen.
  - Fügen Sie nun noch hinzu, welche Menschen für Sie bedeutsam waren.
  - Geben Sie den einzelnen Lebensabschnitten eine Farbe. Sie können dazu eventuell verschiedene Stiftstärken nutzen.
  - Versuchen Sie nun, mögliche Ursachen für den Auf- und Abschwung der Gefühle zu erkennen, und benennen Sie diese.
  - Geben Sie ausgewählten Lebensabschnitten eine Überschrift.
  - Verdichten Sie den Gesamteindruck zu einem Titel.
- Schreiben Sie nun auf einem Extrablatt einen kurzen Text zu dem Gesamttitel oder zur Überschrift eines ausgewählten Lebensabschnitts.
- Ausstellung aller Grafiken mit den dazu gehörigen Texten: Anschließend hängen Sie Ihre beiden Blätter an der Moderationswand nebeneinander auf und betrachten Sie diese miteinander wohlwollend-achtungsvoll (eventuell mit passender Musikbegleitung). Dabei erfolgen weder Nachfragen noch Kommentare.
- Tauschen Sie anschließend Ihre Erfahrungen zum Gesamtprozess aus.

Poesietherapeutische Interventionen

Botschaftenrad

Frühe Zuschreibungen und locker dahin geworfene Beurteilungen setzen sich fest in der Kinderseele, bereit in ähnlichen Situationen aufzuspringen und sich wieder wie Tatsachen anzufühlen. Ihnen ist nicht so leicht beizukommen. Sie sind zäh, so zäh wie ihre Intension, uns zu schützen – so wie sie es damals taten. Doch damals war nicht heute. Heute sind wir erwachsen und können die Botschaften, die sich in uns verbergen, wieder freilegen, auf ihre aktuelle Brauchbarkeit hin überdenken und sortieren.

Quelle: Intervention aus der Familientherapie.
Ziel: Aktive Auseinandersetzung mit Botschaften aus der Kindheit und Jugend.
Material: Große und kleinere Papierbögen, Stifte in unterschiedlichen Stärken und Farben.
Zeit: 45 bis 60 Minuten.
Anleitung:
- Formulieren Sie Ihr Anliegen/Ihre Frage schriftlich. Lesen Sie es/sie laut vor und überprüfen Sie bitte, ob Ihre Worte stimmig zum Anliegen/zur Frage sind. Gegebenenfalls korrigieren Sie so lange, bis es optimal passt.
- Legen Sie auf einem großen Papierbogen, mindestens Flipchartformat, grafisch ein Botschaftenrad an. In der Mitte befindet sich die Radnabe mit dem eigenen Namen, von der die Speichen abgehen, das heißt diejenigen Personen, die Ihre Kindheit und Jugend prägten. Sie werden daher mit den entsprechenden Namen versehen. Anschließend notieren Sie an den Speichenenden die jeweiligen Botschaften, die Sie von diesen Menschen erhielten.
- Markieren Sie all die Botschaften, die Ihnen heute gut tun, die Sie stärken und wärmen, in einer Farbe.
- Botschaften, die mit Ihrem aktuellen Thema/Anliegen in irgendeinem Zusammenhang stehen könnten, erhalten von Ihnen eine andere Farbe.
- An jeden Absender der zweiten Gruppe schreiben Sie einen Antwortsatz oder eine kurze Gegenrede aus Ihrer heutigen Erwachsenensicht mit Ihren heutigen Lebenserfahrungen. Nutzen Sie jeweils ein eigenes Blatt Papier.
- Treten Sie nun den einzelnen Botschaften gegenüber, denen Sie an den Speichenenden einen symbolischen Platz gegeben haben, nehmen Sie inneren Kontakt auf, lesen Sie aufrecht stehend Ihre Antwort vor und legen dann die Karte an diesem Platz ab.
- Lesen Sie anschließend Ihr Anliegen/Ihre Frage nochmals laut vor. Wie beantworten Sie diese jetzt mit den eben gesammelten Erfahrungen mit dem Botschaftenrad?

Erinnerungsträger-Collage

Im Lauf der Zeit sammelt sich eine Fülle von Erinnerungsträgern an. Was damit tun, außer weiterhin im Regal horten? Sie könnten sich kreativ damit auseinandersetzen und auf diese Weise zu einer neuen Betrachtung kommen.

Quelle: Petra Rechenberg-Winter (angeregt von Hanns-Josef Ortheil, 2012, Schreiben auf Reisen).
Ziel: Interaktiv-narrative Bearbeitung eines Themas in der Gruppe (zum Beispiel das Thema »Anfang«).
Material: Notizblock, großer Papierbogen für eine Collage und anregendes, einladendes Schreibmaterial.
Zeit: Nach Bedarf.
Anleitung:
1. Stellen Sie eine Sammlung von Erinnerungsträgern zusammen: Tagebuch, Poesiealben, Weblogs, Fotografien, gesammelte Postkarten, bestimmte Musik, besondere Düfte, Schulhefte, Urkunden, Landkarten, Stadtpläne, Souvenirs, alte Zeitungen etc.
2. Erstellen Sie eine *Collage der bedeutsamen Zeiten, Orte, Ereignisse.* Wir empfehlen dafür eine Größe von mindestens DIN-A2, auch Packpapier eignet sich gut als Unterlage.
3. Anschließend wählen Sie bitte einen Bereich der Collage aus, der Sie in dieser Situation besonders berührt. Schreiben Sie dazu eine Geschichte, wählen Sie dabei eine der folgenden Perspektive aus: Ich-Erzählerin, eine andere Beteiligte, außenstehender allwissender Beobachter, ein Stern im All.
4. Lesen Sie Ihren Text laut vor. Wie geht es Ihnen dabei? Notieren Sie die Antwort in Ihr Beutebuch.
5. Wechseln Sie dann Ihren Platz, um aus neuer Blickrichtung den von Ihnen ausgewählten Bereich zu betrachten und diesem als Dialogpartner nun laut Ihren Text vorzulesen. Was ist jetzt anders? Was erleben Sie im Dialog?
6. Notieren Sie dann ein Echo dieses Bereiches, das Ihnen zugerufen wird. Wie lautet es?

Zur Illustration ein Echo-Textbeispiel aus der Praxis:

> »Liebe ...
> mit diesem gigantischen Anspruch, die Sterne vom Himmel zu pflücken, würde ich mich an deiner Stelle nur bis zu einem gewissen Grad an meine Visionen herantrauen.

Ich wüsste ja, dass ich Mängelwesen bleibe und könnte mir dann meine Fehler noch schwerer verzeihen. Die Sündenböcke kämen nicht aus der Wüste zurück, alles ginge auf meine Kappe.

Nein, da käme ich an Hürden meiner Größenphantasie, an denen ich scheuen würde, da wollte ich nicht drüber. Tief in mir wüsste ich um die Gefahr all der Kleinheits- und Versagensgefühle der Kindheit, denen ich doch mit großer Kraft und Anstrengung (scheinbar) entkommen bin.

Bitte schütze dich vor deinem gefährlichen Überanspruch, bevor du weitere Entwicklungsschritte gehst, und verschaffe dir eine gewisse Sicherheit, dass du weiterhin Kleinheit, Versagen und Unzulänglichkeiten leben kannst. Suche dir Zeuginnen!

Diese mahnenden Worte wirst du nicht erwartet haben, doch sei gewiss, dass ich mich mit dir an jedem deiner kleinen Entwicklungsschritte von Herzen und von tiefer Solidarität getragen freuen werde.«

Erzähldomino

Persönliche Themen schwingen im gemeinsamen Gruppenraum, verbinden sich (unterbewusst) und wirken aufeinander ein. Dieses Phänomen lässt sich auch bewusst aufgreifen und kreativ intermedial gestalten.

Quelle: Christiane Knoop und Petra Rechenberg-Winter.
Ziel: Interaktiv-narrative Bearbeitung eines Themas in der Gruppe (zum Beispiel des Themas »Anfang«).
Material: Eckige Blanco-Bierdeckel, bunte Stifte, eventuell Collagematerial, Aufnahmegerät.
Zeit: Sechzig Minuten.
Anleitung:
- Jede Klientin erhält drei Bierdeckel, um diese themenbezogen zu gestalten (malen und/oder Collage).
- Das Aufnahmegerät wird eingeschaltet, um den Erzählprozess zu sichern. Eine Klientin beginnt, indem sie einen ihrer Bierdeckel in die Mitte legt und dazu spontan mit dem Erzählen einer Geschichte beginnt. Nacheinander legen die Klientinnen einen ihrer Bierdeckel an die bereits liegenden an und erzählen weiter. Das geht so lange so weiter, bis alle Bierdeckel angelegt sind. Auf diese Weise entstehen ein Gruppenbild und eine gemeinsam entwickelte Geschichte.
- Das Bild des Bierdeckeldominos wird fotografiert.
- Die Audioaufnahme wird gemeinsam abgehört und dem Thema entsprechend ausgewertet. Was leiten die Einzelnen an Erkenntnissen aus diesem Interaktionsprozess bezogen auf ihr eigenes Thema ab?
- Die Aufnahme der gemeinsamen Geschichte wird transkribiert und mit dem Foto des Bilderdominos den Klientinnen zur Verfügung gestellt.

Poesietherapeutische Interventionen

Hier und Heute

Im Verständnis der Gestalttherapie weist Irving Yalom (2005) auf das »Hier und Jetzt« als dem Zauberwort der Psychotherapie hin, das implizit eine Zeithierarchie herstellt, in der das gegenwärtige Erleben und Handeln einen höheren Stellenwert einnimmt als das vergangene.
Die Übung ist als Gruppenübung angelegt.

Quellen: Christiane Knoop und Petra Rechenberg-Winter; Irving Yalom (2005). Im Hier und Jetzt.
Ziel: Die Wahrnehmung von Raum und Setting, eine Zeitgrenze ziehen.
Material: Farbiges Papier, bunte Stifte.
Zeit: Sechzig Minuten.
Anleitung:
- Die Klientinnen nehmen aufmerksam ihre Umgebung, den Raum, dessen Ausstattung und die Atmosphäre wahr und wählen einen Gegenstand daraus aus. Den Begriff des Gegenstandes nennen sie der jeweils links neben ihnen sitzenden Klientin.
- Es folgt ein Freewriting zu den jeweils zugesprochenen Begriffen. Was entsteht? Eventuell werden die Texte vorgelesen.
- Jeder verdichtet den Begriff bzw. das Thema in einem *Schneeballgedicht*. Ein Schneeballgedicht besteht aus neun Zeilen: Die erste Zeile enthält ein Wort, die zweite zwei Worte, die dritte drei, die vierte vier, die fünfte fünf, die sechste vier, die siebte drei, die achte zwei und die neunte wiederum nur ein Wort. Das Schneeballgedicht wird hier in dieser Methode mit persönlichem Bezug zum *Heute* geschrieben. Es kann sich auf die aktuelle (Gruppen-)Situation beziehen oder auf das persönliche Heute der aktuellen Lebenssituation.
- Dann erhält die rechts sitzende Klientin, von der der ursprüngliche Begriff stammt, das Schneeballgedicht und gibt in Form eines *Antwort-Telegramms* Resonanz (siehe das Beispiel aus der Praxis weiter unten).
- Das Ganze schließt mit einem Erfahrungsaustausch und einer Methodenreflexion ab.

Hier ein *Beispiel aus der Praxis*:
1. A gibt an B das Stichwort »Balken« weiter.
2. B schreibt im Freewriting folgenden Text:
   »In dieser Nacht hing der schwarze Balken noch schwerer über ihrem Bett; drohend, hämisch schien er anzukündigen, dich erwische ich noch. Sie vernahm deutlich den lauernden Unterton des Knarrens, knirschend und kna-

ckend. Wie entkomme ich diesem Ungeheuer? In der kleinen Kemenate ihr Bett umzustellen? Zwecklos. Der schwarze Balken war ein tragender, von der einen Wand zur gegenüberliegenden. Ihr einen anderen Raum zu überlassen, hatte Schwester Oberin bereits mehrmals abgelehnt. Sie phantasiere, das sei ihre Prüfung, sich dem Göttlichen anzuvertrauen. Und die Empfehlung von Oberin Philomena, sie solle ernsthafter beten.
Wie hatte sie sich bemüht, zu all den üblichen Messen noch halbstündiges Flehen einzuplanen.«

3. B schreibt folgenden Schneeball mit Bezug zum Heute:

Balken
drohendes Ungeheuer
Im eigenen Auge.
Schwarze Last der Seele
aus drückender Angst, zermürbender Wut.
Was tragen sie mir?
Stützpfeiler der Wandlung
halten Raum.
Balken

4. A schreibt folgendes Antwort-Telegramm:

»Nur Mut Stopp Wut wichtig Stopp Stütze deutlich Stopp
Bin an deiner Seite Stopp«

Poesietherapeutische Interventionen

Hilfsverbenporträt

Nicht immer gelingt es, diffus wahrgenommene Entwicklungsthemen in Worte zu fassen. »Irgendetwas stimmt nicht. So geht's nicht weiter«, heißt es dann. Solch ungenaue Wahrnehmungen zeigen sich mitunter in einer Dezentrierung. Der Schreibimpuls »Hilfsverbenporträt«, der scheinbar nichts mit all dem zu tun hat, kann zu einem Wegweiser werden, der zur differenzierteren Themenfindung führt.

Quelle: nach Kirsten Ahlers.
Ziel: Tieferliegenden persönlichen Themen auf die Spur kommen, Themen vertieft betrachten.
Material: Große und kleinere Papierbögen, Stifte in unterschiedlichen Stärken und Farben.
Zeit: 45 bis 60 Minuten.
Anleitung:
Ergänzen Sie die Sätze spontan. Gestern hätten Sie andere Worte gefunden, und morgen fallen Ihnen wieder andere Aussagen ein. Was jetzt ist, ist das aktuell Passende!
Ich bin …
Ich habe …
Ich will …
Ich muss …
Ich darf …
Ich kann …
Ich möchte …
Ich werde …
Ich staune …

Auswertung: Welche Zusammenhänge zu Ihrer aktuellen Situation/Ihrem Thema zeigen sich? Wie möchten Sie damit weiterarbeiten?

Innere Versammlung

Richard Schwartz entwickelte in seiner Arbeit mit der inneren Familie eine spezielle Variante systemischer Einzeltherapie, die mit diversen intrapsychischen Persönlichkeitsanteilen arbeitet und besonders auf deren Zusammenspiel achtet.

Jedes Teil wird identifiziert, charakterisiert und eventuell in kurzen Sequenzen gespielt. Jedes Teil ist zu achten, die Chefposition nimmt das Selbst ein.

Quelle: Richard Schwartz (1997). Systemische Therapie mit der inneren Familie.
Ziel: Einzelne Persönlichkeitsanteile werden im Raum aufgestellt und damit erfahrbar. Es findet eine Arbeit mit Ego-States statt.
Material: Farbige Bögen in differierenden Formen und Papierqualitäten. Stifte in unterschiedlichen Stärken und Farben.
Anleitung:
- Die fürs vereinbarte Thema relevanten Persönlichkeitsteile werden gesammelt und einzeln genau beschrieben: Geschlecht, Alter, Aussehen, Kleidung, Vorlieben, Besonderheiten, Verletzungen, Eigenarten, Charakter. Oft ist es unterstützend, diese mit Bodenanker, das heißt Gegenständen, im Raum zu platzieren, deren Position einzunehmen, um dort den Teil imaginativ auszugestalten, indem er körperlich, gefühlsmäßig und gedanklich wahrgenommen wird.
- Zentral ist dabei die Annahme, dass alle Teile zum Besten des Selbst agieren, auch wenn es vordergründig anders erscheint. Auf ihre Weise dienen sie dem Erhalt des Selbst und dessen Schutz. Dabei können beispielsweise stürmische Managerteile, verletzte Randfiguren, eingesperrte Schattenteile, renitente Widerstandskämpfer oder fürsorgliche Beschützerteile auf der Bühne erscheinen. Alle schreiben ihre Botschaft auf, die auf den Bodenanker gelegt wird.
- Nachdem die wesentlichen *Mitspielerinnen* gestaltet sind, übernimmt die Chefin die Führung, hört die Botschaften aller und dankt für deren gute Intention. Anschließend vermittelt die Chefin, dass sie ab jetzt Entscheidungen fällen wird, dabei berücksichtigt, was sie von den einzelnen Teilen erfahren hat und dennoch mitunter sich anders verhalten wird, als es bisher die Teile taten (die ihrerseits situativ meinten, stellvertretend die Führung übernehmen zu müssen, weil sie ihre Chefin nicht ausreichend erlebten).
- Die Chefin verfasst schriftlich eine Rede, in der sie die Botschaften ihrer Anteile aufnimmt und ihre Vorhaben, Wünsche und Entschlüsse formuliert. Diese Rede hält sie vor ihren Anteilen.

Innerer Zensor und Innere Erlauberin

Wer kennt sie nicht, die strengen Stimmen in uns, die unsere Arbeiten mit kritischem Blick betrachtet, ungeheuerliche Anforderungen stellen und die beste Stimmung ruinieren?

Ein innerer Gestaltdialog gibt der Stimme des Inneren Zensors die Möglichkeit, sich zu zeigen, mit uns in Kontakt zu treten und zu verhandeln.

Quelle: Abgeleitet aus dem Ego-State-Ansatz.
Ziel: Modifizierte Version des Klassikers »Dialog mit dem Inneren Zensor«.
Material: Buntes Papier, farbige Stifte.
Zeit: Dreißig Minuten.
Anleitung:
- Stellen Sie sich eine Schreibsituation vor, die Sie (in letzter Zeit) als schwierig erlebt haben und nehmen Sie nochmals Kontakt mit diesem Erleben auf.
- Stellen Sie sich vor, dass Sie diese Situation nun auf eine Bühne verlegen, Sie selber sitzen im Zuschauerraum.
- Beobachten Sie genau die Rolle des kritischen Zensors: Wie ist er gekleidet? Wie bewegt er sich? Welche Mimik und welche Gestik zeigt er? Wie sind Stimme und Tonfall?
- Stellen Sie sich vor, der Innere Zensor hält einen Monolog: Was sagt er? Notieren Sie alle Äußerungen genau. Sie haben fünf Minuten Zeit dafür.
- Nun betritt die Innere Erlauberin die Bühne. Beobachten Sie genau: Wie ist sie gekleidet? Wie bewegt sie sich? Welche Mimik und welche Gestik zeigt sie? Wie sind Stimme und Tonfall?
- Stellen Sie sich vor, die Innere Erlauberin hält einen Monolog: Was sagt sie? Notieren Sie alle Äußerungen genau. Sie haben auch hierfür fünf Minuten Zeit.
- Nun treten beide in einen Dialog, den Sie vom Zuschauerraum aus beobachten. Schreiben Sie den Dialog auf, den diese beiden miteinander führen. Gestatten Sie beiden, sich während der Begegnung zu verändern.
- Sorgen Sie dafür, dass sich beide am Ende ihres Dialogs verständigen, eventuell verabreden oder ein Arbeitsbündnis schließen. Sie haben 15 Minuten Zeit dafür.

Paarspiel

Meist engen sich die persönlichen Betrachtungen und Erklärungen in schwierig erlebten Begegnungen schnell ein. Auseinandersetzungen wiederholen sich wie einstudiert, die Beteiligten begegnen sich nicht mehr wirklich, und das erhoffte Verständnis der anderen bleibt aus. Wie wäre es dann mit einem Schreibspiel? Diese Methode ist für Paare gedacht.

Quelle: Erweiterung des »Porträts 3« von Martina Mosler und Gerd Herholz (2003). Die Musenkussmischmaschine, S. 109.
Ziel: Interaktion zu zweit über eine fiktive Paargeschichte, in inneren Monologen angelegt und miteinander ausgestaltet. Die Partnerinnen porträtieren sich im Kontrast von Selbstbeschreibung, Anekdote, Erinnerung und Phantasie.
Material: Papier, Stifte in unterschiedlichen Stärken und Farben.
Zeit: Sechzig Minuten.
Anleitung:

1. Eigenarbeit: Beide erfinden jeweils für sich ein (durchaus unübliches) Figurenpaar. Es kann sich um Mann – Frau, Mutter – Sohn, Chefin – Auszubildender, Diskus – Werfer, Kaninchen – Schlange, Papier – Pinsel etc. handeln. Dieses Paar wird in einen situativen Kontext gesetzt, der in irgendeiner Analogie zur aktuellen Situation des schreibenden Paars steht.
2. Zu jeder Figur wird eine Kurzcharakteristik auf einem eignen Blatt entworfen und stichwortartig die Situation benannt, zum Beispiel: Mutter, kurz charakterisierter Konflikt mit Sohn Philip, acht Jahre, Tagträumer.
3. Paararbeit: Dann tauschen beide jeweils eine Figur aus und behalten eine ihres eigenen Paares.
4. Eigenarbeit: Beide schreiben für sich je zwei innere Monologe, einmal für die verbliebene Figur und einmal für die von der Partnerin erhaltene. Jeder Monolog wird auf eine Extraseite geschrieben. Die inneren Monologe können in Bezug auf die beiden Grundsituationen angelegt werden, eventuell mit Mutmaßungen über deren Beziehungen untereinander.
5. Paararbeit: Beide begegnen sich in den Monologen der vom anderen übergebenen Figur. Welche Geschichte entsteht? In dieser werden die beiden Figuren zusammengefügt.
6. Paararbeit zur Auswertung: Welche Erkenntnisse, Anregungen, Ideen ergeben sich für beide aus der gemeinsamen, fiktiven Geschichte für ihre aktuelle Situation? Was möchten beide mit dieser Schreiberfahrung tun?

Richtigstellung

»Schreiben heißt, sein Herz waschen«, unter diesem Titel veröffentlichte Raddatz 2006 literarische Essays. Die Metapher des Waschens weckt Assoziationen zu ungeschehen machen, rechtfertigen, verteidigen, sich von Vorwürfen oder Schuld(-zuschreibungen) zu befreien, eben *rein zu waschen*.

Quelle: Petra Rechenberg-Winter.
Ziel: Ein erlittenes Unrecht richtigstellen, schuldhaftes Verhalten erklären, Missverständnisse aus eigener Perspektive erläutern.
Material: Papier, Stifte in unterschiedlichen Stärken und Farben.
Zeit: Sechzig Minuten.
Anleitung:
- Wählen Sie eine Erfahrung, in der Sie das Gefühl hatten, falsch beurteilt worden zu sein, in der Sie sich nicht gesehen und verstanden fühlten, in der Sie falsch eingeschätzt wurden oder die Ihnen aus anderen Gründen noch auf dem Herzen lastet.
- Vergegenwärtigen Sie sich diese Situation: Wer war dabei? Bei wem fühlten Sie sich verstanden? Mit wem haben Sie bis heute eine Rechnung offen? An wen würden Sie sich gerne in dieser Angelegenheit wenden?
- Schreiben Sie eine Richtigstellung. Dabei sind die Details weniger wichtig als die Sequenzen, die Sie als besonders belastend erlebten. Was sind wesentliche Aussagen für eine entlastende Richtigstellung?
- Lesen Sie Ihre Stellungnahme, ergänzen und korrigieren Sie so lange, bis jedes Wort Ihrer Position entspricht. Lassen Sie den Text eventuell einige Tage ruhen, bevor Sie weiter daran arbeiten. Nehmen Sie sich die Zeit, bis Sie zufrieden sind.
- Lesen Sie sich Ihre Richtigstellung laut vor und stellen Sie sich dabei Ihrem Spiegelbild gegenüber. Wiederholen Sie das mehrmals.
- Welche Erfahrungen machen Sie?
- Notieren Sie zentrale Erkenntnisse in Ihrem Beutebuch.

Tierminiaturen

Tiere können Persönlichkeitsanteile und Erfahrungen repräsentieren und lassen sich als Metapher für eine anstehende Lösungssuche nutzen.

Quelle: Petra Rechenberg-Winter.
Ziel: Eine distanzierte Auseinandersetzung mit Ego-States aus einer Außenperspektive.
Material: DIN-A3-Papier, dicke Filzstifte, eventuell eine große Auswahl kleiner Spielzeugtiere.
Zeit: Zwanzig Minuten.
Anleitung:
- Bitte stellen Sie sich eine Aufgabe/Herausforderung vor, die vor Ihnen liegt. Welches Bild haben Sie davon?
- Wenn Sie nun diese zu bewältigende Situationen mit Tieraugen betrachten würden, welches Tier könnte Ihnen etwas Weiterführendes dazu vermitteln? Welches Tier kann etwas oder verfügt über Fähigkeiten, die Sie sich gerade wünschen? Stellen Sie sich vor, Sie können sich selbst für einige Minuten als dieses Tier betrachten. Natürlich werden Sie ungläubig staunen, denn Ihre Verhaltensweisen als Tier sind ja völlig andere. Welche?
- Schreiben Sie zwanzig Minuten. Denn das ist genau der Zeitraum, in dem ein Zauberer es Ihnen ermöglicht, mit dem von Ihnen ausgewählten Tier zu tauschen.

Poesietherapeutische Interventionen

Wortfigur

»Wortfiguren lassen Gestalten und Formen unserer Gefühle fast von selbst sichtbar werden. Sie sind ein weiterer Schlüssel, um die verschlossene Tür zu unserer Innenwelt zu öffnen, und sind das verbindende Glied zwischen Verdrängung und Annahme« (Rico, 1999, S. 27).

Quelle: Gabriele Rico (1999). Von der Seele schreiben.
Ziel: Durch die eigene persönliche Sprache Inneres wieder wertschätzen und bestätigen; durch einfaches Kritzeln zufällig erscheinende Zusammenhänge erhellen und mit sprachlich-sichtbaren Zeichen zusammenfügen, in nichtlinearen Bewegungen Sprachskizzen erstellen.
Material: DIN-A4-Bögen, Stifte in unterschiedlichen Stärken und Farben.
Zeit: Maximal 15 Minuten.
Anleitung:
- Nehmen Sie in bequemer ruhiger Haltung bewusst Kontakt mit dem eigenen Atem auf, ohne ihn verändern zu wollen. Atmen Sie aufmerksam ein und aus.
- Nehmen Sie umherschweifende Gedanken und Gefühle anerkennend wahr, bewerten Sie nicht. Konzentrieren Sie sich auf Ihre Körperempfindungen.
- Welches Wort, welcher Satz taucht auf? Fühlt es sich passend an? Will es feiner geschliffen werden, bis es genau Ihr Empfinden trifft?
- Lassen Sie dieses Wort, diesen Satz zu einer Wortfigur (siehe Abbildung) werden, indem Sie (eventuell mit geschlossenen Augen) ihrer Hand die Führung überlassen. Setzen Sie den Stift nicht ab und zeichnen Sie so lange, bis es für Sie genug ist.

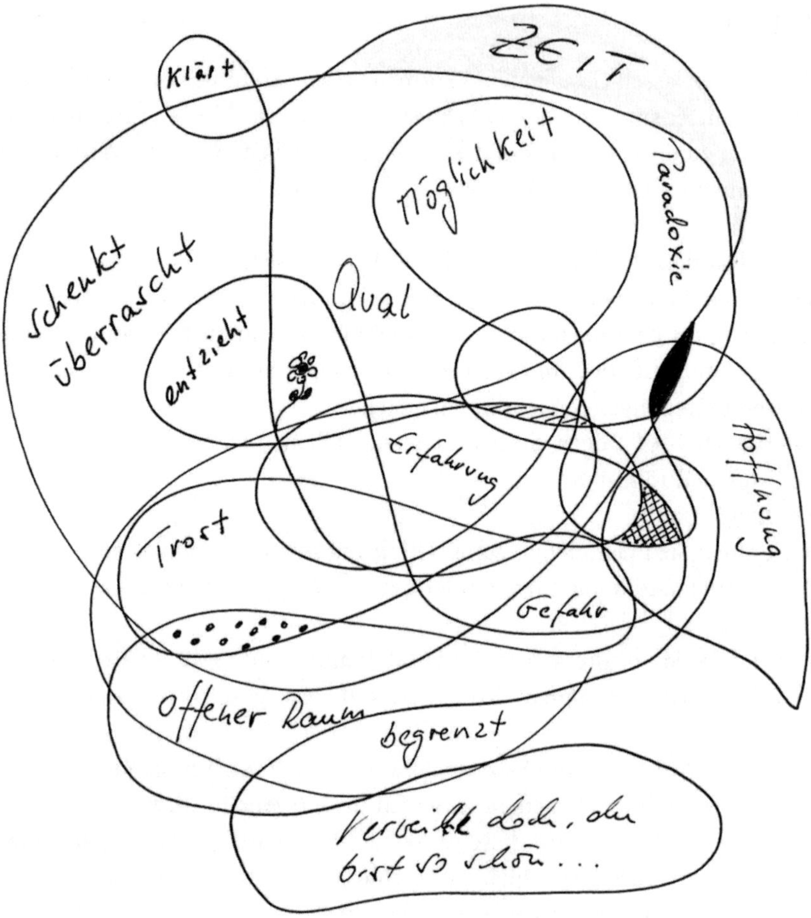

Abbildung Wortfigur: Beispiel aus der Praxis

Poesietherapeutische Interventionen

Zum Abschied

Eine Liebe ist zu Ende, eine Freundschaft trägt nicht mehr, Sie verlieren Ihre Arbeitsstelle, Sie müssen den Ort, an dem Sie sich beheimatet haben, verlassen oder Ihnen reißt das Schicksal einen lieben Menschen in den Tod: In allen diesen Fällen erleiden Sie einen tiefen Verlust. Da verschlägt es uns die Sprache. In diese Empfindungstiefen reichen keine Worte. Doch vielleicht erleichtert Schreiben.

Quelle: Petra Rechenberg-Winter.
Ziel: Abschied nehmen, sich trennen und Wertvolles mitnehmen.
Material: Ein für diesen Anlass von Ihnen gestaltetes Papier, Heft oder Abschiedsbuch.
Zeit: Offen.
Anleitung:
– Beschreiben Sie Ihren Verlust: »Was ist geschehen?« Berichten Sie von dessen Bedeutung für Sie und Ihr Leben: »Was ich verloren habe!« Geben Sie Ihren körperlichen Empfindungen Worte, bringen Sie so weit als möglich Gefühle zum Ausdruck. Welche Gedanken beschäftigen Sie und welche Impulse nehmen Sie wahr? Schreiben Sie all das auf: »Was ich erlebe.«
– Nehmen Sie sich dafür die Zeit, die Ihnen gut tut.
– Vielleicht möchten Sie das Geschriebene mit Erinnerungen ergänzen: Fotos, Briefe, Sprüche, Bilder, Noten, Stoffe, Spitzen, Blumen, Federn, Zeichnungen, Symbolisches etc.
– Wenn Sie das Empfinden haben, sich (vorerst) das Wesentliche von der Seele geschrieben zu haben, erstellen Sie einen Nachruf in der Form, dass Sie ihn veröffentlichen könnten. Was sollte dort zu lesen sein? Orientieren Sie sich in Aufbau und Umfang an einer Todesanzeige oder einem Nachruf in Ihrer Tageszeitung.

Stationenschreiben

Leitfrage: Wie kann ich einen Schreibworkshop individuell gestalten?
Inhalt: Einsatz, Durchführung, Auswertung.
Methode: Zwölf Schreibstationen und zwei Methodenblätter zum Ablauf.
Zum guten Schluss: Ein märchenhaftes Praxisbeispiel.

Ob Sie einen Intensivtag mit Ihrer Schreibgruppe planen, eine Schreibnacht oder einen Workshop anbieten möchten, es ergibt sich die Frage der Gestaltung. Gruppendynamische Prozesse sind zu steuern, Sie möchten die individuellen Themenstellungen der Teilnehmenden berücksichtigen und ein lebendiges vertrauensvolles Miteinander befördern.

Auf die komplexen Anforderungen, die mit der Leitung einer Schreibgruppe verbunden sind und wie ihnen kompetent zu begegnen ist, können wir Autorinnen im Rahmen dieses Buches nicht eingehen und verweisen daher auf unser Grundlagenwerk (Haußmann u. Rechenberg-Winter, 2015). Auch gezielte Schreibangebote für Menschen in Krisenzeiten und existenziellen Leidsituationen sind inzwischen beschrieben (Rechenberg-Winter, 2015).

Hier stellen wir Ihnen bewährte Schreibinterventionen für Ihre beraterisch-therapeutische Praxis vor, die Sie in Ihr jeweiliges Konzept einbinden können. Denn alle Interventionen, die Sie in diesem Kapitel zusammengestellt finden, sind natürlich nicht nur als Schreibstationen einzusetzen, sondern bieten sich in anderen Settings, in denen Sie die Kraft des Wortes nutzen möchten, ebenso an.

»Eine Rose ist eine Rose ist eine Rose« (Gertrude Stein) und eine Intervention ist eine Intervention ist eine Intervention – nicht mehr. Alle Interventionen in diesem Buch verstehen sich als eine vielseitig auszugestaltende Anregung, die sich mit jedem Einsatz wandelt und eine Einladung ist, weiterentwickelt zu werden.

Stationenschreiben ist eine Form literarischer Geselligkeit, bei der die Teilnehmenden einerseits selbstreflexiv und dicht an ihren individuellen Erlebnissen bleiben. Andererseits gestalten sie miteinander kreative Prozesse mit der besonderen Energie kratzender Stifte und kritzelnder Konzentration. Die Resonanzen der Gruppe stimulieren, die Texte der anderen regen eigene Auseinandersetzungen an und die Erfahrung, wie eigene Geschichten verstanden werden, belebt sprachliche Ausdrucksformen.

Menschen reagieren unterschiedlich auf Impulse, lassen sich ansprechen, verführen, mitreißen oder wenden sich achselzuckend, ablehnend, irritiert ab. Ein breitgefächertes Schreibangebot wirbt mit Unterschiedlichem und Wahl-

Stationenschreiben

möglichkeiten. Für alle sollte etwas dabei sein, ein Sortiment geboten werden, aus dem eigenverantwortlich auszuwählen ist. Mitunter sind Klientinnen enttäuscht, nicht das gesamte Programm für sich zu bekommen – schon sind wir bei elementaren Lebensthemen angekommen, die sich gleich wieder schreibend aufgreifen lassen. Genug ist (nie) genug? Diese Frage könnten Sie als ersten Schreibimpuls vorschlagen.

Schreibstationen sind im Vorfeld arbeitsintensiv. Die Räumlichkeiten sollten so aufgeteilt sein, dass jeder Schreibplatz genug Intimität ausstrahlt und ansprechend lockend gestaltet ist. Sorgen Sie für auseichend Material mit unterschiedlichen Aufforderungsvariationen und klaren Anweisungen in den Methodenpapieren.

Denken Sie bitte ebenso an behagliche Ruheinseln wie an einen informellen Treffpunkt. Ein für alle gut einsehbarer Zeitplan gibt die notwendige Orientierung im Tagesablauf. Die Spielregeln sind verbindlich geklärt (siehe das Methodenpapier »Spielregeln«).

Wir haben gute Erfahrungen mit einem gemeinsamen Warm-up gesammelt, um sich ins Schreiben einzustimmen und miteinander in dieser speziellen Situation vertraut zu machen. Von dort aus fällt es leichter, eigene Pfade zu erkunden. Alle wissen, dass Sie als Therapeutin bzw. Workshopleiterin während der gesamten Veranstaltung verlässlich ansprechbar sind und wo man Sie bei Bedarf findet.

Für Lesezeiten, eventuell zwischendurch zu eingeplanten Zeiten und unbedingt im letzten Teil, ist je nach Anzahl der Teilnehmerinnen genügend Zeit einzuplanen und ein Platz zu gestalten, der die Ergebnisse würdigt: Lesestab oder Sessel, Lesethron oder Podest, ehren Sie Schreiberinnen, ihre Ergebnisse und den gemeinsamen Prozess.

So notwendig wie ein einbindender Start ist es, sich zum Abschluss gut spürbar zu entbinden und den gemeinsamen Kreativraum achtsam aufzulösen. Je nach Zielgruppe können dabei auch persönliche Rückmeldungen ritualisiert, schreibend, sprechend oder Evaluationsbogen ausfüllend abgegeben werden (ein Beispiel bietet das Methodenpapier »Feedback an einer Hand«, das Sie unter den Klassikern und Evergreens finden).

Und weil es Schreibgruppenprozesse in sich haben, empfehlen wir deren Leitung im Duett, im freudvollen Miteinander, das sowohl als Modell des Miteinanders wirkt als auch eine tragende gegenseitige Unterstützung bietet. Vorausgesetzt, diese Ko-Achse ist gut vorbereitet, aufmerksam gepflegt und von gegenseitiger Wertschätzung getragen (siehe Methodenpapier »Ko-Leitung«). Wir Autorinnen wünschen viel spielerisches Vergnügen im konstruktiv-ergiebigen Miteinander!

Es folgen die Methodenpapiere zu den Schreibstationen in alphabetischer Reihenfolge.

Dein Bild in mir

Meist tauchen Menschen, an die wir denken, eher schemenhaft auf. Schreibend lässt sich ein aufmerksamer innerer Kontakt aufnehmen.

Quelle: Unbekannt.
Ziel: Innerer Dialog mit einem persönlich bedeutsamen Menschen.
Material: DIN-A4-Bögen, bunte Stifte in unterschiedlicher Stärke, Schere, Klebstoff.
Zeit: 45 Minuten.
Anleitung:
1. Nehmen Sie in bequemer ruhiger Haltung bewusst Kontakt mit dem eigenen Atem auf, ohne ihn verändern zu wollen. Atmen Sie aufmerksam ein und aus.
2. Stellen Sie sich bitte einen Menschen vor, mit dem Sie sich in letzter Zeit beschäftigen. Betrachten Sie ihn so genau, wie es Ihnen nur möglich ist, von seiner Kleidung über sein Auftreten, seine Haltung zu dem, was er gerade tut, bis hin zu Ihrer Beziehungsgeschichte. Was zeigt sich Ihnen besonders deutlich? Sie beschreiben Ihr Bild von ihr in einem fiktiven Brief an diese Person, teilen Sie ihr Ihre Empfindungen ihr gegenüber mit und beobachten Sie, wie sich Ihr Bild von der Person während des Schreibens verändert.
3. Anschließend zerschneiden Sie den Text in einzelne Satzfragmente oder absatzweise, um diese Teile dann auf einem neuen Blatt zu einer Collage aufzukleben und eventuell farbig zu gestalten. Wie begegnet Ihnen dieser Mensch jetzt? Und wie sehen Sie ihn jetzt?

Energiefresser und Tankstelle

Work-Life-Balance, welch ein guter Vorsatz! Tapfere Versuche, dieses innere Gleichgewicht zu erreichen, reihen sich aneinander. Eine beständige Auseinandersetzung mit sich selbst, leidenschaftliche Begegnung diverser Ego-States ... Nähern wir uns schriftlich einer Balance!

Quelle: Marlies Blersch (2010). Gesundheit und Krankheit.
Ziel: Balance wahrnehmen, Überprüfung von Krafteinsatz, Aufmerksamkeitsfokussierung und Energieverteilung.
Material: Buntes Papier, verschiedenartige Stifte.
Zeit: Sechzig Minuten.
Anleitung:
- Bitte nehmen Sie in Gedanken Kontakt mit der letzten Zeit auf: Was hat Sie besonders beschäftigt, mit welchen Menschen waren Sie (in diesem Zusammenhang) in Kontakt? Was war noch wichtig?
- Schreiben Sie fünf Minuten lang einen Text zum Thema »Meine Tankstelle(n)«. Damit sind all die Kraftquellen gemeint, die Ihnen spontan während des Schreibens einfallen. Setzen Sie dabei den Stift nicht ab. Anschließend lesen und korrigieren Sie kurz.
- Nun schreiben Sie bitte auf einem anderen Blatt fünf Minuten lang zum Thema »Meine Energiefresser«. Damit sind all die Krafträuber gemeint, die sich jetzt beim Schreiben melden. Sie schreiben wieder ohne Unterbrechung. Auch diesen Text lesen und korrigieren Sie kurz.
- Auf einem neuen Blatt Papier beschreiben Sie einen gewünschten Ort, an dem Tankstellen und Energiefresser sich begegnen. Welche Geschichte entsteht jetzt? Die beiden dürfen sich aneinander annähern oder etwas aushandeln. Sie haben 15 Minuten dafür Zeit.

Auswertung:
- Lesen Sie Ihren Text vor: Was hat er mit Ihrer jetzigen Situation zu tun?
- Sind Geben und Nehmen ausgeglichen?
- Wenn Sie sich eine Waage vorstellen: Wie ist die Balance?
- Welche Elemente der Geschichte können für Sie in nächster Zeit nützlich sein?
- Möchten Sie Ihre Geschichte um nützliche Aspekte ergänzen, die Ihnen jetzt deutlich werden?

Innerer sicherer Ort

Als selbstsichernde Intervention in der Traumatherapie entwickelt, wird der »Innere sichere Ort« inzwischen vielfältig eingesetzt, um Selbststeuerung zu aktivieren. Diese Imagination unterstützt die Kontrolle über stark emotionale Prozesse und kann als Achtsamkeitsübung gezielt eingesetzt werden, um vertraute, sicherheitsspendende innere Räume anzulegen.

Quelle: nach Luise Reddemann.
Ziel: Imaginative Selbststeuerung.
Material: Buntes Papier, verschiedenartige Stifte.
Zeit: Offen.
Anleitung:
- Bitte nehmen Sie bequem Platz und gehen Sie entspannt in Kontakt mit Ihrem Atem, ohne ihn zu beeinflussen. Richten Sie Ihre Aufmerksamkeit nach innen, eventuell schließen Sie dazu die Augen oder wählen einen Konzentrationspunkt vor sich auf dem Boden.
- Stellen Sie sich nun einen Ihnen sehr angenehmen Ort vor. Welche Jahreszeit ist dort gerade, welche Tageszeit, welches Wetter? Was ist zu sehen, zu riechen, zu hören, zu spüren?
- Schauen Sie sich dort nach dem besten Platz um, nehmen Sie innerlich Kontakt mit ihm auf, um sich dort anschließend Ihren sicheren Ort anzulegen. Alles Material, das Sie dazu brauchen, ist vorhanden, und alle erforderlichen Bauarbeiten sind Ihnen ohne Schwierigkeiten möglich.
- Nun beginnen Sie schreibend Ihren Schutzraum so zu gestalten, dass er Ihnen volle Sicherheit gibt. Nehmen Sie sich dafür die Zeit, die Sie benötigen. Geben Sie Ihrem sicheren Ort einen Eingang, den nur Sie kennen und der ausschließlich Ihnen zur Verfügung steht. Treten Sie ein und gestalten Sie den Innenraum. Anschließend überprüfen Sie den gesamten Raum von außen und innen, ob eventuell noch etwas zu verbessern oder zu verstärken ist. Dann gehen Sie so lange hinein und hinaus, bis Sie sicher sind, dass Sie sich jederzeit hierhin zurückziehen können, dass Ihnen dieser innere sichere Ort verlässlich zur Verfügung steht und Sie immer, wenn Sie ihn aufsuchen, schützend aufnimmt.
- Lesen Sie Ihre Beschreibung aufmerksam durch, ergänzen und korrigieren Sie bei Bedarf so lange, bis Ihre Beschreibung mit Ihrem inneren Bild und Ihrem Erleben dieses Inneren Raumes übereinstimmt.

Stationenschreiben

Jetzt

Jeder aktuelle Moment ist eine Kostbarkeit. Er ist das Jetzt unseres Lebens, in dem wir leben. Gestern ist Vergangenheit, was weiter mit uns geschieht ungewiss. Allein die Gegenwart ist Lebensraum. Verbinden wir uns mit dem Wert dieser Realität.

Quelle: Anna Platsch (2010), Schreiben als Weg, S. 97.
Ziel: Sensibilisierung für den aktuellen Augenblick und die darin angesprochenen Sinneseindrücken.
Material: Farbige Bögen in differierenden Formen und Papierqualitäten, Stifte in unterschiedlichen Stärken und Farben.
Zeit: Zehn Minuten.
Anleitung:
- Suchen Sie sich einen bequemen Platz und verbinden Sie sich bewusst mit dem *Hier*.
- Schauen Sie sich aufmerksam in der Ihnen möglichen Präsenz um.
- Nehmen Sie Kontakt zu Ihrem Atem auf, ohne ihn beeinflussen zu wollen. Dann wandern Sie mit Ihrer Aufmerksamkeit weiter durch Ihren Körper. Alles, was Sie entdecken, ist gut so, wie es ist.
- Dann wenden Sie sich Ihrer Umgebung zu: Was sehen Sie? Was hören Sie? Was spüren Sie? Was schmecken Sie? Was vermeldet Ihr Körper?
- Beschreiben Sie diesen besonderen Augenblick, der sich bereits beim Schreiben schon wieder ein wenig verändert. Schreiben Sie in guter Verbundenheit mit ihm.

Ko-Leitung einer Schreibgruppe

Zu zweit einen Gruppenprozess zu steuern, Inhalte im Duett zu vermitteln und die Teilnehmenden im aufmerksamen Blick von vier Augen zu begleiten, hat eigentlich nichts als Vorteile. Allerdings nur, wenn sich beide auch um das Uneigentliche kümmern, das heißt Ihre gemeinsame Ko-Achse aufmerksam wahrnehmen und offen reflektieren.

Quelle: Systemische Ko-Regel.
Ziel: Vorbereitung der Zusammenarbeit, gemeinsame Einstimmung auf das jeweilige Schreibtreffen, Auswertung der Zusammenarbeit.
Material: Moderationskarten oder Notizzettel für eigene Gedanken.
Zeit: Zu Beginn der Zusammenarbeit eine Stunde, später reicht je nach Bedarf weniger Zeit.
Anleitung:
- Suchen Sie sich einen ruhigen, geschützten Raum und nehmen Sie sich ausreichend Zeit.
- Legen Sie sich nacheinander folgende Aspekte vor und notieren Sie Ihre Gedanken dazu:
    a) was mir an dir gefällt, mich anspricht, fasziniert,
       persönlich
       und in der Zusammenarbeit,
    b) was mich irritiert, stört, behindert,
       persönlich
       und in der Zusammenarbeit,
    c) was ich zum Gelingen unserer Zusammenarbeit beitragen möchte,
       persönlich
       und professionell,
    d) was ich mir von dir wünsche,
       persönlich
       und professionell.
- Tauschen Sie sich miteinander aus, behalten Sie die vorgegebene Reihenfolge ein und achten Sie darauf, abwechselnd mit Ihren Rückmeldungen zu beginnen.

Stationenschreiben

Konstellationsgedicht

Gedichte komprimieren Erfahrungen, verschlüsseln Erlebnisse und Gedanken. Sie fordern in strenger Form dazu heraus, Worte zu wählen, die exakt das wesentlich Bedeutsame der Kernaussage treffen.

Quelle: Eugen Gomringer.
Ziel: Erfahrungen aussagekräftig verdichten.
Material: Buntes Papier, verschiedenartige Stifte.
Zeit: Zehn Minuten.
Anleitung:
- Bitte denken Sie sich ein Wort aus, das Sie lockt, Ihnen spontan einfällt oder das eine Ihrer Stimmungen aufgreift.
- Notieren Sie dieses eine Wort. Dies ist das Wort A.
- Wiederholen Sie in der nächsten Zeile Wort A, schreiben Sie »und« und eine Assoziation dazu als zweites Wort B.
- Nun schreiben Sie die zweite Strophe (die dritte Gedichtzeile), die mit Wort B beginnt.
- Schreiben Sie nach dem folgenden Muster Ihr Gedicht weiter, bis es nach diesem Muster gestaltet ist:
  - Wort »A«
  - Wort »A« »und« Wort »B«

  - Wort »B«
  - Wort »B« »und« Wort »C«

  - Wort »A«
  - Wort »A« »und« Wort »C«

  - Wort »A« und Wort »B« und Wort »C« »und«
  - Freie Wort- und Verswahl

- Lesen Sie nun (sich, in der Gesamt- oder Kleingruppe) Ihr Gedicht laut vor. Was erleben Sie?

Michael Ende empfahl, gegen die Verwüstung der Welt innere Bäume zu pflanzen, indem wir ein Gedicht schreiben oder etwas anderes Schönes herstellen (Ende, Warnung an alle Zauberlehrlinge, o. J.). Denken Sie daran, auch Bäume fangen klein an, und übersehen Sie nicht die zarten Anfänge. Fragen Sie sich am Ende dieser Übung: »Welchen *Baum* habe ich in meinem Konstellationsgedicht gepflanzt?«

Das folgende Konstellationsgedicht hatte Lyrik zum Wort A und dient hier als Beispiel:

>Lyrik
>Lyrik und Mut
>
>Mut
>Mut und Überraschung
>
>Lyrik
>Lyrik und Überraschung
>
>Lyrik und Mut und Überraschung
>Der Punkt, an dem ich weiterschreibe.

Lebenslandschaft

Diese Methode ist als Partnerarbeit gedacht und wendet sich somit insbesondere auch an Paare.

Quelle: Gitta Schierenbeck und Katharina Weißbach-Hempel (2009). Biografisches Schreiben.
Ziel: Interaktiv-narrative Partnerbegegnung.
Material: DIN-A3-Papier, dicke Filzstifte.
Zeit: Sechzig Minuten.
Anleitung:
- Bitte begrüßen Sie Ihre Schreibpartnerin.
- Skizzieren Sie auf dem großen Blatt Ihr Leben als einen blauen Lebensfluss, von der Zeugung bis über den Tod hinaus. Welche Linienbewegungen passen zu den einzelnen Lebensabschnitten? Gibt es Verwicklungen, Knoten und ruhige Abschnitte? Wie mäandert Ihr Lebensfluss?
- Markieren Sie den Jetzt-Punkt, das Heute, an dem Sie diesem Schreibimpuls folgen.
- Notieren Sie nun, welche Landschaft zu den einzelnen Abschnitten passt.
- Wählen Sie eine Region aus, deren Landschaft Sie sich imaginativ genau anschauen und dabei zeitnah in einer Landschaftsbeschreibung schriftlich festhalten. Hier einige Beispiele, an die Sie sich unter anderem bei der Beschreibung halten können: Wie sieht es hier aus?
Welche Jahreszeit ist gerade, welches Wetter, welche Tageszeit?
Welche Vegetation finde ich vor?
Welche Besonderheiten fallen mir auf?
Sie haben 15 Minuten Schreibzeit, dann lesen Sie Ihren Text, eventuell korrigieren Sie ihn. Tauschen Sie ihn dann mit Ihrer Schreibpartnerin (ohne ihr mitzuteilen, um welche Lebenszeit es sich handelt!).
- Nun lassen Sie sich bitte – wie auf einer Expedition – lesend in die für Sie neue und unbekannte Landschaft Ihrer Schreibpartnerin hineinführen.
Was begegnet Ihnen? Mit welchen Empfindungen sind Ihre Betrachtungen verbunden?
- Finden Sie nun eine Figur, die für Sie spontan in diese Landschaft passt, einen Menschen, den Sie hier sehen können. Beschreiben Sie auf einem neuen Blatt Papier diesen Menschen so detailliert, wie es Ihnen möglich ist. Stellen Sie sich dabei zum Beispiel folgende Fragen:
Ist es eine Frau oder ein Mann? Welches Alter hat sie?
Welche Kleidung trägt sie?

Welche Haarfarbe hat sie?
Wie sind ihre Gestik, Mimik und Haltung?
Was tut sie/er?
Sie haben 15 Minuten Zeit.
- Anschließend lesen Sie sich gegenseitig Ihre Texte vor: Ihre Partnerin beginnt mit der eigenen Landschaftsbeschreibung und Sie ergänzen die Personenbeschreibung (oder umgekehrt).
 Es wird nicht kommentiert!
- Dann lesen Sie die eigene Landschaftsbeschreibung vor und Ihre Partnerin ergänzt ihre Personenbeschreibung (oder umgekehrt).
- Nachdem Sie beide diese Erfahrungen gesammelt haben, tauschen Sie sich bitte wertschätzend über Ihre Erfahrungen beim Texterstellen, beim lauten Lesen und beim Zuhören aus.
- Wenn Sie mögen, veröffentlichen Sie etwas von den biografischen Hintergründen, das heißt, erzählen Sie von ihnen, soweit es für Sie in diesen Schreibkontext passt, und berichten Sie, wenn Sie mögen auch, welche Assoziationen die Person in Ihrer Lebenslandschaft bei Ihnen auslöst.

Stationenschreiben

Mein Körper

Unser Erleben und unsere Empfindungen sind im Körpergedächtnis gespeichert. Alle Gefühle nehmen wir körperlich wahr, Grund genug also, um unserem Körper aufmerksam zu begegnen. Die Körperhaltung dient als Metapher für innere Haltung.

Quelle: Richard Schwartz (1997). Systemische Therapie mit der inneren Familie.
Ziel: Die Verbindung von Körpersensationen, inneren Bildern und Interaktionsmustern entdecken und reflektieren.
Material: Farbige Bögen in differierenden Formen und Papierqualitäten, Stifte in unterschiedlichen Stärken und Farben.
Zeit: Sechzig Minuten.
Anleitung:
- Bitte nehmen Sie Kontakt mit Ihrem Körper auf. Er ist Ihr ureigener Lebensraum.
- Welche Metaphern aus der Natur, der Musik, der Kunst, der Wissenschaft, der Technik etc. könnten passen? Skizzieren Sie diese Bilder kurz, um dann noch ein paar weitere zu suchen.
- Stellen Sie sich nun vor, eine Schriftstellerin des frühen 20. Jahrhunderts zu sein, die über ihren Körper einen lyrischen Text schreibt. Wie würde er lauten?

Satzanfänge: Schreiben zu einem Anfangssatz

Wie beginnen? Wie in neue Bilder finden? Ein Satz, zufällig aus der Zeitung, einer Illustrierten oder einem Buch gefischt, kann als Anfangssatz gelten und den Auftakt für einen kreativen Schreibprozess sein.

Wir bieten auf diesem zweiseitigen Methodenblatt ein Spiel mit einer Anleitung und einer sich anschließenden Sammlung von Satzanfängen zum Kopieren, Ausschneiden. Das Ganze ist als eine Partnerübung zu zweit angedacht. Ein Anfangssatz lädt zum Schreiben ein und die Begegnung mit Ihrer Schreibpartnerin stimuliert Sie zu einer ungewöhnlichen Überarbeitung Ihres Textes.

Quelle: Renate Haußmann und Petra Rechenberg-Winter.
Ziel: Partnerübung, dient dazu, sich selbst damit zu überraschen, was da so alles in einem steckt.
Material: Papier, diverse Stifte, Briefumschlag mit den Satzanfängen.
Zeit: Sechzig Minuten.
Anleitung:
- Sie finden im Briefumschlag eine Sammlung einzelner Satzanfänge, aus der Sie bitte verdeckt einen Zettel ziehen. Dies ist der Anfang einer Geschichte von Ihnen.
- Schreiben Sie nun im Freewriting (siehe Methodenblatt zum Klassiker »Freewriting«) die Geschichte weiter, indem Sie ohne Unterbrechung zehn Minuten schreiben. Sollten Sie ins Stocken geraten, beginnen Sie wieder mit dem Anfangssatz und schreiben dann weiter. Oder Sie schreiben so lange, bis Ihnen gerade nichts einfällt, aber andere Gedanken vorbeiziehen, die Sie aufschreiben und so zu Ihrem Text zurückfinden.
- Dann lesen Sie Ihren Text und nutzen ihn als Materialsammlung für eine neue bzw. erweiterte Geschichte, die wieder mit dem Anfangssatz beginnt. Sie haben zehn Minuten dafür Zeit.
- Lesen Sie sich dann im Wechsel mit Ihrer Partnerin Ihre zwei Geschichten vor und berichten Sie sich gleich nach dem Vorlesen, welche Bilder bei Ihnen als Zuhörerin entstanden sind.
- Mit Ihren Erfahrungen im lauten Lesen und mit den Bildern, die Ihnen Ihre Schreibpartnerin zur Verfügung gestellt hat, überarbeiten Sie Ihren Text. Sie haben zwanzig Minuten dafür Zeit. Beim anschließenden Vorlesen beginnt, wer zuvor als Zweite las.

Material: Sammlung an Satzanfängen zum Fortschreiben

Diese Vorlage ist zum Ausschneiden gedacht und Teil der Methode: Schreiben zu einem Anfangssatz.

Wenn dieser ziehende Schmerz nur endlich aufhören würde, …

Diesmal klingelte das Telefon anders, ungewöhnlich …

Dabei hätte ich es wissen können, hatte es eigentlich schon irgendwie gefühlt, …

Mein Urenkel will an seinem 13. Geburtstag unbedingt …

Wo kommen diese Tabletten her? …

Zwischen Weihnachten und Neujahr liegt der 13. Monat verborgen, …

Wer hätte von einer Taxifahrerin erwartet, dass sie …

Das Wetter verändert sich in dieser Gegend blitzschnell, …

So etwas kann auch nur mir passieren, …

Schreiben vor Ort

Die Umgebung beeinflusst unsere Stimmung. Suchen wir einen anderen Ort auf, werden andere Anteile in uns aktiv, und wir erleben uns individuell anders und unser Miteinander wird um neue Erfahrungen bereichert. Auf geht's!

Quelle: Petra Rechenberg-Winter.
Ziel: Kleingruppe (maximal vier Personen) erfährt miteinander literarische Geselligkeit an ausgesuchten Orten.
Material: Briefpapier.
Zeit: nach Wahl.
Anleitung:
- Bitte nutzen Sie die Inspirationen Ihrer Umgebung und schreiben Sie an so vielen Orten, wie Schreibpartnerinnen in Ihrer Gruppe sind (maximal vier).
- Bestimmen Sie als Kleingruppe gemeinsam die Reihenfolge, in der Sie jede nacheinander jeweils einen Ort auswählen (zu diesem Zeitpunkt ist es noch nicht erforderlich, dass Sie »Ihren« Platz schon kennen, Sie können ihn auch spontan finden).
- Begeben Sie sich zum ersten gewählten Ort: Hier notieren Sie bitte fünf Begriffe, die Ihnen für diesen Platz charakteristisch zu sein erscheinen. Geben Sie Ihren Zettel an Ihre rechte Schreibpartnerin, Sie erhalten die Stichworte von Ihrer linken Schreibpartnerin.
- Zu diesen Ihnen zugespielten Begriffen schreiben Sie eine Miniatur, in der ein Ortsfremder aus einem anderen Land seine ersten Eindrücke an einen seiner liebsten Menschen daheim schreibt. Geben Sie sich für das Schreiben dieser Briefe miteinander eine Zeitvorgabe.
- Dann lesen Sie sich Ihre Briefe vor.
- Gehen Sie nun zum nächsten Ort: Hier verfassen Sie Gruppengedichte mit Ihren Impressionen. Sie beginnen das Gedicht mit den ersten zwei Zeilen (kann, aber muss sich nicht reimen). Sie geben Ihr Blatt mit den zwei Zeilen nach links weiter, um jetzt auf dem Blatt, das Sie von rechts erhalten, zwei Zeilen zu ergänzen. Sie fahren so fort, bis das Blatt wieder bei Ihnen ist. Dann geben Sie *Ihrem* Gedicht einen Titel. Geben Sie sich miteinander eine Zeitvorgabe, in der Sie jeweils die zwei Zeilen schreiben.
- Lesen sich gegenseitig die gemeinsam geschriebenen Gedichte vor.
- Gehen Sie nun zum nächsten Ort: Lassen Sie diesen Platz genau auf sich wirken, verbinden Sie sich mit ihm. Wählen Sie einen Gegenstand und schreiben Sie aus dessen Perspektive und in dessen Sprache ein besonderes

Ereignis, das sich hier zugetragen haben könnte. Entscheiden Sie sich hierfür gemeinsam zuvor für eine Zeitvorgabe.
- Lesen Sie sich Ihre Miniaturen vor.
- Gehen Sie nun zum nächsten Ort: Welche Farben finden Sie hier vor? Sammeln Sie diese auf einem Zettel und geben ihn einer Schreibpartnerin Ihrer Wahl, damit diese eine Farbe markiert. Nun schreiben Sie eine Geschichte, in der nur diese eine, von Ihrer ausgesuchten Partnerin ausgewählte Farbe so oft als irgend möglich vorkommt. Beschließen Sie miteinander auch für diese Aufgabe wieder vorab eine Zeitvorgabe, die einzuhalten ist.
- Lesen Sie sich Ihre Texte vor.
- Beschließen Sie Ihren Rundgang auf eine Ihnen allen angenehme Art und Weise.

Spielregeln

Alle Schreibübungen sind Angebote, auf die sich die Teilnehmerinnen einlassen dürfen, zu denen sie aufmunternd eingeladen sind und die sie ebenso ablehnen können. Alles ist okay. Beim Stationenschreiben gilt das Gesetz der Füße: »*Ich gehe, wohin es mich zieht*«, und das der Autonomie: »*Ich begebe mich eigenverantwortlich in den Gruppenprozess hinein. Ich entscheide, ob und was ich schreibe bzw. vorlese.*«

Quelle: nach Katrin Girgensohn und Ramona Jakob (2010). 66 Schreibnächte. S. 15.
Ziel: Eindeutige Vereinbarungen im Miteinander vermitteln Orientierung und ersparen Kraft fürs Austesten.
Material: Visualisiert als Poster und gut sichtbar angebracht oder in Form von Handzetteln für alle.
Spielregeln – Grundregeln des Schreibens:
- Alle Schreibstationen sind Einladungen, die Methodenpapiere leiten Sie durch Ihren Schreibprozess.
- Jeder Text hat seinen Wert in sich, denn es ist Ihr Text, der in dieser speziellen Situation entstanden ist! Daher kann es gar kein *Richtig oder Falsch* geben.
- Während der Schreibzeit wird nicht gesprochen. Wenn Sie Austausch suchen, tun Sie dies bitte beim ausgewiesenen Ort, dem *Informellen Treffpunkt*.
- Möchten Sie eine Pause einlegen, steht Ihnen dafür eine ausgewiesene Ruheinsel zur Verfügung.
- Alle dürfen vorlesen, ganze Texte oder Auszüge daraus. Niemand muss vorlesen, er kann ohne Entschuldigung darauf verzichten.
- Alle Texte sind vertrauliche Mitteilungen, die verlässlich in dieser Gruppe bleiben.

Vorstellungsbilder

Manche unserer Eigenheiten lassen sich leichter und möglicherweise nachdrücklicher in Bildern darstellen als in nüchternen Beschreibungen. Als Bilder können sie andere Betrachtungen und neue Optionen eröffnen.

Quelle: Petra Rechenberg-Winter.
Ziel: Mit Metaphern spielerisch Altbekanntem im neuen Bildrahmen und damit in einer anderen Betrachtungsweise begegnen.
Material: Buntes Papier, verschiedenartige Stifte.
Zeit: 15 Minuten.
Anleitung:
- Bitte stellen Sie sich vor, eines Ihrer Persönlichkeitsanteile, mit dem Sie sich jetzt und hier in diesem Kontext näher beschäftigen möchten, wäre ein Tier oder eine Phantasiegestalt. Dieses Wesen würde seinen ganz eigenen Weg suchen und sich auf seine ureigene Art bewegen und verhalten. Was könnte alles geschehen?
Beschreiben Sie dies in einem Text. Sie haben zehn Minuten Zeit dafür.
- Nachdem Sie Ihre Geschichte gelesen und eventuell überarbeitet haben, verdichten Sie die Ihnen wesentlichen Aspekte in einem Konstellationsgedicht (siehe Methodenpapier »Konstellationsgedicht«).

Wer hätte das gedacht

Gegebenheiten lassen sich von verschiedenen Seiten aus betrachten und erscheinen dementsprechend jedes Mal in neuen Facetten. Im Schreiben mehrerer Textversionen erweitern Sie Ihre Sichtweisen.

Quelle: Petra Rechenberg-Winter.
Ziel: Spiel mit unterschiedlichen Blickwinkeln, die sich jeweils in Folge aus der vorherigen entwickeln.
Material: DIN-A3-Papier, verschiedenartige Stifte.
Zeit: Offen.
Anleitung:
- Bitte setzen Sie sich eine Schreibzeit für diesen Schreibimpuls.
- Teilen Sie diese Zeit in vier gleich große Abschnitte.
- Im ersten Zeitsegment, der Phase 1, verfassen Sie einen Text zur Überschrift: »Wer hätte das gedacht«. Folgen Sie dabei Ihren Assoziationen und Bildern. Legen Sie dann dieses Blatt zur Seite.
- Im nächsten Zeitabschnitt, der Phase 2, suchen Sie sich einen anderen Platz im Raum, verwenden einen anderen Stift, mit dem Sie nun eine neue Geschichte mit dem Titel: »Wer hätte das gedacht« schreiben. Wieder folgen Sie den entstehenden Gedanken. Dann legen Sie auch dieses Blatt zur Seite.
- Für den folgenden Schreibschritt, die Phase 3, ändern Sie das Papierformat (Hochformat wird Querformat oder umgekehrt) und erstellen einen dritten Text zur selben Überschrift, doch es soll wiederum ein anderer, neuer Text werden. Legen Sie dieses Blatt zu den anderen.
- Phase 4: Sie lesen kurz Ihre drei Miniaturen, um dann daraus in der verbleibenden Zeit eine abschließende Geschichte zu schreiben: »Wer hätte das gedacht!«

Poetisch-märchenhafter Ausklang

Ein Buch über systemische Poesietherapie sollte literarisch enden, und was könnte da besser passen als das biografische Märchen einer Kollegin, in dem sie ihre Persönlichkeitsentwicklung im Rahmen ihrer systemischen Supervisionsweiterbildung bei uns poesieorientiert reflektierte?

Wir danken ihr von Herzen für diesen Beitrag und wiederholen nur zu gerne unseren Dank an alle mit uns Schreibende und ihre besonderen Texte, die unser Buch so unglaublich bereichern.

»*Wie die Prinzessin zu ihrem Krönchen kam*
Es war einmal eine Prinzessin. Die lebte in einer Burg weit im Osten des Landes. Sie war ein fröhliches Mädchen und hatte Spaß an allem, was das Leben ihr bot. Allerdings hatte die Prinzessin keine Ahnung, dass sie eine Prinzessin war. Sie meinte, sie sei ein ganz normales Mädchen – so normal und durchschnittlich wie alle anderen auch. Und damit war sie zufrieden.
Aber immer mal wieder sagte ihr jemand, dass sie eine Prinzessin sein müsse – sie trüge schließlich ein Krönchen. Die Prinzessin fühlte sich dann immer ganz verwirrt – und auch ein bisschen veralbert. Wenn sie nämlich zum Spiegel ging, um sich das Krönchen anzusehen – dann konnte sie keines entdecken. Eine Zeitlang versuchte sie, den Leuten zu erklären, dass sie keine Prinzessin sei. Wirklich nicht! Aber die Leute meinten immer wieder, sie solle ihr Licht nicht unter den Scheffel stellen – schließlich trüge sie ein ganz zauberhaftes Krönchen auf dem Kopf. Wer sonst trüge denn ein Krönchen, wenn nicht eine Prinzessin?!
Manchmal ging ihr das tierisch auf den Geist! Aber was sollte sie tun – die Leute sahen eben, was sie sehen wollten. Manchmal machte sie sich auch einen Spaß daraus, die Leute zu necken, die da irgendwas auf ihrem Kopf zu sehen glaubten. Und manchmal war es ihr einfach unheimlich und es gruselte sie ein bisschen.

Irgendwann gab sie auf. Sie dachte nicht mehr darüber nach, wieso die Leute solche komischen Sachen sagten. Sie gewöhnte sich daran, dass manche Leute ein Krönchen bei ihr sahen – sie selbst aber nicht. Die Leute waren eben merkwürdig. Sie war ein ganz normales Mädchen und wenn es einigen Leuten Spaß machte, sie ›Prinzessin‹ zu nennen – na ja, dann sollten die das eben tun.

Eine Zeitlang ging alles gut. Nach und nach merkte sie aber, dass die Leute mit diesem für sie selbst unsichtbaren Krönchen immer häufiger ganz besondere Erwartungen verknüpften. Sie sollte sich nun eben auch benehmen wie eine Prinzessin. Aber wie, zum Kuckuck, benimmt sich eine Prinzessin?!!

Die Prinzessin tat ihr Bestes, um die Rolle gut zu spielen. Sie bemühte sich sehr, allen Erwartungen gerecht zu werden. Aber je mehr sie sich bemühte, desto verwirrter und unsicherer wurde die Prinzessin. Was tat sie hier eigentlich? Und das, was sie tat –, war es das Richtige? Woher sollte sie wissen, was richtig und was falsch war – sie war schließlich keine Prinzessin! Je mehr sie sich bemühte, alles richtig zu machen, desto größer wurden ihre Zweifel. Wahre Gebirge von Selbstzweifeln taten sich vor ihr auf und sie fühlte sich immer unbehaglicher. Es fiel ihr immer schwerer, sich so zu zeigen, wie die anderen sie sehen wollten.

Mit einem Mal hatte sie es dann so richtig satt. Es war so anstrengend, immer so zu tun, als trüge sie ein Krönchen auf dem Kopf – und dabei ganz genau zu wissen, dass es kein Krönchen gab.

Die Prinzessin dachte lange über die Misere nach und plötzlich hatte sie eine Idee: Wenn die Leute in ihr unbedingt eine Prinzessin sehen wollten – dann musste sie eben eine werden. Eine Prinzessin hatte also ein Krönchen auf dem Kopf zu haben. Das war die Lösung! Sie brauchte ein Krönchen!

Sofort machte sich die Prinzessin auf die Suche. Sie fragte einige befreundete Königskinder und sie las, was immer sie zu dem Thema »Krönchen« in die Finger bekam. Schließlich befragte sie das Orakel von Google.

Es stellte sich heraus, dass es in einigen Burgen des Landes tatsächlich Krönchen zu erwerben gäbe. Allerdings hatten diese Krönchen ihren Preis! Die Prinzessin hätte lange Zeit in den Dienst der Goldschmiede treten müssen. Ob sie dann wüsste, wie sich eine Prinzessin benehmen sollte?! Das Orakel zeigte sogar Bilder von einigen Krönchen! Ganz zauberhaft! So ein Krönchen würde ihr wirklich gut stehen! Aber ob man dem trauen konnte? Vielleicht erwiesen sich die Krönchen als Trugbilder? Vielleicht suchten die Goldschmiede nur willfährige Dienstboten?!

Nach langem Hin und Her entschloss sich die Prinzessin, in eine der Burgen zu reisen. Diese Burg lag weit im Süden des Landes. Von Reisenden, die vor langer Zeit ihre Heimatburg besuchten, hatte sie schon von dieser großen, fernen Burg gehört.

Vor der Reise startete die Prinzessin einige Brieftauben und sorgte dafür, dass ihr ein Platz zum Schlafen gerichtet wurde. Dann verabschiedete sie sich von ihren Freunden, bestieg ihre Kutsche und fuhr frohen Mutes gen Süden. Es dauerte lange, bis die fremde Burg in Sicht kam. Sie war riesig – zehnmal oder hundertmal oder tausendmal größer als die Burg der Prinzessin! Ihre Kutsche war Teil einer langen Reihe von Kutschen, die alle in diese Burg wollten. Unterwegs konnte die Prinzessin sogar sehen, dass riesige Kutschen vom Himmel fielen!

Je näher die Prinzessin der fremden Burg kam, desto mehr sank ihr der Mut. Was hatte sie sich nur dabei gedacht?! Und das alles wegen eines blöden Krönchens! Dabei wollte sie das doofe Ding noch nicht mal haben! Und die anderen – die sahen sowieso schon die ganze Zeit irgend so ein Krönchen auf ihrem Kopf!

Genau – da war es wieder, ihr Problem. Die anderen sahen ein Krönchen – aber sie hatte keins. Es half also alles nichts – sie musste durch. So trat sie also in den Dienst der Goldschmiede.

Der Dienst in der fremden Burg war anstrengend. Auch hier sollte die Prinzessin immer wieder so tun, als trüge sie bereits ein Krönchen auf dem Kopf. Da war sie nun irgendwie vom Regen in die Traufe gekommen!

Mit großer Freude sah die Prinzessin, dass noch einige andere Königskinder mit ihr zusammen den Dienst bei den Goldschmieden angetreten hatten. Sie alle wollten sich ihre Krönchen verdienen. Sie war nicht allein! Zusammen fiel der Dienst gleich viel leichter und machte viel mehr Spaß.

Die Prinzessin erinnerte sich an die Burgbewohner, die sie früher schon einmal kennengelernt hatte. Die suchte sie nun gelegentlich auf und mit der Zeit fand sie auch neue Freunde. Niemals fühlte sie sich einsam in der fremden Burg.

Aber seltsame Dinge geschahen ihr und den anderen Königskindern:

Die Prinzessin durfte gleich zu Beginn an einem Seil entlangstolpern und hörte: ›Sieh es dir an, das ist dein Leben.‹ Na sowas! Dann wieder drängelte sich ihr Leben in ein Dreieck oder sie war Teil eines Mobiles. Sie sollte tanzen und malen und reimen und einmal war der Raum voller Elflein. Aus dem Nichts entstanden geheimnisvolle Seelenspiegel oder die Königskinder schlüpften in die Haut anderer Wesen. Mitunter gingen die Prinzen und Prinzessinnen über Linien oder Punkte oder Symbole und tauchten dabei in ungeahnte Geschichten ein. In eine wundersame Welt waren sie da hineingeraten!

Und so ging die Zeit ins Land und die Prinzessin versah eifrig ihren Dienst. Von Zeit zu Zeit bestieg die Prinzessin ihre Kutsche und fuhr nach Hause. Ein bisschen fühlte sie sich dann schon wie eine Prinzessin.

Eines Tages schaute sie mal wieder in den Spiegel – und stutzte: Über ihrem Kopf nahm sie einen goldenen Schimmer wahr. Nach jedem weiteren Monat im Dienst der Goldschmiede wurde dieser Schimmer deutlicher und irgendwann erkannte die Prinzessin darin ein zartes, durchsichtiges, golden schimmerndes Krönchen. Es war ein Wunder! Und so versah sie weiter ihren Dienst. Sie malte Kreise und Vierecke, die sich durch Pfeile und Linien in die seltsamsten Muster verwandelten und manchmal fast lebendig erschienen. Das musste wohl die Magie der Goldschmiede sein! Sie erlebte, wie sich Augenblicke wie in einem Kaleidoskop in viele bunte Bilder teilten, in den schillerndsten Farben leuchteten – und schließlich wieder zueinander fanden. Wunder über Wunder!

An den langen Abenden sollte die Prinzessin ein dickes Buch verfassen, in dem sie ihre Gedanken für die Goldschmiede niederschrieb. Was daraus wohl für ein Zauber entstehen sollte??

Inzwischen fühlte sich die Prinzessin in der riesigen fremden Burg zu Hause. Sogar das Gewand der Burgfrauen probierte sie einmal an! Die anderen Königskinder waren ihr ans Herz gewachsen und sie freute sich, mit ihnen Zeit verbringen zu können. Sie zeigten ihr die Burg und mit einigen erkundete sie die schönsten Plätze. Über jedem der Königskinder schimmerte inzwischen ein zartes goldglänzendes Krönchen.

Eines Tages – der Dienst bei den Goldschmieden näherte sich dem Ende – erkannte die Prinzessin beim Blick in den Spiegel ein strahlend goldenes Krönchen auf ihrem Kopf. Es war genauso, wie es die Leute in ihrer Burg immer beschrieben hatten. Sollte es wohl doch schon immer da und nur ihren Augen verborgen gewesen sein?

Egal – die Prinzessin freute sich über ihr Krönchen. Zusammen mit den anderen Königskindern durfte sie auch lernen, wie sie es zu tragen hatte. Sie wusste nun, wie sich eine Prinzessin benehmen sollte. Es gelang ihr zwar nicht immer, aber das war nicht so schlimm. Das Krönchen strahlte trotzdem hell auf ihrem Kopf.

Nun lebt die Prinzessin wieder in ihrer Burg weit im Osten des Landes. Die Leute sagen, ihr Krönchen strahle heller als je zuvor. Sie ist stolz, dass sie ein so schönes Krönchen tragen darf und nun fühlt sie sich auch wie eine richtige Prinzessin.

Manchmal drückt das Krönchen ein bisschen und manchmal fragt sich die Prinzessin, ob es nicht doch auf Dauer zu schwer sein könnte. Manchmal –

wenn sie den Kopf neigt – rutscht ihr das Krönchen in die Augen und dann strauchelt sie und manchmal fällt sie auch. Aber sie hat bei den Goldschmieden gelernt, wieder aufzustehen, ihr Krönchen zu richten und weiterzugehen. Dann ist sie froh, dass sie den langen Dienst durchgehalten und gelernt hat, eine Prinzessin zu sein.

Die fremde Burg und die Burgleute fehlen ihr manchmal ein bisschen. Wehmütig denkt sie dann an die Zeit mit den anderen Prinzen und Prinzessinnen zurück. Ab und zu zieht es sie wieder in die fremde, ihr nun so vertraute, Burg, um Zeit mit einigen von ihnen zu verbringen.

Wenn sie ihr Krönchen in letzter Zeit so betrachtet, dann meint sie, dass ein paar Perlen dem Krönchen auch gut stehen würden.

Aber das ist wahrscheinlich eine neue Geschichte …«

(K. K.)

Literatur

Aggrey, J. (2014). Der Adler, der nicht fliegen wollte. Wuppertal: Peter Hammer Verlag.
Ai Weiwei (2013). »Hitler war Mao ähnlich«. Interview mit Ai Weiwei von Holger Liebs. Süddeutsche Zeitung online 20.08.2013. Zugriff am 20.08.2016 unter http://www.sueddeutsche.de/muenchen/ai-weiwei-in-muenchen-hitler-war-mao-aehnlich-1.28257
Alain (= Emile A. Chartier) (1932/1994). Sich beobachten heißt sich verändern. Frankfurt a. M.: Insel.
Ahlers, K. (2009, 2010, 2012). Unveröffentlichte Schreibübungen. Manuskript.
Andersen, T. (Hrsg.) (1990). Das reflektierende Team. Dortmund: modernes lernen.
Arendt, H., Blücher, H. (2013). Briefe 1936–1968. Hrsg. v. L. Köhler. München u. Zürich: Piper.
Aristoteles (335. v. Chr./2008). Poetik. Übersetzung und Kommentar von Arbogast Schmitt. Berlin: Akademie-Verlag.
Baumgarten, I. (2013). Lautes Lesen: im Dialog mit dem eigenen Text. Die eigne Stimme als Ressource der Selbstvergewisserung. In S. Heimes, P. Rechenberg-Winter, R. Haußmann, Praxisfelder des kreativen und therapeutischen Schreibens (S. 217–234). Göttingen: Vandenhoeck & Ruprecht.
Berthoud, E., Elderkin, S. (2014). Die Romantherapie. 253 Bücher für ein besseres Leben. Berlin: Insel Verlag.
Bleckwedel, J. (2014). Entwicklungsdimensionen der Liebe. Wie Paarbeziehungen sich entfalten können. Göttingen: Vandenhoeck & Ruprecht.
Blersch, M. (2010). Gesundheit und Krankheit. Lehrbrief ASH. Berlin: Alice Salomon Hochschule.
Bolton, G. (1999). The Therapeutic Potential of Creative Writing. London u. Philadelphia: Jessica Kingsley Publishers.
Bolton, G. (2013). Kunst und Kreativität in der Palliative Care. Bern: Huber.
Bräuer, G. (1998). Schreibend lernen: Grundlagen einer theoretischen und praktischen Schreibpädagogik. Innsbruck: Studien-Verlag.
Bräuer, G. (2005). Kreatives Schreiben in der Schreibberatung. In K. Ermert, O. Kutzmutz (Hrsg.), Wie aufs Blatt kommt, was im Kopf steckt. Über Kreatives Schreiben (S. 125–137). Wolfenbüttel: WAT.
Brontë, E. (1847/2011). Die Sturmhöhe. Berlin: Insel.
Buber, M. C. (2013). Ich und Du. Stuttgart: Reclam.
Bucay, J. (2008). Komm, ich erzähl dir eine Geschichte. Frankfurt a. M.: Fischer.
Bühler, K. (1934). Sprachtheorie (2. Aufl.). Stuttgart: Klett.
Burt, S. (2013). Why people need poetry. Zugriff am 25.02.2016 unter http://www.ted.com/talks/stephen_burt_why_people_need_poetry
Cameron, J. (1996). Der Weg des Künstlers. Ein spiritueller Pfad zur Aktivierung unserer Kreativität. München: Knaur.

Cameron, J. (1999). Der Weg zum kreativen Selbst. Sieben Pfade zur Entdeckung des inneren Künstlers. München: Droemersche Verlagsanstalten.

Capkova, S. (2015). Schlafende Bücher aufwecken. Meine Erfahrungen als Teilnehmerin am Kunstprojekt ÜBERMALTE BÜCHER. Kunst & Therapie, 2, 76–78.

Cioran, E. M. (1973). Die verfehlte Schöpfung. Wien: Europaverlag.

Culler, J. (2002). Literaturtheorie. Eine kurze Einführung. Stuttgart: Reclam.

Damasio, A. R. (1997). Descartes' Irrtum. Fühlen, Denken und das menschliche Gehirn. München: dtv.

Damasio, A. R. (2000). Ich fühle, also bin ich. Die Entschlüsselung des Bewusstseins. München: List.

Devillard, A. (2015). Lesen als Medizin. Die heilsame Wirkung von Büchern. Natur & Heilen, 6, 13–21.

DGSF (2012). Ethik-Richtlinien. Zugriff am 31.08.2016 unter https://www.dgsf.org/ueber-uns/ethik-richtlinien.htm

Draesner, U. (2011). Ohne Titel. In: Zehn Gebote des Schreibens (S. 27–28). München: Deutsche Verlags-Anstalt.

Ebbecke-Nohlen, A.(2009). Einführung in die systemische Supervision. Heidelberg: Carl-Auer.

Eberhart, H., Knill, P. (2009). Lösungskunst. Lehrbuch der kunst- und ressourcenorientierten Arbeit. Göttingen: Vandenhoeck & Ruprecht.

Elbow, P. (1999). Writing with Power. Techniques for the Writing Process. New York: Oxford University Press.

Enzensberger, H. M. (1992). Die große Wanderung: dreiunddreißig Markierungen. Frankfurt a. M.: Suhrkamp.

Felde, J. zum (2015). Wer keinen Mut zum Träumen hat, hat keine Kraft zum Kämpfen! In P. Wahl, U. Lehmkuhl (Hrsg.), Kunst und Psyche – Berührungspunkte und Begegnungen (S. 98–126). Göttingen: Vandenhoeck & Ruprecht.

Forrest, D. V. (1969). The Patients Sents of the Poem. Affinities and ambiguities. In J. Leedy, Poetry Therapy (pp. 231–259). Philadelphia: Lippincott.

Frankl, V. (2004). Der Mensch vor der Frage nach dem Sinn (17. Aufl.). München: Piper.

Fried, E. (1983/1996). Es ist was es ist. Liebesgedichte, Angstgedichte, Zorngedichte. Berlin: Wagenbach.

Frisch, M. (1975). Stichworte, ausgesucht von U. Johnson. Frankfurt a. M.: Suhrkamp.

Fritzsche, K., Hartmann, W. (2014). Einführung in die Ego-State-Therapie. Heidelberg: Carl-Auer.

Fritzsche, K. (2013). Praxis der Ego-State-Therapie. Heidelberg: Carl-Auer.

George, N. (2013). Das Lavendelzimmer. München: Knaur.

Gerk, A. (2015). Lesen als Medizin. Die wundersame Wirkung der Literatur. Berlin: Rogner & Bernard.

Gernes, U. S. (2011). Eine FORM aus Kamikaze. Gedichte. Schreibheft. Zeitschrift für Literatur, 76, 5.

Gesing, F. (1994). Kreativ Schreiben. Köln: Dumont.

Girgensohn, K., Jakob, R. (2010). 66 Schreibnächte. Anstiftungen zu literarischer Geselligkeit. Hohengehren: Schneider.

Girrulat, H., Markert, E. C., Nischak, A., Schollas, T., Stachowske, R. (2007). Systemische Erinnerungs- und Biografiearbeit. Tübingen: Systemischer Verlag.

Goethe, J. W. (1790/1952). Torquato Tasso. In Goethes Werke. Teil: Bd. 5., Dramatische Dichtungen Bd. 3. Hamburg: Wegner.

Goethe, J. W. (1808). Faust – Eine Tragödie. Tübingen: Cotta'sche Verlagsbuchhandlung.

Grass, G. (1987). Die Blechtrommel. Darmstadt u. Neuwied: Luchterhand.

Grossmann, K. P. (2003). Der Fluss des Erzählens. Narrative Formen der Therapie. Heidelberg: Carl-Auer.

Hänseler, M. (2009). Metaphern unter dem Mikroskop. Die epistemische Rolle von Metaphorik in den Wissenschaften und in Robert Kochs Bakteriologie. Zürich: Chronos Verlag.

Hahn, U. (1992/2008). Stechäpfel. Gedichte von Frauen aus drei Jahrtausenden. Stuttgart: Reclam.
Hahn, U. (2011). Ohne Titel. In: Zehn Gebote des Schreibens (S. 40–41). München: Deutsche Verlags-Anstalt.
Hanswille, R. (2008). Unveröffentlichtes Seminarpapier.
Hanswille, R., Kissenbeck, A. (2014). Systemische Traumatherapie. Konzepte und Methoden für die Praxis. Heidelberg: Carl-Auer.
Härtling, P. (1981). Meine Lektüre. Literatur als Widerstand. Darmstadt: Luchterhand.
Harrower, M. (1972). The Therapy of Poetry. Springfield, II: Charles C. Thomas.
Haußmann, R., Rechenberg-Winter, P. (2013). Alles, was in mir steckt. Kreatives Schreiben im systemischen Kontext. Göttingen: Vandenhoeck & Ruprecht.
Heimes, S. (2010). Künstlerische Therapien. Göttingen: Vandenhoeck & Ruprecht.
Heimes, S. (2012). Warum Schreiben hilft. Die Wirksamkeitsnachweise zur Poesietherapie. Göttingen: Vandenhoeck & Ruprecht.
Heimes, S. (2014a). Interview mit der Verlagsgruppe Vandenhoeck & Ruprecht.
Heimes, S. (2014b). Schreiben als Selbstcoaching. Göttingen: Vandenhoeck & Ruprecht.
Heimes, S. (2016). Du – Ich – Wir. Kreatives Schreiben für die Liebe. Göttingen: Vandenhoeck & Ruprecht.
Heisterkamp, G. (2015). Die Großelternsituation in Malerei, Literatur und Film. In P. Wahl, U. Lehmkuhl (Hrsg.), Kunst und Psyche – Berührungspunkte und Begegnungen (S. 185–213). Göttingen: Vandenhoeck & Ruprecht.
Herwig-Lempp, J. (1997). Die Ressourcen der Teilnehmerinnen nutzen. Familiendynamik, 3, 264–289.
Hohler, F. (2012). Spaziergänge. München: Luchterhand.
Holm-Hadulla, R. M. (2005). Kreativität. Konzept und Lebensstil. Göttingen: Vandenhoeck & Ruprecht.
Hustvedt, S. (2011). Der Sommer ohne Männer. Reinbek: Rowohlt.
Hüther, G. (2016). Was wir sind und was wir sein könnten: ein neurobiologischer Mutmacher. Frankfurt a. M.: Fischer.
Isking, E. (2013). Sei Du! Vom heilsamen Weg zu sich selbst. Norderstedt: Books on Demand.
Jellouschek, H. (2005). Die Paartherapie. Stuttgart: Kreuz.
Jung, C. G. (1928/1966). Die Beziehung zwischen dem Ich und dem Unbewussten. Zürich: Rascher.
Kaléko, M. (2014). Mein Lied geht weiter. Hundert Gedichte. München: dtv.
Kast, V. (2011). Lebenskrisen werden Lebenschancen. Wendepunkte des Lebens aktiv gestalten (11. Aufl). Freiburg: Herder.
Kast, V. (2012). Imagination. Zugänge zu inneren Ressourcen finden. Ostfildern: Patmos.
Kästner, E. (1926/1988). Doktor Erich Kästners Lyrische Hausapotheke. München: dtv.
Kierkegaard, S. (1834/1923). Die Tagebücher 1834–1855. Auswahl und Übertragung von T. Haecker. Innsbruck: Brenner-Verlag.
Klüger, R. (2006). Gelesene Wirklichkeit. Fakten und Fiktionen in der Literatur. Göttingen: Wallstein.
Knill, P. (2005a). Kunstorientiertes Handeln in der Begleitung von Veränderungsprozessen. Zürich: Egis-Verlag.
Knill, P. (2005b). Principles and Practice of Expressive Arts Therapy. Toward a Therapeutic Aestetics. London: Jessica Kingsley Publishers.
Kohut, H. (2016). Gesammelte Werke in 7 Bänden. Gießen: Psychosozial-Verlag.
Krieger, D. (1997). Kommunikationssystem Kunst. Wien: Passagen-Verlag.
Krüss, J. (2013). Mein Urgroßvater, die Helden und ich. Hamburg: Oetinger.
Kruse, O. (1994). Keine Angst vor dem leeren Blatt. Ohne Schreibblockaden durchs Studium. New York u. Frankfurt a. M.: Campus.

Kullmer, K. (2008). Moderne Lyrik: OULIPO. Formzwang und das Spiel der Sprache. Studienarbeit. München u. Ravensburg: GRIN.
Lätsch, D. (2011). Schreiben als Therapie? Eine psychologische Studie über das Heilsame in der literarischen Fiktion. Gießen: Psychosozial-Verlag.
Lakoff, G., Johnson, M. (2011). Leben in Metaphern: Konstruktion und Gebrauch von Sprachbildern. Heidelberg: Carl-Auer.
Lakoff, G., Wehling, E. (2008). Auf leisen Sohlen ins Gehirn. Politische Sprache und ihre heimliche Macht. Heidelberg: Carl-Auer.
Leedy, J. J. (1969). Poetry Therapy. Philadelphia: Lippincott.
Leedy, J. J. (2009). Prinzipien der Poesietherapie. In H. G. Petzold, I. Orth (Hrsg.), Poesie und Therapie. Über die Heilkraft der Sprache. Poesietherapie, Bibliotherapie, Literarische Werkstätten (2. Aufl.) (S. 243–246). Bielefeld u. Locarno: Edition Sirius.
Lerner, A. (1978). Poetry in the Therapeutic Experience. New York: Pergamon.
Liepelt, A. (2013). Orte der Seelenmedizin. Poesie- und Bibliotherapie in der Hospizarbeit. Bundes-Hospiz-Anzeiger, 1, 18.
Lindemann, H. (2014). Die große Metaphern-Schatzkiste. Systemisch arbeiten mit Sprachbildern. Göttingen: Vandenhoeck & Ruprecht.
Lindgren, A. (1974/2005). Wir Kinder aus Bullerbü. Hamburg: Oetinger.
Luhmann, N. (1986). Systeme verstehen Systeme. In N. Luhman, E. Schorr, Zwischen Intransparenz und Verstehen (S. 72–91). Frankfurt a. M.: Suhrkamp.
Markova, D. (1977). Die Versöhnung mit dem inneren Feind. Heilung durch Annehmen und Integration. Paderborn: Junfermann.
Marks, S. (2007). Scham. Die tabuisierte Emotion. Düsseldorf: Patmos.
Merleau-Ponty, M. (1967). Das Auge und der Geist. Reinbek: Rowohlt.
Merleau-Ponty, M. (1969). Signes. Paris: Gallimard.
Meutes-Wilsing, A., Bossert, J. (Hrsg.) (1997). Vorwort. In Thich Nhat Hanh, Worte der Achtsamkeit. Freiburg: Herder.
Moltmann-Wendel, E. (1991). Ein eigner Mensch werden. Frauen um Jesus. Gütersloh: Gütersloher Verlagshaus.
Mosler, B., Herholz, G. (2003). Die Musenkussmischmaschine. 132 Schreibspiele für Schulen und Schreibwerkstätten (3. Aufl.). Essen: Neue Deutsche Schule Verlagsgesellschaft.
Musil, R. (1931/1994). Der Mann ohne Eigenschaften. Reinbek: Rowohlt.
Nadeau, M. (1986). Geschichte des Surrealismus. Reinbek: Rowohlt.
NAPT (http://www.poetrytherapy.org).
Neumann-Wirsig, H. (2011). Supervisions Tools. Die Methodenvielfalt der Supervision in 55 Beiträgen renommierter Supervisorinnen und Supervisoren. Bonn: Manager Seminare Verlag.
Nischak, A., Schollas, T. (2007). Systemische Biografie- und Erinnerungsarbeit – eine Einführung. In H. Girrulat, E. C. Markert, A. Nischak, T. Schollas, R. Stachowske, A. von Schlippe, Systemische Erinnerungs- und Biografiearbeit (S. 13–32). Tübingen: Systemischer Verlag.
Nooteboom, C. (1993). Wie wird man Europäer. Frankfurt a. M.: Suhrkamp.
Orth, I. (2015). Unsägliches sagbar machen. Textpraxis. Digitales Journal für Philologie, 11. Zugriff am 31.08.2016 unter https://www.uni-muenster.de/Textpraxis/sites/default/files/beitraege/ilse-orth-unsaegliches-sagbar-machen.pdf
Ortheil, H.-J. (2012). Schreiben auf Reisen. Wanderungen, kleine Fluchten und große Fahrten – Aufzeichnungen von unterwegs. Mannheim: Duden.
Peichl, J. (2010). Jedes Ich ist viele Teile. Die inneren Selbst-Anteile als Ressource nutzen. München: Kösel.
Pennebaker, J. W. (1997). Opening Up: The Healing Power of Expressing Emotions, revised edition. New York: Guilford Press.

Petzold, H. G., Orth, I. (Hrsg.) (2009). Poesie und Therapie. Über die Heilkraft der Sprache. Poesietherapie, Bibliotherapie, Literarische Werkstätten (2. Aufl.). Bielefeld u. Locarno: Edition Sirius.
Pietropinto, A. (2009). Zugang zum Unbewussten durch Nonsens-Poesie. Ein Ansatz für literarische Werkstätten. In H. G. Petzold, I. Orth (Hrsg.), Poesie und Therapie. Über die Heilkraft der Sprache. Poesietherapie, Bibliotherapie, Literarische Werkstätten (2. Aufl.) (S. 387–411). Bielefeld u. Locarno: Edition Sirius.
Platsch, A. (2010). Schreiben als Weg. Von der kreativen Kraft des Wortes. Bielefeld: Theseus.
Poggendorf, A., Spieler, A. (2003). Teamdynamik. Ein Team trainieren, moderieren und systematisch aufstellen. Paderborn: Junfermann.
Polt, W., Rimser, M. (2006). Aufstellung mit dem Familienbrett. Interventionen für Coaching, Beratung und Therapie. Münster: Ökotopia.
Proust, M. (2000). Auf der Suche nach der verlorenen Zeit. Bde. 1–3. Frankfurt a. M.: Suhrkamp.
Raddatz, F. (2006). Schreiben heißt, sein Herz waschen. Springe: zu Klampen Verlag.
Rauen, C. (2005). Handbuch Coaching (3., überarb. u. erw. Aufl.). Göttingen: Hogrefe.
Rechenberg-Winter, P. (2015). Leid kreativ wandeln. Biografisches Schreiben in Krisenzeiten. Göttingen: Vandenhoeck & Ruprecht.
Rechenberg-Winter, P., Haußmann, R. (2015). Arbeitsbuch Kreatives und biografisches Schreiben. Gruppen leiten. Göttingen: Vandenhoeck & Ruprecht.
Recke, T. von der, Wolter-Cornell, C. (2017). Dimensionen systemischer Familienrekonstruktion. Lebensentwürfe in familiärem, historischem und politischem Kontext. Göttingen: Vandenhoeck & Ruprecht.
Reddemann, L. (2010). Eine Reise von 1.000 Meilen beginnt mit dem ersten Schritt. Seelische Kräfte entwickeln und fördern. Freiburg: Herder.
Renoldner, C., Scala, E., Rabenstein, R. (2007). Einfach systemisch. Systemische Grundlagen und Methoden für ihre pädagogische Arbeit. Münster: Ökotopia Verlag.
Retzer, A. (2007). Systemische Paartherapie (3. Aufl.). Stuttgart: Klett-Cotta.
Richter, K. (2010). Coaching als kreativer Prozess (2. Aufl.). Göttingen: Vandenhoeck & Ruprecht.
Rico, G. (1984). Garantiert schreiben lernen. Sprachliche Kreativität methodisch entwickeln. Ein Intensivkurs auf der Grundlage der modernen Gehirnforschung. Reinbek: Rowohlt.
Rico, G. (1999). Von der Seele schreiben. Im Prozeß des Schreibens den Zugang zu tiefverborgenen Gefühlen finden. Paderborn: Junfermann.
Ricœur, P. (1996). Das Selbst als ein Anderer. München: Fink.
Rieff, D. (2009). Tod einer Untröstlichen. Die letzten Tage von Susan Sontag. München: Hanser.
Rießbeck, H. (2013). Einführung in die hypnosystemische Teiletherapie. Heidelberg: Carl-Auer.
Rilke, R. M. (1996). Werke. Kommentierte Ausgabe in vier Bänden. Band IV Schriften. Hrsg. v. H. Nalewskiu. Frankfurt a. M.: Insel.
Rinpoche, S. (2004). Das tibetanische Buch vom Leben und vom Sterben. Ein Schlüssel zum tieferen Verständnis von Leben und Tod. München: Knaur.
Rosa, H. (2016). Resonanz. Eine Soziologie der Weltbeziehung. Frankfurt a. M: Suhrkamp.
Rubin, R. J. (1978). Bibliotherapy Source Book. London: Onyx Press.
Sampedro, J. L. (1985/1989). Das etruskische Lächeln. Freiburg im Breisgau u. a.: Herder.
Satir, V. (2001). Mein Weg zu dir. Kontakt finden und Vertrauen gewinnen (5. Aufl.). München: Kösel.
Satir, V. (2004). Kommunikation. Selbstwert. Kongruenz. Konzepte und Perspektiven familientherapeutischer Praxis. Paderborn: Junfermann.
Scheidt, J. vom (2006). Kreatives Schreiben. HyperWriting. Texte als Weg zu sich selbst und zu anderen (4. Aufl.). München: Allitera.
Schierenbeck, G., Weissbach-Hempel, K. (2009). Biografisches Schreiben. Lebensphasen, Lebenskrisen. Berlin: ASH.

Schlegel, F. (1967). Kritische Ausgabe. Hrsg. v. Ernst Behler. Paderborn: Ferdinand Schöningh.
Schlingensief, C. (2010). So schön wie hier kann es im Himmel gar nicht sein. Tagebuch einer Krebserkrankung. München: btb.
Schlippe, A. von, Schweitzer, J. (2009/2012). Lehrbuch der systemischen Therapie und Beratung I. Göttingen: Vandenhoeck & Ruprecht.
Schmeer, G. (2006). Krisen auf dem Lebensweg. Psychoanalytisch-systemische Kunsttherapie. Stuttgart: Klett-Cotta.
Schmidt, G. (2005). Einführung in die hypnosystemische Therapie und Beratung. Heidelberg: Carl-Auer.
Schmitz-Mirbach, U. (2007). Die Nussschale der Phantasie heil über das Meer der Tatsachen bringen. Essen: Die blaue Eule.
Schorn, U. (2013). Der »Life/Art Process« – Bausteine für kreatives Handeln. In G. Wittmann, U. Schorn, R. Land (Hrsg.), Anna Halprin. Tanz – Prozesse – Gestalten (2. Aufl.) (S. 48–84). München: K. Kieser.
Schwartz, R. (1997). Systemische Therapie mit der inneren Familie. München: Pfeiffer.
Schweitzer, J., Schlippe, A. von (2006). Lehrbuch der systemischen Therapie und Beratung II. Das störungsspezifische Wissen. Göttingen: Vandenhoeck & Ruprecht.
Schwing, R., Fryszer, A. (Hrsg.). Systemische Beratung und Familientherapie. Göttingen: Vandenhoeck & Ruprecht.
Schwing, R., Fryszer, A. (2015). Systemisches Handwerk. Werkzeug für die Praxis. Göttingen: Vandenhoeck & Ruprecht.
Shakespeare, W. (1606/2014). Macbeth. Übers. v. Dorothea Tieck. Hrsg. v. Dietrich Klose. Stuttgart: Reclam.
Shazer, S. de (2015). Der Dreh. Überraschende Wendungen und Lösungen in der Kurzzeittherapie. Heidelberg: Carl-Auer.
Stierlin, H. (1997). Haltsuche in Haltlosigkeit. Grundfragen der systemischen Therapie. Berlin: Suhrkamp.
Stölzel, T. (2014). Fragen – Lösen – Fragen. Philosophische Potentiale für Therapie, Beratung und Organisationsentwicklung. Göttingen: Vandenhoeck & Ruprecht.
Tekinay, A. (1990). Die Deutschprüfung. Frankfurt a. M.: Brandes & Apsel.
Thamm, A. (2009). Poesie und Integrative Therapie. Linguistische Überlegungen zu einem besonderen Sprachspiel. In H. Petzold, I. Orth (Hrsg.), Poesie und Therapie. Über die Heilkraft der Sprache. Poesietherapie, Bibliotherapie, Literarische Werkstätten (2. Aufl.) (S. 135–157). Bielefeld u. Locarno: Edition Sirius.
van der Hart, O. (1984). Abschiednehmen. Abschiedsrituale in der Psychotherapie. München: Pfeiffer.
Varela, F. J. (2000). Imagination als das eigentliche Leben. In B. M. Baumunk, M. Kampmeyer-Käding (Hrsg.), Sieben Hügel – Bilder und Zeichnungen des 21. Jahrhunderts. Bd. 7: Träumen, Sinne, Spiele, Leidenschaften. Über die subjektive Seite der Vernunft (S. 56–60). Berlin: Henschel.
Verne, J. (1869–70/1987). Reise um die Erde in 80 Tagen / 20.000 Meilen unter dem Meer u. a. Menden: Ed. Aktuell.
Vollmer, T. (2004). »Himmel, Arsch und Wolkenbruch!« Mit Krebskranken auf der Suche nach dem »Reim auf ihr Schicksal«. Ein ungewöhnliches Handbuch über die Bibliotherapie. München: Herbert Utz Verlag.
Vollmer, T., Wibmer, W. (2002). Bibliotherapie. In P. Heußner, M. Besseler, H. Dietzfelbinger, M. Fegg, K. Lang, U. Mehl, D. Pouget-Schors, C. Riedner, A. Sellschopp (Hrsg.), Manual Psychoonkologie (S. 68–71) München: Zuckschwerdt.
Wahl, P. (2015). Gina Kaus: Teufel in Seide. In P. Wahl, U. Lehmkuhl (Hrsg.), Kunst und Psyche – Berührungspunkte und Begegnungen (S. 153–184). Göttingen: Vandenhoeck & Ruprecht.

Wahl, P., Lehmkuhl, U. (Hrsg.) (2015). Kunst und Psyche – Berührungspunkte und Begegnungen. Göttingen: Vandenhoeck & Ruprecht.
Wallas, G. (1926). The Art of Thought. London: Watts & Co.
Walser, M. (1994). Lektüre zwischen den Jahren. Frankfurt a. M.: Suhrkamp.
Watkins, J. G., Watkins, H. H. (2012). Ego-States – Theorie und Therapie. Ein Handbuch. Heidelberg: Carl-Auer.
Watzlawick, P., Weakland, J. H., Fisch, R. (1974). Lösungen – Zur Theorie und Praxis menschlichen Wandels. Bern u. a.: Huber.
Watzlawick, P. (2001). Lösungen. Zur Theorie und Praxis menschlichen Wandels. Bern: Huber.
Weiss, P. (1961). Abschied von den Eltern. Erzählung. Frankfurt a. M.: Suhrkamp.
Weiss, T., Haertel-Weiss, G. (1995). Familientherapie ohne Familie. Kurztherapie mit Einzelpatienten. München: Piper.
Werder, L. von (1988). Schreiben als Therapie. Ein Übungsbuch für Gruppen und zur Selbsthilfe. München: Pfeiffer.
White, M., Epston, D. (1990). Narrative Means the Therapeutic Ends. New York: Norton.
Willi, J. (1975). Die Zweierbeziehung: Spannungsursachen, Störungsmuster, Klärungsprozesse, Lösungsmodelle. Analyse des unbewussten Zusammenspiels in Partnerwahl und Paarkonflikt, das Kollusions-Konzept. Reinbek: Rowohlt.
Williamson, M. (1993). Rückkehr zur Liebe: Harmonie, Lebenssinn und Glück durch »Ein Kurs in Wundern«. München: Goldmann.
Wirsching, M., Scheib, P. (2002). Paar- und Familientherapie. Heidelberg: Springer Verlag.
Wirth, J. V., Kleve, H. (2012). Lexikon des systemischen Arbeitens. Grundbegriffe der systemischen Praxis, Methodik und Theorie. Heidelberg: Carl-Auer.
Wittgenstein, L. (1977). Philosophische Untersuchungen. Frankfurt a. M.: Suhrkamp.
Wittmann, G., Schorn, U., Land, R. (2013). Anna Halprin. Tanz. Prozesse. Gestalten (2. Aufl.). München: K. Kieser.
Wittmann, G. (2013). Anna Halprin: Leben und Werk. In G. Wittmann, U. Schorn, R. Land (Hrsg.), Anna Halprin. Tanz – Prozesse – Gestalten (2. Aufl.) (S. 15–47). München: K. Kieser.
Wolf, D. (1989). Bibliotherapie in der psychotherapeutischen Praxis. Mannheim: PAL Verlagsgesellschaft.
Wolff, I. (2012). Halber Stein. Salzburg u. Wien: Otto Müller Verlag.
Wolter-Cornell, U. (2015). Systemische Familienrekonstruktion. Leidfaden. Fachmagazin für Krisen, Leid, Trauer, 3, 23–28.
Woolf, V. (1931/1997). Die Wellen. Aus dem Engl. von Maria Bosse-Sporleder. Frankfurt a. M.: Suhrkamp.
Wüstenhagen, C. (2014). Sprache. Große Worte, subtiler Einfluss. DIE ZEIT, 51, 11.12.2014, S. 37. Zugriff am 31.08.2016 unter http://www.zeit.de/2014/51/sprache-manipulation-gefuehle
Wüstenhagen, C. (2016). Tagebuch schreiben. Schreib dich frei. DIE ZEIT, 14, 23.03.2016, S. 35. Zugriff am 31.08.2016 unter http://www.zeit.de/2016/14/tagebuch-schreiben-schreibtherapie-trauma-behandlung-psychologie-james-pennebaker
Yalom, I. D. (2000). Existentielle Psychotherapie. Köln: Humanistische Psychologie.
Yalom, I. D. (2005). Im Hier und Jetzt. München: btb.
Zagajewski, A. (2010). Das. In Fliegende Wörter. 53 Qualitätsgedichte zum Verschreiben und Verbleiben für Zeitreisende, Sprachspieler, Kenner und Genießer. Postkartenkalender, 16. Jahrgang, Juli. Bielefeld: Daedalus Verlag.

Filme

Ditges, A. (Regie) (2007). Ich will dich. Begegnungen mit Hilde Domin. Köln: punktfilm.
Egger (Regie) (2015). Brief an mein Leben. Nach einem Roman von Miriam Meckel. Deutschland. ZDF.
Gisiger, S. (Regie) (2014). Yaloms Anleitung zum Glücklichsein. Biographie-Doku. Schweiz. Alive (Studio).
Graef, N. (Regie) (2009). Mein Leben – Siri Hustvedt. Dokumentarfilm. Deutschland. WDR und Arte.
Kurzel, J. (2015). Macbeth. Mit Michael Fassbender und Marion Cotillard. UK/USA/FR: See-Saw Films.
Krüger, W. (Regie) (1979). Joseph Beuys: Jeder Mensch ist ein Künstler. Köln: Artemedia.
Schwerfel, H. P (Regie) (2004). Hotel Nooteboom. Eine Bilderreise ins Land der Worte. Deutschland. Arte Edition.

CDs

Bieri, P. (2012). Eine Erzählung schreiben und verstehen. Basel: Schwabe AG Verlag.
Ende, M. (2009). Die Welt des Michael Ende. Geschichten und Gedanken über Freiheit, Fantasie und Menschlichkeit. CD 1 + 2. Schwäbisch Hall: steinbach sprechende bücher.

Überblick Schreibimpulse

Schreibimpuls 1: Roman in sechs Briefen 37
Schreibimpuls 2: Am Ufer meines Lebensflusses 41
Schreibimpuls 3: Brief an eine Person der Herkunftsfamilie 43
Schreibimpuls 4: Der Tratsch der Generationen 45
Schreibimpuls 5: Auf meiner Lebensbühne 47
Schreibimpuls 6: Der wahre Wert der Ware 52
Schreibimpuls 7: Aus der Ehemaligen-Perspektive 53
Schreibimpuls 8: Viele, die ich bin 55
Schreibimpuls 9: Wenn ich schreibe 58
Schreibimpuls 10: Eine kleine Liebesgeschichte 61
Schreibimpuls 11: Das besondere Kind 64
Schreibimpuls 12: »Selbsterlebensbeschreibung« 66
Schreibimpuls 13: Einen Nachruf schreiben 68
Schreibimpuls 14: Reisereportage und Haiku 69
Schreibimpuls 15: Eine Reise in bekanntes Terrain 69
Schreibimpuls 16: Cluster zu einer wichtigen männlichen Bezugsperson 70
Schreibimpuls 17: Figurengedicht 78
Schreibimpuls 18: Unverleihbar 84
Schreibimpuls 19: Cluster zu einem zentralen Stress-Aspekt 90
Schreibimpuls 20: Vom Papier zur Lebenslandschaft 90
Schreibimpuls 21: Brief an mein Leben 105
Schreibimpuls 22: Was wäre, wenn 112
Schreibimpuls 23: Geflügelte Worte 114
Schreibimpuls 24: Das 116
Schreibimpuls 25: Wünsche zaubern 119
Schreibimpuls 26: Bunte Perspektiven 121
Schreibimpuls 27: Im inneren Dialog mit meinem Problem 123
Schreibimpuls 28: Mit allen fünf Sinnen 133
Schreibimpuls 29: Die Drachenbändigerin Martha 140
Schreibimpuls 30: Klage 146
Schreibimpuls 31: Glück 152
Schreibimpuls 32: Paar-Entwicklung 153
Schreibimpuls 33: Ein Drehbuch schreiben 154
Schreibimpuls 34: Vom Partner-Foto zur Kürzestgeschichte 154
Schreibimpuls 35: Paar-Landschaft 155
Schreibimpuls 36: Ausleuchten 160
Schreibimpuls 37: Rollenangebote in der Supervision – Sei uns 164
Schreibimpuls 38: Der Fall und das Märchen 166
Schreibimpuls 39: Selbstporträt 175
Schreibimpuls 40: Welchen Standpunkt vertreten Sie? 176
Schreibimpuls 41: Auftragsklärung 177
Schreibimpuls 42: Am Ende geht's weiter 178
Schreibimpuls 43: Netzwerkkarte 180
Schreibimpuls 44: ABeCeDarium Familie 181

Überblick Leseimpulse

Leseimpuls 1: »Ich muss dich loslassen«, ein Gedicht von Ulrikka S. Gernes 82
Leseimpuls 2: Ein Zitat von W. Somerset Maugham 87
Leseimpuls 3: Die Angst vor den Pausen 88
Leseimpuls 4: Lautes Lesen mit Mimikwürfel nach Katrin Girgensohn 94

Das Download-Material zu diesem Buch finden Sie unter www.v-r.de/poesietherapie
Code: TMXBDM@r